Tom Hunt

Essen für die Zukunft

Mit über 80 Rezepten:
pflanzlich, abfallfrei,
klimaschonend

Fotografien von
Jenny Zarins

DUMONT

Tom Hunt ist ein preisgekrönter Koch, Schriftsteller und Aktivist, der sich gegen Nahrungsmittelverschwendung einsetzt. Sein Restaurant Poco in Bristol hat zahlreiche Auszeichnungen erhalten, darunter den für das »Best Ethical Restaurant« bei den Observer Food Monthly Awards. Er schreibt eine wöchentliche Kolumne für das *Feast*-Magazin in der Samstagsausgabe des *Guardian* mit genialen abfallfreien Rezepten. Er ist Botschafter für Action Against Hunger, Soil Association, Slow Food International und die Fairtrade Foundation.

www.tomsfeast.com @cheftomhunt

Für unsere Kleinbauern: die Frauen, Männer und Kinder, die 70 % der weltweiten Nahrungsmittel anbauen. Und für Euch Leute, die ihr euch um unseren Planeten sorgt (einschließlich meiner Frau Tamsin, ihrer Schwester Clea, meiner Mutter und Schwiegermutter Annamarie).

INHALT

VORWORT VON HUGH FEARNLEY-WHITTINGSTALL		5
EIN FEST DER FÜLLE		6
ROOT-TO-FRUIT: VON DER WURZEL BIS ZUR FRUCHT		7

ROOT-TO-FRUIT-MANIFEST	1	GENUSSVOLLES ESSEN	12
	1.1	Kochen Sie mit Liebe, Selbstvertrauen & Kreativität	15
	1.2	Unterstützen Sie Biodiversität	16
		Essen, das Körper & Umwelt nährt	18
	1.3	Lernen Sie Ihre Hersteller kennen	22
		Auswahl nachhaltiger Lebensmittel	24
	2	VERZEHR VON VOLLWERTPRODUKTEN	26
	2.1	Vermeiden Sie Abfall	29
	2.2	Essen Sie in erster Linie Pflanzen	32
	2.3	Essen Sie regionale, saisonale Lebensmittel	36
		Saisonkalender	38
	3	ESSEN SIE NUR LEBENSMITTEL BESTMÖGLICHER QUALITÄT	40
	3.1	Unterstützen Sie nachhaltige Landwirtschaft	45
	3.2	Kaufen Sie Fairtrade-Produkte	47
	3.3	Handeln Sie verantwortungsvoll	51

REZEPTE	MORGENMAHLZEITEN	52
	SLOW FOOD FAST: MITTAG- & ABENDESSEN	76
	FAMILIEN- & FESTGERICHTE	110
	NEUE SALATE	148
	SÜSSE GERICHTE	188
	ROOT-TO-FRUIT-VORRATSSCHRANK	212

	REGISTER	234
	LIEFERANTEN, ORGANISATIONEN & LITERATUR	238
	DANK	240

VORWORT   Hugh Fearnley-Whittingstall

Wir brauchen Bücher wie dieses und Vorkämpfer wie Tom Hunt. Er ist Energie, Leidenschaft und Vision: In einer Welt, in der die Verzweiflung über unsere Ernährungssysteme stets spürbar ist, erhebt Tom eine Stimme der Hoffnung und bietet einfache, kreative Lösungen. In diesem Buch werden Sie Inspiration, Ratschläge und eine Menge an genialen Ideen finden: Dinge, die wir alle tun können, sofort, um uns »gut«, im weitestmöglichen Sinne, zu ernähren.

Es liegt so vieles im Argen mit unserer Ernährung. Dass wir uns einer Ernährungskrise globalen Ausmaßes gegenüber sehen, ist nicht übertrieben. Agrarwirtschaft trägt zur Umweltzerstörung und globalen Erwärmung bei, raffinierte und stark verarbeitete Produkte dominieren den Markt, Lebensmittel werden übermäßig verschwendet, während Millionen Menschen verhungern – all dies erreicht fast katastrophale Ausmaße.

Regierungen und Industrie müssen einen Großteil davon schultern. Doch vieles können wir selbst bewegen, um zu Vernunft und Nachhaltigkeit zurückzukehren. Dazu gehören unsere Kaufentscheidungen, was wir kochen und essen – und diese Entscheidungen zeigen den Machtinhabern, wer wir sind und dass wir nicht alles mit uns machen lassen. Darum geht es für mich in diesem Buch – die kleinen Revolutionen, die wir in der heimischen Küche selbst initiieren können.

Tom kenne ich nun seit 15 Jahren. Als junger Koch arbeitete er bei mir im River Cottage, wo sich Talent und Leidenschaft sofort offenbarten. Es war klar, dass er ein Vordenker werden würde, einer, der nicht mit dem Status quo zufrieden war. Als er das mit mehreren Preisen ausgezeichnete Poco in Bristol gründete und anschließend das fantastische Projekt »Forgotten Feast« startete, freute ich mich für ihn, doch es kam nicht überraschend.

Seit dieser Zeit hat Tom seinen Ruf sowohl als genialer, innovativer Koch als auch als unermüdlicher Kämpfer erworben. Er nimmt seine Arbeit extrem ernst – was sich auch im äußerst sorgfältig entwickelten Root-to-Fruit-Manifest niederschlägt. Doch er verliert niemals aus den Augen: Beim Essen sollte es um Vergnügen und Genuss gehen, was man auch seinen Rezepten anmerkt. Ich zumindest werde auf jeden Fall seine Guacamole aus Dicken Bohnen mal ausprobieren, seine ganze Steckrübe, die wie Schinkenbraten gegart wurde und seine Espressobrownies. Diese Gerichte sind originell und intelligent, dabei so einfach umzusetzen; und genau so etwas brauchen wir in dieser verrückten Zeit.

Vor nicht allzu langer Weile wurden die Ansätze zur Rettung unseres Planeten, die hier beschrieben werden – Saisonalität, Herkunftsnachweis, weniger Verschwendung, pflanzenbasierte Nahrung, wilde und regionale Produkte – als Nischendenken, gar als extrem angesehen. Dank der Arbeit von Tom und Menschen wie ihm werden diese Praktiken allmählich zum Standard. Das ist eine wunderbare Entwicklung und glücklicherweise nimmt sie von selbst Fahrt auf. Es gibt eine Zeit zum Protestieren und Fahnenschwenken, natürlich. Mit Toms Weg jedoch kann jeder selbst ein wichtiges Statement dazu abgegeben, wie er oder sie sich die Welt in Zukunft vorstellt. Einfach, indem man sich entscheidet, welches Essen auf den Tisch kommt.

EIN FEST DER FÜLLE

Im Jahr 2011 organisierte ich ein kulinarisches Festmahl für 200 Menschen und benutzte dafür Lebensmittel, die andernfalls im Müll gelandet wären. Wir wurden von Unmengen an Spenden aus herrlich frischem Bio-Obst und -Gemüse überschwemmt: aus einem Obstgarten gerettete Äpfel aus Kent; unförmiger Blumenkohl von Feldern aus der Umgebung; sogar perfekt reife Avocados, die wir gerade noch abfangen konnten, ehe sie in einem Mülleimer am New Covent Garden Market landeten. Ich konnte es kaum fassen, dass solche hochwertigen Nahrungsmittel als Abfall enden sollten.

Bei dieser Veranstaltung ging es schlussendlich jedoch gar nicht um Abfall: es war ein Fest der Fülle. Wir feierten die herrlichen Lebensmittel, die Landwirte auf unserem Land gezogen hatten, in all den hässlichen und natürlich wunderbaren Formen und Größen. Wir nannten es »Forgotten Feast«, das »Vergessene Festgelage«.

Das Organisieren dieses Festes machte deutlich, dass wir selbst als Einzelpersonen unsere Umwelt unterstützen können, einfach nur durch die Art und Weise, wie wir essen. Es half mir dabei, den wahren Wert von Nahrung zu erkennen. Ihre Verbindung mit der Natur und welche Auswirkungen das auf Geschmack, Nährwert sowie Menschen und Umwelt hat.

Enthüllungen zum Ausmaß der globalen Nahrungsmittelverschwendung fanden im Laufe der vergangenen Jahre sowohl durch Einzelpersonen als auch Organisationen statt. Dies hatte eine internationale Bewegung zur Folge, die das Problem auf verschiedenen Ebenen bekämpft, von lokalen Veranstaltungen an der Basis, wie meiner eigenen, bis hin zu den Vereinten Nationen, die in Zusammenarbeit mit Wohltätigkeitsorganisationen ganz wesentlich an der Umsetzung eines Systemwandels arbeiten. Der Umfang der Problematik motiviert Menschen, Unternehmen und Konzerne auf der ganzen Welt allmählich zum Überdenken unseres Nahrungsmittelsystems. Das nicht Greifbare wurde schließlich greifbar und im Zuge dessen kamen auch große Schwächen und schockierende Tatsachen der Nahrungsmittelproduktion ans Tageslicht, ebenso wie die gravierenden Auswirkungen auf unsere Umwelt. Gleichzeitig besteht jedoch auch Hoffnung und Aussicht auf mögliche Lösungen.

ROOT-TO-FRUIT: VON DER WURZEL BIS ZUR FRUCHT

Mein wachsendes Bewusstsein für das globale Problem der Lebensmittelverschwendung und die Verflechtung von Essen und Klimawandel inspirierten mich dazu, einen völlig neuen Weg einzuschlagen. Zu einem Leben, das auf dem wahren Wert von Nahrung gründet: Eine Art und Weise zu essen, bei der die Umwelt Priorität hat, ohne dabei Abstriche bei Genuss, Geschmack und Nährwert machen zu müssen. Ich bezeichne dieses Konzept als »Root-to-Fruit«.

Root-to-Fruit ist eine ganzheitliche Ernährungsweise, die eine Verbindung zwischen Mensch, Lebensmittel und Natur schafft, und die uns die Fertigkeiten und das Wissen vermittelt, nachhaltig einzukaufen, zu kochen und zu essen, während wir gesündere, wohlschmeckendere Nahrung zu uns nehmen, die nicht mehr kosten muss. Root-to-Fruit-Ernährung verpackt nachhaltige Ernährung in eine einfache Philosophie, die auf drei Grundpfeilern beruht:

- genussvolles Essen
- Nutzung des gesamten Lebensmittels
- bestmögliche Qualität

Genussvoll essen bedeutet, mit Liebe, Selbstvertrauen und Kreativität zu kochen, Artenvielfalt zu unterstützen und zu wissen, woher die Lebensmittel kommen, also den Hersteller zu kennen. Kulinarisches Vergnügen wird oft als Hedonismus oder gar als Völlerei verunglimpft, obwohl es sich dabei um die einzig nachhaltige Ernährungsweise handelt. Wenn wir Nahrung zu uns nehmen, die uns schmeckt, dann beziehen wir daraus mehr Nährstoffe. Wir befassen uns auch mit ihrem eigentlichen Wert und lernen dabei etwas über Geschmack, Kultur, Ursprung und vieles mehr. Kreativität und der spielerische Umgang mit Lebensmitteln lassen unser kulinarisches Genie aufblitzen, auch wenn wir nur wenig Erfahrung haben. Dadurch verringern sich die Kosten für Lebensmittel und deren Verschwendung, wodurch mehr Mittel zur Verfügung stehen, um hochwertigere Nahrungsmittel zu kaufen. Das setzt wiederum einen positiven Kreislauf aus Genuss, Wissen, Ernährung, Genuss, Wissen, Ernährung in Gang.

Biodiversität bezeichnet die Vielfalt allen Lebens auf der Erde, darunter die Tausenden essbaren Pflanzenarten, die darauf warten, von uns verzehrt zu werden. Jede dieser Arten steht in enger Verbindung zu ihrer Umgebung oder ihrem Terroir, wie es in der Weinsprache heißt. Terroir und Biodiversität beeinflussen den Geschmack aller Lebensmittel, welche die Aromen des Ortes aufnehmen. Eine Jersey-Royal-Kartoffel, die am Meer in mit Algen angereicherter Erde wächst, schmeckt naturgemäß anders als eine Yorkshire-Kartoffel, die in lehmiger Erde unter kühlen Bedingungen gedeiht. Sie können lernen, diese Feinheiten zu unterscheiden, indem Sie mein Geschmacksexperiment auf Seite 190 durchführen.

Indem wir hauptsächlich unverarbeitete regionale und saisonale Pflanzen essen, reichern wir unsere Ernährung mit Ballaststoffen, Nährstoffen und – wie ich meine – auch Geschmack an. Die ganze Pflanze – inklusive Wurzel, Frucht, Stängel und Blättern – zu verzehren und das zu kompostieren, was nicht essbar ist, bedeutet, keinen Abfall zu produzieren. Das Root-to-Fruit-Prinzip hebt die gesamte Ernährungsphilosophie auf eine neue Ebene und würdigt die Tatsache, dass unsere Lebensmittel Teil eines ganzheitlichen Ökosystems sind, das Landwirtschaft, Menschen und Umwelt umfasst. Ein gutes Beispiel ist mein Rezept für Kirschen-Buchweizen-Taboulé auf Seite 166: Kirschbäume sind mehrjährige Pflanzen, die jedes Jahr neu austreiben, was bedeutet, dass der Boden geschützt wird und dazu beiträgt, Kohlenstoff zu binden. Buchweizen ist ein sehr nahrhaftes Vollkorn, das nicht nur der persönlichen Gesundheit zuträglich ist, sondern auch jener von Boden und lokalem Ökosystem, indem es Bienen und andere nützliche Insekten anzieht. Das Rezept enthält auch Radieschen, Frühlingszwiebeln und Petersilie, die alle im Ganzen, samt Stiel und Blättern, verwendet werden.

Lebensmittel in der bestmöglichen Qualität zu essen, bedeutet auch, nachhaltige Landwirtschaft zu fördern, fairen Handel zu unterstützen und verantwortungsvoll zu agieren. Jedem von uns stehen andere finanzielle und zeitliche Möglichkeiten zur Verfügung, um zu kochen. Wir sollten uns jedoch stets vor Augen halten, dass Ernährung nicht nur eine Investition in die Gesundheit unserer Familie, sondern auch in unsere Zukunft ist. Hochwertige Lebensmittel verlangen nach schlichten Zubereitungsarten, was sowohl zeit- als auch kostensparend ist. Meine Irischen Sodabrot-Farls bestehen zum Beispiel aus Vollkornmehl und gesammelten Algen. Sie sind in nur wenigen Minuten fertig – sogar wenn Sie Ihr Mehl selbst mahlen – und günstiger als ein billiger Laib Brot aus dem Laden (siehe Seite 230).

Die Zubereitung von saisonalem Obst und Gemüse setzt voraus, dass der Fokus auf den besten Lebensmitteln der jeweiligen Jahreszeit liegt – Kohlsorten oder Wurzelgemüse wie Rote Bete im Winter, aromatische Erdbeeren im Sommer und Äpfel im Herbst. Wem würde das nicht gefallen? Selbst in der kalten Zeit zwischen Winter und Frühling, wenn regional produzierte Lebensmittel rar sind – verfügen wir über eine inspirierende Auswahl an Gemüsesorten, die auf unseren Feldern geerntet werden, aber auch an Früchten wie Orangen und Zitronen, die in benachbarten Ländern saisonal gedeihen.

VOR 25 JAHREN ...

Als ich 10 Jahre alt war, zog meine Familie aus Winchester in ein kleines Dorf in Dorset. Ich war ein Stadtkind und dieser Umzug bedeutete einen Neuanfang in meinem jungen Leben. Mit unserem neuen Haus erbten wir auch zwei Ziegen namens Boot und Cassy. Ich erhielt die Aufgabe, sie jeden Morgen vor der Schule zu melken, egal bei welchem Wetter. Das war nicht immer ein Vergnügen, aber die frische Ziegenmilch für das Porridge war den Aufwand wert. Meine Mutter teilte mir auch ein Stückchen Gartenanteil zu, damit ich dort mein eigenes Gemüse ziehen konnte.

Von klein auf in den Anbau und die Zubereitung unserer Familienmahlzeiten eingebunden zu sein, war sicherlich ein Grund, warum ich heute koche. Tiere aufzuziehen half mir, den grundsätzlichen Wert von Nahrung zu begreifen, und durch die Ernte meines eigenen Gemüses verinnerlichte ich den Grundsatz – der so oft vergessen wird –, dass Essen saisonal sein und aus der Erde stammen sollte.

Einen ersten Vorgeschmack auf das professionelle Kochen erhielt ich mit 17, als ich im Bottle Inn in Marshwood arbeitete, wo Hugh Fearnley-Whittingstall regelmäßig am berühmten Brennnesselwettessen teilnahm, das auch in seiner TV-Serie um das River Cottage zu sehen war. Das Essen war einfach, regional und saisonal.

Nach 7 Jahren, in denen ich in verschiedenen Restaurants gearbeitet und die Welt bereist hatte, kehrte ich nach Dorset zurück, um mit Fearnley-Whittingstall in seinem Hauptquartier, dem River Cottage HQ zu arbeiten. Dort lernte ich, mir in erster Linie um die Qualität und die Herkunft von Lebensmitteln Gedanken zu machen. Jedes Mal, wenn ein nicht-saisonales Lebensmittel in unserer Küche auftauchte, schimpfte Hugh mit uns, und wenn es um Fleisch ging, mussten wir die genaue Rasse, den Züchter und das Alter des Tieres aufsagen können. Ich gewann dort ein umfassendes Verständnis für das Fleischerhandwerk und erlernte auch die Geduld, die es braucht, um saisonal zu kochen. Meine Ausbildung im Kochen nach dem Nose-to-Tail-Prinzip, also von der Schnauze bis zum Schwanz, hat die Art und Weise, wie ich koche, unwiederbringlich verändert. Diese Philosophie, die ursprünglich von dem Koch Fergus Henderson wiederbelebt wurde, bezieht sich auf die Nutzung des gesamten Tieres – Nase, Schwanz und absolut alles dazwischen –, verbunden mit höchstem Respekt und null Abfall.

Ich bin jedoch der Ansicht, dass die Zukunft eines nachhaltigen Nahrungssystems in einer obst- und gemüsereichen Ernährung liegt. Diese bietet eine unendliche kulinarische Vielfalt, fördert die Natur und bildet die Grundlage einer nährstoffreichen Ernährungsweise – was sowohl Aristoteles als auch die nationale britische Gesundheitsbehörde empfehlen. Aus all diesen Gründen basieren die Rezepte in diesem Buch auf Pflanzen.

SLOW FOOD

Neben der Abfallreduzierung ist einer der wichtigsten Beiträge, die wir leisten können, um unseren negativen Einfluss auf den Planeten zu verringern, die Reduzierung unseres Konsums von Fleisch aus intensiver Viehhaltung. Schätzungen des Weltressourceninstituts und der Ernährungs- und Landwirtschaftsorganisation der Vereinten Nationen (FAO) zufolge ist die weltweite Fleischproduktion für ca. 14–18 % der durch Menschen verursachten Treibhausgasemissionen verantwortlich.

In den vergangenen 20 Jahren waren Lebensmittel und Essen mein Leben. Ich habe Ziegen aufgezogen, auf Bauernhöfen gelebt, wurde Vegetarier, dann wieder Fleischesser, habe die Welt auf der Suche nach Rezepten bereist und eine unvorstellbare Anzahl von Menschen verköstigt, und immer noch kreisen alle meine Gedanken um dieses eine herrliche Thema.

Während meiner Reisen habe ich auch das Konzept von Slow Food kennengelernt, der weltweit größten Nichtregierungsorganisation, die sich für ein nachhaltiges Nahrungsmittelsystem einsetzt. Ihr Hauptanliegen ist der Kampf um Nahrungsmittelsicherheit und »Souveränität«, mit anderen Worten, das Recht, Nahrung anzubauen und Saatgut zu züchten, um eine autarke Ernährung zu gewährleisten. Die Botschaft ist einfach, aber tiefgreifend: Essen sollte gut, rückstandsfrei, fair gehandelt und für alle ausreichend sein.

Essen verbindet uns mit der Natur. All die bleibenden Erinnerungen in meinem bisherigen kulinarischen Leben beruhen auf Erfahrung – von dem Moment an, als ich zum ersten Mal ein Gemüse geerntet und zubereitet habe, bis zum Kochen am Strand. Essen ist ursprünglich, sinnlich und bereitet Vergnügen. Es verwurzelt uns in der Erde, sichert unsere Existenz und schafft Gemeinschaften – von einem Tisch für zwei zu einem lokalen und globalen Netzwerk von Herstellern.

DIESES BUCH

»Wir befinden uns in einer einzigartigen Phase der Geschichte, nie zuvor besaßen wir ein derartiges Bewusstsein dafür, was wir auf dem Planeten tun, und nie zuvor hatten wir die Macht, etwas dagegen zu tun.« David Attenborough

Die Mehrheit der Menschen sorgt sich wegen des Klimawandels und will etwas dagegen unternehmen, doch nur wenige können es in ihrem alltäglichen Leben umsetzen. Wir stehen tatsächlich an einem ganz wesentlichen Punkt in der Geschichte, an dem unsere Handlungen einen Unterschied machen und sich ändern müssen. Mit diesem Bewusstsein, und ein wenig Wissen über bessere Ernährung, haben wir die Möglichkeit, die Erderwärmung rückgängig zu machen. Auch wenn die Klimakrise einen umfassenden Systemwandel voraussetzt, können wir in unserer Küche durch das Essen, das wir zu uns nehmen, Veränderungen bewirken. Dieses Buch ist eine Anleitung, die Ihnen dabei helfen soll – ob Sie nun zuhause für sich selbst kochen oder professionell Tausende Mahlzeiten am Tag zubereiten.

Vom Samen bis zum fertigen Gericht hat unser Nahrungsmittelsystem immense Auswirkungen auf den Planeten, indem es die Qualität des Bodens, die Biodiversität und das gesamte Ökosystem beeinflusst. Es ist der größte Einzelemittent von Treibhausgasen und zerstört ökologische Systeme. Auf der anderen Seite tragen hochwertige Lebensmittel und nachhaltige Landwirtschaft zur Regeneration des Bodens bei, fördern Artenvielfalt, binden Kohlenstoff und erschaffen Ökosysteme. Das, was wir essen, kann zu einer besseren Welt beitragen.

Ich habe die Rezepte in diesem Buch so konzipiert, dass sie kostengünstig sind und sich auf Grundlage verfügbarer Zutaten einfach zu Hause nachkochen lassen. Dazu habe ich auch einige weniger bekannte Kulturpflanzen, Ethnofood und Wildpflanzen aufgenommen, um die Artenvielfalt zu fördern und Alternativen zu bieten.

Obwohl es sich hier um eine Art Rezeptsammlung handelt, empfinde ich es als weitaus wichtiger, dazu anzuregen, ohne Rezept zu kochen, eigene Gerichte zu erfinden, Reste zu verwerten und die Rezepte in diesem Buch den eigenen Erfordernissen und verfügbaren Lebensmitteln anzupassen. Am Beginn jedes Kapitels gibt es einige Rezepte, die Sie dazu ermutigen sollen, genau das zu tun. Dort erhalten Sie umfassendere Hinweise, wie Sie eine Mahlzeit aufbauen oder Ihr eigenes Rezept verfassen, aber auch Anleitung, um Reste zu verwerten, sowie Basisrezepte, auf denen sich aufbauen lässt.

Um jenseits von akademischen Studien die praktischen Einsatzbereiche nachhaltiger Landwirtschaft zu verstehen, die dazu beigetragen haben, das Root-to-Fruit-Manifest zu entwickeln, habe ich mich dazu entschlossen, Bauernhöfe und Hersteller zu besuchen, die die Geschichte regenerativer Landwirtschaft mitgeschrieben haben. Sie zeigen, dass nachhaltige Nahrungssysteme existieren, und zwar unterstützt von einem internationalen Netzwerk von Kleinbauern, Produzenten und Protagonisten, die die Welt ernähren.

Wie mein »Forgotten Feast« ist auch dieses Buch ein Fest der Fülle: ein Zelebrieren von Geschmack, Ernährung und der Erde. Eine Anleitung für erschwingliches und ethisches Kochen, für ein Gefühl von Zugehörigkeit und Wohlbefinden – all das, was uns mit gutem Essen und mit der Natur verbindet.

Ich hoffe, es inspiriert Sie und gibt Ihnen das Werkzeug, die Qualität Ihrer Ernährung auf ein ganz neues Niveau zu heben.

Nachhaltigkeit von Lebensmitteln

Die Ernährungs- und Landwirtschaftsorganisation der Vereinten Nationen definiert eine nachhaltige Ernährung als eine, die:

umweltverträglich ist

zu einem gesunden Leben gegenwärtiger und zukünftiger Generationen beiträgt

Biodiversität und Ökosysteme schützt

kulturell akzeptabel ist

verlässlichen Zugang zu erschwinglichen und nahrhaften Lebensmitteln bietet

natürliche und menschliche Ressourcen optimiert.

Das Grundgerüst der Root-to-Fruit-Philosophie beruht auf den UN-Zielen für nachhaltige Entwicklung und auf der umfangreichen wissenschaftlichen Forschung zur Nachhaltigkeit von Lebensmitteln, der Klimakrise und unserer Ökologie, die in den letzten Jahrzehnten von Wissenschaftlern und Freunden wie Professor Tim Lang, Professor für Ernährungspolitik, und Pamela Mason, Doktorin im Bereich Ernährungswissenschaft und Master im Bereich Ernährungspolitik, die beide auch für dieses Buch forschten, veröffentlicht wurde.

Root-to-Fruit-Manifest

Das Root-to-Fruit-Prinzip bedeutet: genussvoll zu essen, die Nutzung ganzer Lebensmittel aus dem gesamten Betrieb, bestmögliche Qualität zu verzehren und in saisonalen Lebensmitteln zu schwelgen, die schmackhaft, nahrhaft und grundsätzlich stärkend für uns und den Planeten sind.

1 Genussvolles Essen

1.1 Kochen Sie mit Liebe, Selbstvertrauen & Kreativität
1.2 Unterstützen Sie Biodiversität
1.3 Lernen Sie Ihre Hersteller kennen

2 Verzehr von Vollwertprodukten

2.1 Vermeiden Sie Abfall
2.2 Essen Sie in erster Linie Pflanzen
2.3 Essen Sie regionale, saisonale Lebensmittel

3 Essen Sie nur Lebensmittel bestmöglicher Qualität

3.1 Unterstützen Sie nachhaltige Landwirtschaft
3.2 Kaufen Sie Fairtrade-Produkte
3.3 Handeln Sie verantwortungsvoll

1 Genussvolles Essen

Wir haben Juli auf der Trill Farm in Dorset. Vor mir liegen mindestens acht unterschiedliche Blattgemüse, darunter Chicorée, gefiederte Senfblätter, Portulak und einige andere, die ich noch niemals zuvor gesehen habe. Im Geschmack so unterschiedlich wie im Aussehen – erst beißt du in bitteren Radicchio, dann werden deine Geschmacksknospen von blumigem Kerbel überfallen. Jeder Bissen ist ein Genuss und lässt mich an die harte Arbeit denken, mit der diese Ernte von der Aussaat bis auf den Teller gebracht wurde. Und wie viel besser alles dadurch schmeckt.

Während ich diese unglaublichen Zutaten probiere, erinnere ich mich an das köstlichste Gemüse, das ich je gegessen habe. Ich erntete es in dem kleinen Schrebergarten, den mir meine Mutter im Alter von nur 12 Jahren überließ. Ganz effizient – oder vielleicht exzentrisch – wollte ich den gesamten Garten mit Gartenerbsen bebauen! Die Ranken gediehen und produzierten die süßesten Erbsen, die man sich vorstellen kann. Zum Kochen waren sie zu perfekt, ich warf sie mir also roh direkt in den Mund. Diese Erbsen schmeckten wohl so wunderbar wegen der fruchtbaren und reichhaltigen Erde. Doch bestimmt auch, weil ich den Rasen abgestochen, den Boden umgegraben, die Samen ausgesät und die Früchte selbst geerntet hatte.

Die Mittagszeit auf der Trill Farm, mit ihrem Blattgemüse und den saisonalen Produkten, fühlt sich wie eine Momentaufnahme des Hoflebens an. Zeit, um innezuhalten und den größeren Zusammenhang zu betrachten, wie dieses wunderbare Essen auf unsere Teller gelangt.

Ich liebe den gesellschaftlichen Aspekt des Kochens und Servierens. Mit Überlegung, Kreativität und Wissen entsteht ein Rezept, das ernährt – Menschen auf jeglicher Ebene inspiriert – vom puren Sinnesgenuss bis zur kulturellen Debatte. Und jede Mahlzeit bietet eine einzigartige Gelegenheit, die Menschheit und den Planeten mittels unserer Kaufentscheidungen zu unterstützen – mit ein wenig Sorgfalt entsteht Köstliches.

Ein Essen zu genießen bedeutet nicht nur schmecken, sondern auch wissen. Wer sich für seine eigene und die Welternährung interessiert, beschreitet einen köstlichen Weg zur Erhaltung seiner eigenen Gesundheit und die der Erde. Nebenbei entdecken wir neue Aromen.

1.1 Kochen Sie mit Liebe, Selbstvertrauen & Kreativität

Die besten Speisen sind vital und explosiv. Essen, das uns aufseufzen und in pure Freude ausbrechen lässt, Essen, das olfaktorische Erinnerungen auslöst und uns durch Zeit und Raum zu vergangenen Geschmackserfahrungen katapultiert. Zutaten, die frisch und aromatisch sind, so wie es sein sollte, voll von Leben und der Liebe, mit der sie hergestellt wurden.

Das Allerwichtigste zuerst: Kochen Sie mit den Jahreszeiten, lassen Sie sich jedoch auch von unserer multikulturellen Gesellschaft inspirieren. Ein Bekenntnis zum saisonalen Kochen stellt keinen Widerspruch dazu dar, ganz im Gegenteil, es ist eine aufregende Möglichkeit, neue Geschmacksrichtungen und Rezepte zu kreieren.

Die moderne Küche ist ein Ausdruck unserer vielfältigen Kultur – ein Schmelztiegel der Küchen der Welt. Die Essenskultur war niemals so stark, so vereint und so vielfältig. Diese Kulturen und Küchen zu schützen und zu zelebrieren ist eine Methode, um nicht nur kulturelle Vielfalt, sondern – aufgrund all der unterschiedlichen Zutaten – auch Pflanzenvielfalt zu fördern.

Vielleicht fühlen Sie sich nicht sicher genug, um Rezepte abzuwandeln oder eigene zu erfinden. Das Geheimnis des Kochens zu Hause sind hochwertige Zutaten und Einfachheit, nichts weiter. Kreativität und der Wille zum Experimentieren – also Reste zu verwerten oder das zu verkochen, was der Markt gerade hergibt – sind wesentliche Eigenschaften, die Ihnen dabei helfen werden, eine Menge zu sparen und gleichzeitig gut zu essen.

1.2 Unterstützen Sie Biodiversität

Biodiversität wird als Vielfalt des Lebens definiert – von einzelligen Organismen oder Pflanzen bis hin zu Säugetieren – innerhalb eines definierten Standortes oder Systems, sei es nun ein ganzer Kontinent oder ein Wasserlauf im hinteren Teil Ihres Gartens.

Eine der wichtigsten Methoden, um die Klimakatastrophe aufzuhalten, ist der Schutz der Artenvielfalt, von der unsere Welt abhängt. Die Natur ist ein komplexes Netz von Leben, das auf vielerlei Art und Weise miteinander verbunden ist. Es gibt viele Möglichkeiten, wie wir diese Lebenserhaltungssysteme schützen können und müssen – von der Erhaltung bis zur Bodenregeneration. Wir können jedoch auch dazu beitragen, indem wir eine größere Vielfalt an Zutaten aus unserer komplexen Pflanzenökologie verwenden, die auf kleinen Bauernhöfen gezogen werden.

Wenn der Frühling in den Sommer übergeht, dann erblüht mein Garten in einer unglaublichen Artenvielfalt von Bakterien, Insekten, Pflanzen und Tieren. Pflanzen treiben aus der lehmigen Erde, Bienen und Insekten transportieren Pollen aus benachbarten Gartenökosystemen hin und her; Vögel ernähren sich von Insekten, und ich ernähre mich von den Pflanzen.

Ich liebe es, neue Zutaten zu entdecken und kennenzulernen. Ob es nun eine alte Tomatensorte ist oder ein aus seinem Ursprungsland importiertes Gewürz; die Neugierde auf Lebensmittel ist eine aktive Förderung von Biodiversität und damit auch unseres Planeten.

Ellen Rignell beim Sammeln von Tomatensamen auf der Trill Farm. Die Saatgutrettung ist ein wichtiger politischer Akt, der die biologische Vielfalt und die Rechte der Landwirte schützt. Erfahren Sie mehr unter gaiafoundation.org

Essen, das Körper & Umwelt nährt

Weltweit existieren mehr als 30 000 essbare Pflanzengattungen, darunter alle möglichen Arten alter exotischer Kulturpflanzensorten, alter Getreidesorten und vergessener Lebensmittel, die von Kleinbauern und Samenbanken am Leben gehalten werden (obwohl viele Sorten bereits ausgestorben sind, siehe Grafik auf Seite 17). Root-to-Fruit macht sich diese Biodiversität zunutze.

Die Root-to-Fruit-Einkaufsliste dient dazu, Ihre Ernährung mit umweltverträglichen Nahrungsmitteln anzureichern, die schmackhaft, nährstoffreich, erschwinglich und einfach zuzubereiten sind. Ich habe diese Liste auf Grundlage der Definition einer nachhaltigen Ernährung der FAO (siehe Seite 9) und der Liste »Future 50 Foods« des WWF erstellt. Außerdem habe ich dafür den Bericht »Food in the Anthropocene« (Dt. Nahrung im Anthropozän) der EAT-Lancet-Kommission herangezogen, der zu dem Schluss kommt, dass eine gesunde Ernährung für unseren Planeten »hauptsächlich pflanzenbasiert ist, gelegentlich jedoch auch geringe Mengen an Fisch, Fleisch und Milchprodukten enthalten kann«. Der Bericht empfiehlt einen maximalen Verzehr von 0–28 g Rindfleisch, Lamm oder Schweinefleisch pro Tag, 0–100 g Fisch und 0–58 g Geflügel. Die Lancet-Richtlinien entsprechen auch der Lebensart in den fünf sogenannten »Blauen Zonen« der Welt – Sardinien (Italien), Okinawa (Japan), Ikaria (Griechenland), Loma Linda (Kalifornien) und die Halbinsel Nicoya (Costa Rica).

Wenn Sie Fleisch essen und es einem dieser Gerichte hinzufügen möchten, oder Zutaten gegen solche tauschen wollen, die Ihrem Geschmack, Standort oder Ihrer Ernährungsweise mehr entsprechen, tun Sie das bitte. Die Rezepte sind so einfach, dass Ihrer Kreativität keine Grenzen gesetzt sind.

Diese Grafik wurde von EAT erstellt und ist dem Artikel »Food in The Anthropocene« entnommen: Die gesamte Arbeit von EAT zu dem Thema ist online unter eatforum.org/eat-lancet-commission zu finden.

Quelle: Eat Foundation

Öl & Essig

Olivenöl ist sowohl für den Menschen als auch für den Planeten eine gute Wahl. Es kann die einfachsten Speisen aufwerten und ergänzt unsere Ernährung durch einfach ungesättigte Fette und Omega-9-Fettsäuren, die Cholesterin reduzieren, ganz im Gegensatz zu gesättigten Fetten und Transfetten – was etliche Studien zur mediterranen Ernährung belegen. Eine weitere gute Alternative ist Rapsöl, wobei ich aufgrund des massiven Pestizideinsatzes bei Raps zu zertifiziertem Bio-Rapsöl raten würde, das teuer sein kann. Lein- und Hanföl sind gute Quellen für Omega-3-Fettsäuren und schmecken besonders gut über einen Salat geträufelt.

Apfelessig, der oft als Allheilmittel betrachtet wird, ist eine gute Wahl für die Umwelt, hat zahlreiche nachgewiesene gesundheitliche Vorteile und verleiht Gerichten Balance und Säure. Auf Seite 223 finden Sie eine Anleitung zur Herstellung von Apfelessig mithilfe einer »Essigmutter«.

Kokosöl

Natives Hanföl extra

Natives Olivenöl extra

Natives Rapsöl extra (in Bioqualität)

Selbstgemachter Apfelessig mit Essigmutter

Sonnenblumenöl

* Wie alle Öle bildet auch Olivenöl, wenn es zu stark erhitzt wird, freie Radikale, die dem Körper schaden. Das können Sie vermeiden, indem Sie die Temperatur im Blick behalten und darauf achten, dass das Öl nicht raucht. Der Rauchpunkt von nativem Olivenöl extra liegt zwischen 160 °C und 207 °C. Zum Frittieren und Braten über 160 °C nehmen Sie besser Sonnenblumen- oder Kokosöl, die höhere Rauchpunkte aufweisen.

Nüsse, Kerne & Samen

Diese kleinen Kerne sind äußerst vitamin- und eiweißreich und enthalten eine Menge an Fetten, die wesentlich für die Gesundheit von Gehirn und Körper sind. Sie schmecken intensiv und aromatisch, sollen cholesterinsenkend wirken und verleihen Mahlzeiten Biss. Leinsamen und Hanf sind randvoll mit Omega-3- und Omega-6-Fettsäuren. Ich verwende sie für meinen Mürbeteig, um Nährstoffe hinzuzufügen und für eine herrlich knusprige Konsistenz (siehe Seite 231). Hanf benötigt keinerlei Düngemittel oder Pestizide und verfügt über ein einzigartiges Aroma, das Salaten Würze verleiht und eine äußerst schmackhafte Pflanzenmilch ergibt (siehe Seite 224). Walnüsse und Haselnüsse wachsen hier, während Paranüsse nur in geschützten Gebieten des Regenwaldes gedeihen. Paranüsse sind eine gute Quelle für Selen, das in der Ernährung oft zu kurz kommt.

Hanfsamen

Haselnüsse

Kakao (aus Umweltschutzprojekten)

Leinsamen

Mandeln (Fairtrade, in Bioqualität)

Paranüsse

Sesam (Tahin)

Sonnenblumenkerne

Walnüsse (EU)

Süßungsmittel

Um Lebensmittel zu süßen, können viele verschiedene Pflanzen eingesetzt werden, jede mit ihrem ganz eigenen Geschmack. Zuckerrohrmelasse ist ein Nebenprodukt der Zuckerherstellung, das viel Eisen und alle Nährstoffe enthält, die dem raffinierten Zucker entzogen wurden. Datteln, ungeschwefelte Aprikosen und andere Trockenfrüchte verfügen über ein toffeeartiges Aroma, das sich optimal eignet, um Gerichten eine leichte Süße zu verleihen, und sind reich an vielerlei Spurenelementen. Unraffinierte Zuckerarten, wie Jaggery, Panela und Rapadura, bestehen aus minimal verarbeitetem Zuckerrohrsaft mit einem wunderbaren Aroma. All diese Produkte, die große Mengen an Glukose, Saccharose und Fruktose enthalten, sollten jedoch als Süßigkeit genossen werden.

Ahornsirup

Aprikosen (in Bioqualität)

Datteln

Unraffinierter Zucker (Jaggery, Panela, Rapadura, Turbinado)

Zuckerrohrmelasse (ein nährstoffreiches Nebenprodukt der Zuckerverarbeitung)

Getreide & andere Körner

Unterstützen Sie Bauern und Bodengesundheit, indem Sie eine breitere Auswahl an Feldfrüchten in Ihren Speiseplan integrieren. Ersetzen Sie Grundnahrungsmittel wie Weizen und Mais durch Hirse und Dinkel und erhöhen Sie so den Nährstoffgehalt Ihrer Mahlzeiten. Gleichzeitig fördern Sie die landwirtschaftliche Vielfalt und unser globales Nahrungsmittelsystem. Die meisten Getreidesorten sind verarbeitet und gebleicht, damit sie so langlebig und gleichförmig wie möglich werden. Dieser Prozess denaturiert jedoch die Inhaltsstoffe und macht aus den ernährungstechnisch wertvollsten Bestandteilen, der Kleie und dem Keim, unnötigen Abfall. Vollkorn ist selbst in Bioqualität erschwinglich und sorgt für einen gesunden und ausgeglichenen Einkaufskorb. Auch der Großteil unseres Brotes ist weiß und nährstoffarm, während Vollkornsauerteigbrot wesentlich mehr Nährstoffe und Geschmack enthält, was den etwas höheren Preis im Laden rechtfertigt. Ganz zu schweigen von all den köstlichen Gerichten, die sich mit altem Brot zubereiten lassen, von Pesto bis Suppe.

Amaranth

Buchweizen

Dinkel

Einkorn

Emmer

Gerste

Hirse

Kamut

Mais (alte Kultursorten)

Quinoa

Roggen

Teff (Zwerghirse)

Wildreis

Hülsenfrüchte

Hülsenfrüchte sind sättigend, günstig und biologisch regenerativ, sie können über Knöllchen an der Wurzel Stickstoff binden und tragen zu einer verbesserten Bodenfruchtbarkeit bei. Um zu wachsen, benötigen sie weniger Wasser und Düngemittel als andere Proteinlieferanten, außerdem sättigen sie rasch, helfen so beim Abnehmen und reduzieren »schlechtes« Cholesterin. Weichen Sie am Wochenende eine Auswahl an getrockneten Hülsenfrüchten ein und erhitzen Sie diese dann unter der Woche als köstliche Alternative zu Fleisch. Tiefgefroren eignen sie sich zudem gut als Vorrat. Verwenden Sie einige der eingeweichten Hülsenfrüchte zum Keimen laut meinem Rezept auf Seite 154.

Bohnen (Dicke Bohnen, Bio-Soja bzw. Demeter-zertifiziertes Soja, Stangenbohnen etc.)

Bohnensprossen

Erbsen (grüne Erbsen, Palerbsen, Zuckererbsen etc.)

Linsen (gelbe, grüne, rote etc.)

Obst, Gemüse & Blumen

Der Verzehr einer breiten Palette an Obst, Gemüse und grünem Blattgemüse ist nicht nur wesentlich für unsere Gesundheit, sondern trägt auch dazu bei, die Nachfrage nach einer größeren Sortenvielfalt zu erhöhen, was wiederum die Widerstandsfähigkeit unseres Nahrungsmittelsystems erhöht. Es existiert eine unendliche Vielfalt an schmackhaften Pflanzen, mit denen es sich lohnt, in der Küche zu experimentieren. Mithilfe saisonaler, regionaler Produkte vom Markt oder aus der Gemüsekiste lässt sich dies ganz einfach in Ihrer Küche verwirklichen – besonders wenn Sie mit alten Kultursorten wie orangefarbenen Tomaten oder violetten Karotten experimentieren.

Essbare Blumen bzw. Blüten sind nicht nur dekorative Zutat. Sie bieten subtil-würzige Aromen und können eine gewöhnliche Mahlzeit in etwas Außergewöhnliches verwandeln.

Borretsch

Brokkoli

Brunnenkresse

Chilis

Geranien (Pelargonien)

Grünkohl (Cavolo nero, Redbor, Red Russian etc.)

Kapuzinerkresse

Karotten (alte Kultursorten)

Kohl

Kürbis, verschiedene Sorten

Lavendel

Mangold

Pilze (Austernpilze, Enokipilze, Shiitakepilze etc.)

Radieschen und Rettiche (alte Kultursorten)

Rote Bete, inklusive Blätter

Schwarzwurzel

Speiserüben

Spinat

Steckrüben

Stiefmütterchen

Tomaten (alte Kultursorten)

Mehrjährige Obst- und Gemüsesorten & Kräuter

Mehrjährige Kulturpflanzen lassen sich Jahr für Jahr ernten, es besteht keine Notwendigkeit, die Erde so oft zu bearbeiten wie bei einjährigen Kulturen. Dies kehrt einen landwirtschaftlichen Prozess um, bei dem für gewöhnlich Kohlenstoff in die Atmosphäre entweicht; mit mehrjährigen Kulturen kann Kohlenstoff im Boden gebunden werden, wodurch sich dessen Qualität enorm verbessert.

Aprikosen (in Bioqualität, auch getrocknet)

Artischocken

Baumfrüchte (Apfel, Birne, Kirsche, Pflaume etc.)

Beeren (Blaubeeren, Himbeeren, Stachelbeeren)

Jackfrucht (inkl. Brotfrucht)

Majoran / Oregano

Minze

Mispeln

Rhabarber

Rosmarin

Salbei

Sauerampfer

Spargel

Thymian

Topinambur

Wildpflanzen

Wildpflanzen sind eine oft ungenutzte Quelle besonders nahrhafter und schmackhafter Zutaten. Waldpilze beispielsweise mit ihrem vollen, erdigen Geschmack und ihrer heilsamen Wirkung sind sowohl schlicht als auch äußerst raffiniert. Für dieses Buch habe ich leicht zu identifizierende Wildpflanzen ausgewählt, die in der Natur, in unseren Städten und sogar im eigenen Garten wachsen.

Viele Pflanzen, die als invasiv und nicht heimisch, oder einfach als gewöhnliches Unkraut gelten, sind äußerst nährstoffreich und können sogar als medizinische Heilpflanzen gelten. Löwenzahn, Borretsch und Brennnesseln sind nur einige der Pflanzen, die in meinen Rezepten zum Einsatz kommen.

* Erkundigen Sie sich hinsichtlich der lokalen Genehmigungen zum Sammeln von Wildpflanzen und vermeiden Sie Gebiete, in denen Pestizide zum Einsatz kommen.

Bärlauch

Blaubeeren

Brennnessel

Brombeeren

Glöckchenlauch

Holunderblüten und -beeren

Holzapfel

Japanischer Staudenknöterich

Klee (inkl. Blüten)

Labkraut

Löwenzahn

Maronen

Meeresgemüse (Meeresspaghetti, Meeressalat, Rotalge etc.)

Pilze (Morchel, Schwefelporling, Steinpilz etc.)

Primelgewächse

Rose/Hagebutte

Sauerklee

Spitzwegerich

Veilchen

Vogelmiere

Wacholder

Stängel, Blätter & andere nährstoffreiche Leckerbissen

Oft werfen wir Bestandteile weg, die äußerst schmackhaft sind und eigentlich gegessen werden könnten, wie Gemüseschalen, Getreidewasser und andere Nebenprodukte. Die beste und verlässlichste Art, diese Happen zu verwenden ist, sie gar nicht zu entfernen und einfach in die Gerichte zu integrieren.

Erweitern Sie Ihre Zutaten und lernen Sie, auch kleinste Reste zu verwerten. Eine kleine Portion Gemüse ergibt einen nahrhaften Snack oder lässt sich einer Mahlzeit hinzufügen. Bewahren Sie jedes Fitzelchen auf, das während des Kochens anfällt; eine halbe Zwiebel, eine Knoblauchzehe oder ein Blatt Spinat passen zu beinahe jedem Gericht, auch wenn sie nicht im Rezept stehen. Hier fangen Sie an, Geld zu sparen. Nicht indem Sie übermäßig sparsam sind, sondern indem Sie jeden Happen zu schätzen wissen und damit köstliche und kreative Mahlzeiten zaubern.

Alle Reste, gekocht und roh

Aquafaba (Kochwasser von Hülsenfrüchten)

Blätter von Wurzelgemüse wie Fenchel, Karotte, Knollensellerie, Kohlrabi, Radieschen, Rote Bete, Speiserüben

Blumenkohlstiele und -blätter

Brokkolistiele und -blätter

Feigen- und Weinblätter

Fruchtfleisch

Gemüseschalen

Kräuterstängel

Kürbiskerne, -schale, -blätter und -blüten

Lauch- und Zwiebelabfälle

Stangensellerieblätter

Zitrusfruchtschalen (unbehandelt)

Zucchinistrunk, -blätter und -blüten

1.3 Lernen Sie Ihre Hersteller kennen

In Großbritannien kontrollieren Supermarktketten mehr als 80 % des Lebensmittel-einzelhandels.

Ashley zog etwas, das er als »Rettich-ähnlich« bezeichnete, aus dem Boden und erklärte mir, wie einjährige bodenbedeckende Gründüngerpflanzen – die gegen Ende jeder Saison absterben – sowohl Pflug als auch Düngemittel überflüssig machen. Jede Kultur führt dem Boden Nährstoffe zu, während die tiefen Wurzeln ihn belüften. Kate und Ashley bewirtschaften auf der Trill Farm in Dorset, die gegenüber von meiner alten Arbeitsstätte, dem River Cottage liegt, einen Hektar Ackerfläche. Üppiges Gemüse wächst dort in farbenfrohen Reihen, jeweils als Teil eines achtjährigen Rotationssystems, das zur Regeneration des Bodens beiträgt (siehe Seite 103).

Innovative und dennoch traditionelle Anbaumethoden wie auf diesen Feldern, die nicht umgegraben werden, erlauben es Bauern, einjährige Feldfrüchte anzubauen, die jedes Jahr wieder gesetzt werden müssen und die, ähnlich mehrjährigen Pflanzen, den Boden nicht auslaugen. Diese Art des Ackerbaus verbessert Bodenstruktur sowie Biodiversität und reduziert sowohl den Einsatz von Wasser als auch die Bodenerosion.

Wir haben die tolle Möglichkeit, unseren Planeten zu unterstützen, indem wir unsere Bauern unterstützen. Die meisten Bauern sorgen wirklich gut für ihr Land, was ja auch ihr Job ist. Eigenes Gemüse anzubauen (auch wenn es nur ein Topf mit Kräutern ist), so oft wie möglich Bauernhöfe, Bauernläden und Bauernmärkte zu besuchen und mit den Menschen zu sprechen, die unsere Nahrung anbauen, stärkt auch unsere Verbindung zum Land und erweitert unser Wissen über Natur und gutes Essen.

Unterhalten Sie sich einmal mit Ihrem Lebensmittelhändler und finden Sie heraus, wie Ihre Lebensmittel angebaut wurden. Bevorzugen Sie Obst und Gemüse von den Bauernhöfen, die Wert auf Vielfalt legen und eine ganze Bandbreite an Feldfrüchten anbauen. Nachhaltige und regenerative Bauernhöfe sind oft – aber nicht immer – als »biologische« oder »biologisch-dynamische Landwirtschaft« zertifiziert (siehe Seite 238), halten Sie also nach Produkten von Lebensmittelhändlern, Bauernmärkten oder Onlineshops Ausschau, die Informationen zur Herstellung ihrer Produkte zur Verfügung stellen.

Selbst als Koch hatte ich oft Bedenken, Ladeninhaber zu den Anbaumethoden zu befragen, aus Angst, nicht über genügend Wissen zu verfügen, um einigermaßen intelligent zu antworten. Schließlich habe ich jedoch viel von den Herstellern gelernt und entdeckt, wie viele Gedanken sie sich machen.

Auswahl nachhalt

STARTEN SIE HIER

Wählen Sie ein Produkt oder eine Zutat

Rohe Zutat oder eine, die aus identifizierbaren rohen Zutaten besteht?

Kommt das Lebensmittel von einem agrarökologisch, Demeter-zertifizerten oder Bio-Hof (oder ähnliches)?

JA

Wird es mittels Luftfracht transportiert?

Flugtransporte sind besonders belastend für die Klimabilanz.

JA

Auswirkungen recherchieren Alternativen in Betracht ziehen

NEIN

NEIN

Andere Option in Betracht ziehen (Kenntnis der »Dirty Dozen« und der »Clean Fifteen«)

Ist es ein regionales/saisonales Produkt?

JA

NEIN

(siehe »stark verarbeitetes Lebensmittel«)

Ist die Verpackung recycelbar oder kompostierbar?

JA

Ist das Lebensmittel zugänglich und erschwinglich?

JA

Glückwunsch, exzellente Wahl

NEIN

Gemeinschaftliche Aktionen in Betracht ziehen: Einkaufsgruppe gründen, große Gebinde kaufen oder andere Möglichkeiten in Betracht ziehen

NEIN

Das könnte die beste Wahl sein, jedoch andere Möglichkeiten erwägen

iger Lebensmittel

Woher kommt mein Essen?

Handelt es sich um ein stark verarbeitetes Lebensmittel?
Hat dieses Lebensmittel einen positiven oder negativen Einfluss auf Gesellschaft oder Umwelt?

POSITIV
Unterstützt der Produzent ein soziales Programm, ein Umweltprogramm? Handelt es sich um nährstoffreiches Essen zu einem kostengünstigen Preis?

NICHT SICHER
Weiter recherchieren Alternativen in Betracht ziehen

NEGATIV
Kann ich den Hersteller dazu bringen, eine Lebensmittelreform zu unterstützen?

Alternativen in Betracht ziehen

JA
(siehe »Transport per Luftfracht«)

NEIN
Alternativen in Betracht ziehen

Agrarökologie

Ein ökologischer landwirtschaft-licher Ansatz, der in Harmonie mit der Natur funktioniert, mit dem Ziel, Bodengesundheit und nachhaltige Landwirtschaftssysteme zu fördern.

Hauptsächlich Pflanzen essen

Produkte von agrarökologisch geführ-ten Landwirtschaften zu kaufen, dafür weniger Fleisch und Milchprodukte, minimiert den negativen Einfluss auf die Umwelt.

Lebensmittel mit gravierenden Auswirkungen

Die Auswirkungen dieser Lebensmittel unterscheiden sich stark, abhängig davon, woher sie kommen. Kaufoptionen recherchieren und achtsam kaufen.

Fleisch, Geflügel, Fisch, Milchprodukte, Eier, Palmöl, Soja, Mandeln, Avocados, Wasser in Flaschen, Kaffee

Kohlenstoffarme Lebensmittel

Wann immer es möglich ist, mehr von diesen Lebensmitteln verzehren: Gemüse, Obst, Bohnen und andere Hülsenfrüchte, Getreide, Nüsse (exkl. einiger Sorten, siehe Seiten 18–21)

Clean Fifteen

Diese Obst- und Gemüsesorten enthalten mit hoher Wahrscheinlichkeit geringere Mengen an Pestiziden (www.ewg.org). Kaufen Sie jedoch importierte Produkte immer mit Vorsicht.

Avocados, Süßmais, Ananas, tiefgefrorene Erbsen, Zwiebeln, Papayas, Auberginen, Spargel, Kiwis, Kohl, Blumenkohl, Cantaloupe-Melonen, Brokkoli, Pilze, Honigmelonen

Dirty Dozen

Diese Obst- und Gemüsesorten enthalten für gewöhnlich die größte Menge an Pestiziden. Kaufen Sie sie, wenn möglich, ungespritzt in Bioqualität.

Erdbeeren, Spinat, Grünkohl, Nektarinen, Äpfel, Weintrauben, Pfirsiche, Kirschen, Birnen, Tomaten, Stangensellerie, Kartoffeln

2 Verzehr von Vollwert- produkten

Als Vollwertprodukte werden rohes oder gegartes Obst, Gemüse und Vollkornprodukte bezeichnet, die so wenig wie möglich verarbeitet wurden und idealerweise frei von chemischen Zusätzen sind. Zucker, wie Jaggery, ist nicht raffiniert und immer noch voll Geschmack und braun von der Melasse, Getreide ist unpoliert, inklusive Schale (Kleie) und Keimling, was ihm mehr Geschmack und Biss verleiht, und Obst und Gemüse werden im Ganzen verzehrt, inklusive ihrer äußerst nahrhaften Schale.

Das Root-to-Fruit-Prinzip führt das Konzept der Vollwertkost noch einen Schritt weiter und würdigt damit, dass Nahrung Teil eines größeren Ganzen ist, Teil unseres erstaunlichen Planeten, was auch Geologie, Soziologie und Ökologie mit einschließt. Wenn Sie von der Wurzel bis zur Frucht denken, dann betrachten Sie doch einmal Ihr Schneidbrett und Ihren Komposteimer und überlegen Sie genau, ob sich nicht irgendetwas von den Abfällen in das Gericht integrieren und in etwas Gutes verwandeln ließe. Denken Sie auch jenseits Ihrer Küche ganzheitlich, z. B. über die zukünftigen und vergangenen Auswirkungen Ihrer Nahrung nach. Fragen Sie sich: Wie kann ich nachhaltige Landwirtschaft unterstützen?

Wir sollten alles essen, was der Bauer anbaut. Einige Kulturen sind der lokalen Landschaft, dem Klima und der Jahreszeit angepasst, andere nicht. Kokosnüsse in Kroatien anzubauen ist deshalb vielleicht keine so gute Idee. Feldfrüchte lassen sich nicht Jahr für Jahr im selben Boden anbauen, ohne Nährstoffe beigeben zu müssen, die die Pflanze dem Boden entzieht. Das bedeutet, dass Landwirte entweder Dünger einsetzen oder eine Fruchtfolge einhalten müssen, um diese Nährstoffe wieder zuzuführen. Dinkel oder Weizen werden zum Beispiel oft im Wechsel mit Roggen oder Klee angepflanzt, um den Boden wieder mit Stickstoff anzureichern. Der Verzehr von Roggen unterstützt also den Bauern bei der Fruchtfolge. Ich verwende Dinkel- und Emmermehl in den meisten meiner Rezepte als Alternative zu Weizen, da es über ähnliche Backeigenschaften verfügt und gleichzeitig gut für den Boden ist.

Traditioneller Weizen im Getreidespeicher
der Tamarisk Farm in Dorset

2.1 Vermeiden Sie Abfall

»Lebensmittelabfälle verursachen 3,3 Milliarden Tonnen an Treibhausgasen. Der Anbau beansprucht bis zu 1,4 Milliarden Hektar Land – 28 % der weltweiten landwirtschaftlichen Fläche. Eine aktuelle Studie hat gezeigt, dass die Reduzierung von Lebensmittelabfällen der drittwichtigste Weg ist, um dem Klimawandel zu begegnen.«

TRISTRAM STUART, GRÜNDER DER ORGANISATION FEEDBACK

Jedes Jahr reise ich zu den großen britischen Musikfestivals, wo ich Tausende von Festivalbesuchern verköstige. Wenn man so viele Menschen mit Essen versorgt, sieht man rasch, wie die Müllberge anwachsen. Heute kaufen wir deshalb bei Poco nur noch halb so viele Kräuter und Zitronen, da wir Zitronenschalen und Kräuterstiele für Hummus und Falafel verwenden. Wir haben auch die Menge an Chilis in unserem Harissa reduziert, indem wir die Stielansätze ausrupfen, anstatt sie abzuschneiden, und wir kaufen viel weniger Fladenbrote, da wir achtsamer bestellen und die Reste des Vortages in knuspriges Brot verwandeln, das wir mit unserer Shakshuka servieren.

Es ist kaum zu glauben, aber der britischen Abfallberatungsorganisation (WRAP) zufolge verschwendet der durchschnittliche britische Haushalt etwa 30 % der gekauften Lebensmittel, sei es nun eine kleine Portion Gemüse, die im Kühlschrank vergammelt, oder ein verwelktes Bund Kräuter. Ganz egal, wie sehr wir uns auch bemühen, wir alle müssen hin und wieder kleine Mengen wegwerfen. Das Root-to-Fruit-Prinzip bietet jedoch Lösungen, um Lebensmittel zu retten und sicherzustellen, dass jedes kleine Stückchen den Weg in unsere Bäuche findet.

Lebensmittelabfälle stehen ganz oben auf der globalen Agenda, und das aus gutem Grund – wir alle können einen Unterschied bewirken. Indem wir unseren Abfall reduzieren und das, was wir nicht essen können, kompostieren, sparen wir eine beeindruckende Menge an Arbeitskraft, Ressourcen und Energie, die in die Produktion dieser Lebensmittel eingeflossen ist, und die Treibhausgasemissionen, die entstehen würden, wenn wir sie in den Müll geworfen hätten. Dies ist eine von vielen Möglichkeiten, wie sich unsere eigenen kleinen Aktionen auf Mensch und Umwelt auswirken. Durch einen kollektiven Wandel hin zu besseren Lebensmitteln und weniger Verschwendung kann positive Veränderung geschehen. Indem wir uns darum kümmern, was wir essen, und es bei umweltfreundlichen Geschäften, Landwirten und Restaurants kaufen, unterstützen wir ein System, das Nahrung und Ressourcen wirklich schätzt.

Verfallsdatum und Mindesthaltbarkeitsdatum

Verkaufsdatum, Mindesthaltbarkeitsdatum und Verfallsdatum sind verwirrende Angaben und bisweilen einfach unnötig. Beim Verfallsdatum geht es um Sicherheit, da einige Lebensmittel nach diesem Datum nicht mehr verzehrt werden können, es sei denn, sie wurden vorher tiefgefroren. Beim Mindesthaltbarkeitsdatum geht es um Qualität; es soll sicherstellen, dass Lebensmittel im bestmöglichen Zustand verzehrt werden. Auch Verkaufsdaten dienen der Qualitätssicherung, sie sind jedoch noch knapper angesetzt als Mindesthaltbarkeitsdaten und sorgen für eine Menge Abfall in den Läden. Diese beiden Daten werden vom Hersteller festgesetzt, um möglichst hohe Standards zu gewährleisten, es handelt sich dabei jedoch nicht um Sicherheitshinweise. Mit dem zunehmenden Trend zu unverpackten Lebensmitteln kommen sie weniger zum Einsatz.

Es obliegt also auch Ihnen selbst zu beurteilen, ob ein Produkt abgelaufen ist. Lassen Sie Vorsicht walten, besonders bei riskanten Lebensmitteln, aber vertrauen Sie auch Ihrem gesunden Menschenverstand und Ihrer Intuition. Überprüfen Sie Lebensmittel auf Schimmel und darauf, ob sie noch frisch riechen. Wenn es nicht unangenehm riecht oder sich farbiger Schimmel gebildet hat – weißer Schimmel ist absolut genießbar – ist das Produkt mit großer Wahrscheinlichkeit noch gut. Behalten Sie im Blick, ob Sie zu viel von einem Lebensmittel haben und verbrauchen Sie es rechtzeitig. Verlängern Sie die Haltbarkeit, indem Sie das Produkt kühl lagern oder verkochen, damit es sich im Kühlschrank weitere 3–4 Tage hält. Ich bereite gegen Ende der Woche oft Eintöpfe, Smoothies oder Braten zu, um mögliche Reste zu verwerten.

Lebensmittelabfälle reduzieren

Nutzen Sie das gesamte Lebensmittel: Blätter, Stiele und Schalen von Wurzelgemüse sind köstlich und nahrhaft.

Essen Sie Vollwertkost: Vollkorn, Vollkornmehl, unraffinierter Zucker und minimal verarbeitete Getreide enthalten die nährstoffreichsten und schmackhaftesten Teile eines Lebensmittels.

Konservieren Sie Lebensmittel: Bereiten Sie aus Resten Chutneys, Marmeladen und eingelegtes Gemüse zu.

Essen Sie regionale, saisonale Lebensmittel: Je kürzer die Nahrungskette, desto weniger Abfall entsteht, bevor das Lebensmittel zu Ihnen gelangt.

Essen Sie chemiefrei: Düngemittel und Pestizide belasten natürliche Ressourcen und wertvollen Boden.

Seien Sie kreativ: Folgen Sie Rezepten nicht akribisch, sondern verwenden Sie das, was vorhanden ist.

Kochen Sie: Bereiten Sie einmal in der Woche ein Resteessen und einen Smoothie zu, um Überbleibsel aufzubrauchen.

Nutzen Sie Ihren Tiefkühlschrank: Wenn Sie merken, dass Sie ein Lebensmittel nicht aufbrauchen werden, ehe es schlecht wird, frieren Sie es für später ein.

Schätzen Sie Reste: Reste sparen Zeit und sorgen für eine Extra-Mahlzeit.

Kompostieren Sie: Das Kompostieren von Lebensmitteln verwandelt potenziell schädlichen Abfall in Erde.

Fakten zur Lebensmittelverschwendung

Ca. 40 % aller produzierten Lebensmittel – in etwa 1,3 Milliarden Tonnen im Jahr – werden weggeworfen.

Das entspricht 1 Billion US-Dollar an verschwendeten Lebensmitteln.

Beinahe 50 % der Lebensmittelabfälle in Großbritannien stammen aus privaten Haushalten. Das kostet den durchschnittlichen Haushalt rund 500 Euro im Jahr, also eine Familie mit Kindern ca. 800 Euro – über 60 Euro pro Monat.

Ein europäischer oder nordamerikanischer Konsument wirft etwa 15 Mal mehr Lebensmittel weg als der durchschnittliche afrikanische Konsument.

Nur ein Viertel aller weggeworfenen Lebensmittel könnte die rund 800 Millionen unterernährter Menschen versorgen, die weltweit an Hunger leiden.

* Quellen: Ernährungs- und Landwirtschaftsorganisation der Vereinten Nationen (FAO), WRAP, Love Food Hate Waste, Food Tank.

Reduzieren Sie Verpackungen

Hand hoch, wenn Sie es leid sind, Supermarkt-regale voller Kunststoffverpackungen zu sehen. Obst, Gemüse, Käse – egal was, es wird verpackt. Aber weshalb? Vor allem, weil dadurch Werbefläche entsteht, manchmal aus Gründen der Hygiene und Haltbarkeit, aber auch aus Bequemlichkeit. Wir schnappen uns gerne ein Produkt und gehen, ohne Umstände. Doch damit wird das Problem zu einem Selbstläufer, da Lebensmittelhändler Dinge verpacken, die es eigentlich nicht nötig hätten, oft in Unmengen von umweltschädlichem Mist, der sich nicht einmal recyceln lässt. Die bewusste Entscheidung, in Plastik verpackte Lebensmittel zu vermeiden, kann in einem gewöhnlichen Laden sehr mühsam werden und verlangt nach genauer Planung. Es ist jedoch möglich und verbessert sehr wahrscheinlich auch Ihre Ernährungsweise.

Im Laufe von 7 Wochen wirft jeder Brite ungefähr sein Körpergewicht in Abfall weg. Der durchschnitt-liche britische Haushalt produziert mehr als eine Tonne Abfall im Jahr. Zusammengenommen ergibt das eine Gesamtsumme von 31 Millionen Tonnen pro Jahr, was dem Gewicht von 3,5 Millionen Doppeldeckerbussen entspricht, eine Schlange, die 2,5-mal um die ganze Erde reichen würde!

Wir alle können Verpackungen mithilfe einiger einfacher Maßnahmen reduzieren. Hier sind meine besten Tipps, um Verpackungsmüll zu vermeiden. Ich habe jene Punkte zuoberst gestellt, die die größten Auswirkungen haben und sich im alltäglichen Leben am einfachsten umsetzen lassen. Bitte denken Sie daran, dass wiederverwend-bare Produkte wie Tragetaschen, Wasserflaschen oder Kaffeebecher ihren eigenen ökologischen Fußabdruck mit sich bringen und sehr oft ver-wendet werden müssen, um die Auswirkungen auszugleichen. Aber lassen Sie sich davon nicht abhalten: Setzen Sie sich mit den Materialien und Unternehmen auseinander, die diese Produkte herstellen; einige von ihnen werden geeignetere Materialien verwenden als andere. Die beste Lösung ist der Kauf von Secondhandprodukten, wann immer das möglich ist.

Kaufen Sie weniger
Die beste Strategie, Verpackungen zu reduzieren, ist weniger zu kaufen!

Legen Sie sich Ihre eigenen Verpackungen zu
Tragetaschen, Umhängetaschen und Stofftaschen sind sehr nützlich. Bewahren Sie Marmeladen-gläser und andere Gefäße auf, um Zutaten darin aufzubewahren. Nehmen Sie bei Ihrem Wochen-einkauf saubere Geschirrtücher mit, um Ihr Brot darin einzuwickeln, kaufen Sie Ihre Eier dort, wo Sie Ihre eigenen Behälter dafür mitbringen können, und Ihre Milch bei einem Milchbauern, der Ihnen die Milch in Ihre eigenen Flaschen füllt oder diese zurücknimmt.

Kaufen Sie auf einem lokalen Markt
Die beste Hilfe bei der Reduzierung meines Abfalls ist der wöchentliche Einkauf auf einem guten lokalen Markt. Die meisten Märkte verkaufen lose Produkte, die Sie in eigene Verpackungen füllen können. Wenn Sie auf ein fertig verpacktes Produkt stoßen, dann überlegen Sie, ob Sie es tatsächlich brauchen, oder ob es vielleicht eine alternative Marke ohne Verpackung gibt. Wenn ein verpacktes Produkt die einzige Option ist, dann kaufen Sie Großpackungen und stellen Sie sicher, dass diese sich recyceln lassen.

Kaufen Sie in Unverpacktläden
Nüsse, Getreide, Öl und Reinigungsmittel sind hier meist günstiger als ihre verpackte Konkurrenz. Etwa 15 % der Produktkosten fallen normalerweise für die Verpackung an. Verpackungsfreie Läden bieten Ihnen die Freiheit, so viel oder so wenig von einem Produkt zu erwerben, wie Sie benötigen, wodurch Sie Produkte in Übergröße vermeiden, die wieder zu mehr Abfall führen. Das macht höherwertige Produkte und Bioprodukte zudem erschwinglicher.

Verwenden Sie eigene Flaschen und Becher
Wegwerfflaschen und -kaffeebecher lassen sich ganz leicht durch eine mitnehmbare Thermos-flasche ersetzen. Dies spart zudem eine Menge an Geld für unnütze Produkte. Wenn Sie doch einmal eine Einwegflasche oder -verpackung kaufen, dann befüllen Sie diese mehrere Male wieder.

Kaufen Sie in Läden
Wenn Sie online bestellen, wird eine Menge an über-flüssiger und oft nicht recyclebarer Verpackung ver-wendet. Stellen Sie über einen längeren Zeitraum eine Liste an Dingen zusammen, die Sie benötigen, und machen Sie eine Tour durch die Läden. Oder Sie bestellen bei Onlineshops, die für den Versand nur recycelbare und wiederverwertbare Verpackungen verwenden.

Zahnpasta und Reinigungsmittel
Konventionelle Produkte sind oft umweltschädlich und in nicht recyclebaren Materialien verpackt. Halten Sie nach umweltfreundlichen Produkten Ausschau oder stellen Sie die Produkte selbst her (siehe Seite 233).

Wiederverwenden
Neuerdings schätze ich Verpackungen, die ich besitze oder von anderen Leuten zurückbekomme, seien es nun Marmeladengläser oder Tragetaschen. Wenn Sie Produkte mit Verpackung kaufen, ver-werten Sie diese auf nützliche Art und Weise. Oli-venölfässer werden zu Pflanzentöpfen, aus Stoff-resten können Einkaufstaschen genäht werden, und Glasflaschen können mit Essig oder Öl wiederbefüllt werden.

2.2 Essen Sie in erster Linie Pflanzen

»Der grüne Teppich, in den sich Mutter Erde hüllt, ist der eigentliche Nährboden menschlichen Lebens. Ohne grüne Pflanzen könnten wir weder atmen noch essen. […] Von den 375 Milliarden Tonnen Lebensmitteln, die wir jedes Jahre konsumieren, stammt der größte Teil von Pflanzen.«

PETER TOMPKINS UND CHRISTOPHER BIRD, *Das geheime Leben der Pflanzen*, 1977

Pflanzliche Lebensmittel sind köstlich, nährstoffreich, leicht, lebendig und bunt. Seitdem ich mich hauptsächlich von Pflanzen ernähre, hat sich mir eine riesige Vielfalt an Zutaten von nah und fern eröffnet, von deren Existenz ich bislang keinerlei Kenntnis hatte. Diese Entdeckungen, Tipps und Tricks haben meiner Art zu kochen und meinen Rezepten ganz neue Anstöße verliehen.

Mit einer ausgewogenen pflanzenbasierten Ernährung haben Sie nicht nur Ihr Gewicht besser im Griff, sie kann zudem das Risiko von Herzkreislauferkrankungen, Diabetes Typ 2 und einigen Krebsarten senken.

Im Rahmen der Konferenz der American Society for Nutrition im Jahr 2018 wurden Daten einer niederländischen Studie präsentiert, die die Ernährungsweise und Gesundheit von fast 6000 Menschen analysierte. Dabei stellte sich heraus, dass jene Testpersonen, die Proteine hauptsächlich aus pflanzlichen anstatt aus tierischen Quellen bezogen, in ihrem späteren Leben ein geringeres Risiko hatten, an koronaren Herzleiden zu erkranken. Und eine 2016 in der Zeitschrift *PLOS Medicine* publizierte Studie belegt, dass eine auf hochwertigen Pflanzen basierte Ernährung mit einem bis zu 50 % reduzierten Diabetes-Risiko einhergeht.

Eine pflanzenbasierte Ernährung liefert all die Proteine, Fette, Kohlenhydrate, Vitamine (mit Ausnahme von Vitamin B12, das zugeführt werden muss) und Mineralstoffe, um eine optimale Gesundheit zu gewährleisten, und bietet zudem mehr Ballaststoffe und sekundäre Pflanzenstoffe, wie Carotinoide, Flavonoide und Glucosinolate, die im Körper als Antioxidantien wirken und der allgemeinen Gesundheit äußerst zuträglich sind.

Fleisch und Milchprodukte

Im Alter von 14 Jahren arbeitete ich in einem kleinen Dorf namens Winsham auf einem Schweinehof. Jeden Tag fuhr ich mit dem Rad den langen hügeligen Weg hinauf. Es war eine konventionelle Landwirtschaft mit ungefähr tausend Ferkeln in Betonställen. Neben dem Füttern der kleinen Schweine mit Säcken nicht identifizierbarer Pellets, bestand meine Hauptaufgabe darin auszumisten. Und das für £ 1,50 die Stunde. Zwei Jahre lang arbeitete ich auf dem Hof und die Ironie lag wohl darin, dass ich den Großteil dieser Zeit Vegetarier war. Ich erinnere mich daran, dem Bauern Freilandhaltung vorgeschlagen zu haben, doch er murmelte nur etwas von Kosten. Ich hatte mich damals bewusst dafür entschieden, kein Fleisch zu essen, doch die Arbeit auf dem Hof stellte für mich keinen Widerspruch dazu dar, da ich die Schweine nicht als Nahrung betrachtete. Ich hatte mich von der Vorstellung gelöst, dass sie Teil der Nahrungskette sind. Obwohl mir die Zeit auf dem Hof keinen Spaß machte, war es rückblickend eine gute Schule in harter Arbeit und ein Einblick in die Realität konventioneller Landwirtschaft.

Die Entscheidung über unsere Essgewohnheiten ist eine sehr persönliche und eine, die – wie ich meine – aus freiem Willen geschehen sollte. Gewisse Lebensmittel und Lebensmittelsysteme (vor allem Fleisch, Milchprodukte und sogar Gemüse aus Intensivhaltung) haben jedoch umfassendere Auswirkungen auf den Planeten als andere. Dieses Wissen über die Gesundheit unserer Erde muss, sowohl als Individuum als auch als Organisation, Teil unseres Entscheidungsfindungsprozesses werden, wenn wir innerhalb der Grenzen unseres Planeten leben wollen.

Auch wenn es sich um ein Kochbuch handelt, das auf pflanzlicher Ernährung beruht, habe ich mich entschlossen, einige Informationen zum Kauf von Fleisch und Milchprodukten zu geben, da es ein so wichtiges Thema ist, wenn es um klimafreundliche Ernährung geht. Mit dem schlechten Image, das sich Fleisch im Laufe der vergangenen Jahre erworben hat, wurden wir uns auch des katastrophalen Einflusses bewusst, den die konventionelle Fleischproduktion auf die Umwelt hat. So sind für die Herstellung von 1 Kilo konventionell erzeugtem Rindfleisch etwa 25 Kilo Getreide und 15 000 Liter Wasser notwendig, zudem entstehen weitaus mehr Treibhausgase als durch pflanzenbasierte Lebensmittel.

Was noch dazukommt: Da die meisten Formen der Fleischproduktion so ressourcenintensiv sind, hat jede Verschwendung auch entsprechend größere Auswirkungen. 20 % des weltweit produzierten Fleisches werden jedes Jahr verschwendet oder entsorgt, das entspricht 75 Millionen Rindern. Die Herstellung dieses weggeworfenen Fleisches erzeugt ca. 6 Millionen Tonnen Kohlendioxid, wobei die Emissionen durch die Entsorgung noch nicht mit eingerechnet sind. Durch die 20 % oder mehr an Fleisch, die die meisten Menschen verschwenden, werden auch durchschnittlich 263 000 Liter Wasser vergeudet, dazu kommen – bei intensiver Landwirtschaft – Anteile an Regenwald, die für den Anbau von Soja oder für die Beweidung abgeholzt wurden, plus der Treibstoff für den Transport.

Doch wie können unsere Essgewohnheiten etwas daran ändern? Es ist einfach, die Untätigkeit von Regierungen und Agrarindustrie anzuprangern – doch selbst die Auswirkungen unserer eigenen kleinen Entscheidungen sind von Bedeutung. Es ist klar, dass wir alle weniger und besseres Fleisch essen sollten, doch diese einfache Tatsache lässt leicht vergessen, dass mehr Unterstützung von Bauernhöfen beim Einsatz agrarökologischer Methoden nötig wäre, wo Tiere oft eine wichtige Rolle spielen. Agrarökologie ist eine landwirtschaftliche Praxis, die in Harmonie mit der Natur agiert und die den Anbau bioregional geeigneter Feldfrüchte und nachhaltige Landwirtschaftstechniken, angepasst an Klima und Region, propagiert.

Wir sollten jedoch auch bedenken, dass nachhaltig produziertes Fleisch besser für unsere Gesundheit und unseren Planeten ist als viele der hochverarbeiteten, auf Pflanzen basierenden Mahlzeiten aus intensiver Landwirtschaft, die wir heute in so vielen Läden sehen. Tierische Düngemittel ersetzen zudem die Notwendigkeit kohlenstoffhaltiger, synthetischer Dünger, die auf fossilen Brennstoffen basieren.

Die richtige Nutzung von Land ist bei der Tierhaltung von besonderer Bedeutung. Das wohlschmeckendste, gesündeste und umweltfreundlichste Fleisch wird entweder in sehr kleinen Mengen in integrierten Betrieben produziert – die sowohl Feldfrüchte anbauen als auch Vieh züchten – oder stammt von Tieren aus Weidehaltung auf nicht-landwirtschaftlichen Flächen unter Einsatz von ganzheitlichem Weidemanagement.

Landwirt und Landwirtschaft zu kennen – ob persönlich auf einem Bauernmarkt, durch eine Website oder die Lieferung von Gemüsekisten – hilft Ihnen dabei, deren landwirtschaftliche Methoden zu verstehen. Sie können hier auch die Root-to-Fruit-Philosophie des Fleischkonsums anwenden, das sogenannte »Nose to Tail Eating«. Indem Sie das Tier von Kopf bis Fuß verwerten, sparen Sie Geld und können es für hochwertiges, auf der Weide gezogenes Fleisch einsetzen. Wenn Sie also Fleisch essen, dann essen Sie es mit Freude und in dem Bewusstsein, dass es aus der bestmöglichen Quelle stammt.

In-vitro-Fleisch, Laborlebensmittel und Fleischersatzprodukte

Würden Sie ein Stück Fleisch essen, das im Labor gezüchtet wurde?

Essen sollte von Landwirten in Erde gezogen werden, nicht von Wissenschaftlern im Labor. Ob es nun Gentechnik, Laborfleisch oder einfach nur hochverarbeitete Lebensmittelerzeugnisse sind, Essen, das auf diese Art und Weise hergestellt wurde, ignoriert die Natur und fördert ein ungesundes System hochverarbeiteter Lebensmittel, das Unternehmen dient.

Heute wird Laborfleisch unter Einsatz von tierischen Zellkulturen hergestellt, wodurch muskelähnliches Gewebe erzeugt wird, das von der Struktur her verarbeitetem Fleisch ähnelt. Viele betrachten es als die Lösung für die negativen Umweltauswirkungen durch die landwirtschaftliche Tierhaltung, da es mit wesentlich weniger Tierbeteiligung hergestellt werden kann.

Die ehemalige Laborfleisch-Wissenschaftlerin Abi Aspen – heute Landwirtin und Köchin – hat mir erklärt, warum sie die zelluläre Landwirtschaft zugunsten des regenerativen Landbaus aufgegeben hat: »Ich habe meinen Glauben an die zelluläre Landwirtschaft verloren, da wir die Technologie zur Lösung unserer Probleme bereits besitzen, nämlich mehr Pflanzen zu essen, Bauern mehr Respekt entgegenzubringen, bessere Feldfrüchte anzubauen und diese nicht an Tiere zu verfüttern.

Fleisch, Milchprodukte & Fisch

Das Nachhaltigkeitsmanifest »Root to Fruit« schließt den Verzehr von Tieren mit ein. Durch die Auswirkungen einer stetig wachsenden Zucht – und Tierschutzbedenken – mehren sich jedoch auch die Mahnungen, dass man seine Ernährung sowohl der eigenen Gesundheit als auch derjenigen der Erde anpassen sollte.

Die Portionsgrößen sollten sich innerhalb der Empfehlungen der EAT-Lancet-Kommision (siehe Seite 18) bewegen; wir alle neigen dazu, unsere Teller zu sehr zu füllen. Und bedenken Sie: Nicht nur, was wir essen, sondern wie wir es anbauen und produzieren, verändert unseren Fußabdruck entscheidend.

Fleisch & Milchprodukte

Kein Verzehr von Tieren aus intensiver Haltung: Massentierhaltung ist eine der Hauptantriebskräfte des Klimawandels. Wählen Sie günstigere Teilstücke von qualitativ besserem Fleisch, auch Innereien, Leber oder Brust.

Biofleisch und Milchprodukte von Weidetieren: Wenn die Produkte nicht mit einem Biosiegel versehen sind, informieren Sie sich über Haltungsbedingungen, Hormon-, Antibiotika- und Futtergabe. Das Futter sollte nicht körnerbasiert, frei von chemischen Zusätzen sein und regional hergestellt.

Wilde, reichlich vorkommende und invasive Tierarten: Da natürliche Beutejäger heutzutage häufig fehlen, müssen Wildtiere gekeult werden; sie werden selten verwertet. Wenn Fleisch, dann sind Wildtiere wie Damm- und Schwarzwild, Kaninchen und Tauben die nachhaltigsten Optionen auf ihrer Einkaufsliste.

Schlachthofbesuch! Es ist wichtig, dass wir verstehen, wo unsere Lebensmittel herkommen.

Milchprodukte von Betrieben, in denen Kälber und Junge nicht geschlachtet werden: Aufgrund des gestiegenen Bewusstseins für den Tierschutz verbessern einige Höfe ihre Praktiken und trennen die Nachkommen nicht mehr von den Müttern, nur um sie gleich als Fleischlieferant aufzuziehen. Fragen Sie Ihren Milchbetrieb nach seinem Vorgehen.

Fisch

Angeln gehen! Und so am besten Fisch nachhaltig fangen. Außerdem werden Sie eine Menge lernen, wenn Sie ihre Nahrung selbst beschaffen.

App Good Fish Guide: www.mcsuk.org/ goodfishguide/app. Sie hilft bei der Identifizierung von Fischarten mit sicheren Bestandsmengen, die mit nachhaltigen Methoden gefangen werden (in der App mit 1 oder 2 bewertet). Sie listet Fisch, der vom Marine Stewardship Council (MSC) zertifiziert wurde oder eine lokale, anerkannte, wissenschaftliche Zertifizierung trägt. Wenn die Nachhaltigkeit fraglich ist, sollten Sie die Arten meiden.

Kein Zuchtfisch: Wenn er nicht mit 1 oder 2 als essbarer Fisch in obiger App bewertet ist.

Keine überfischten Wildarten: darunter Kabeljau, Aal, Schellfisch, Seeteufel, Garnelen, Lachs, Seebarsch, Rochen, Thunfisch, wenn sie nicht das MSC-Siegel tragen.

Wenn Sie Fleisch, Milchprodukte oder Fisch beim Metzger, in einem Restaurant oder zum Mitnehmen bestellen, fragen Sie nach Haltungsbedingungen und Herkunft der Tiere. Wenn der Dienstleister keine Informationen dazu liefern kann, gehen Sie davon aus, dass die Produkte nicht nachhaltig sind und bestellen Sie in einem anderen Geschäft oder wählen Sie eine pflanzliche Alternative.

2.3 Essen Sie regionale, saisonale Lebensmittel

Der Begriff »saisonal« in Bezug auf Lebensmittel beinhaltet im Grunde, dass Produkte vor Ort – in einem näheren Umkreis – angebaut wurden, und zwar ohne extensive Zusätze, wie etwa geheizte Gewächshäuser, spezielle Lagerung wie Kühlung mit Gas oder Hydrokulturen.

Es liegt an Ihnen, welche Nahrungsmittel Sie als »lokal« definieren. In unserem Restaurant Poco in Bristol beziehen wir unsere frischen Produkte hauptsächlich von Höfen und Märkten im Umkreis von 80 Kilometern. Lebensmittel, die aus dem Rest des Landes zu uns gelangen, verstehen wir dennoch auch als lokal und, auf jeden Fall, als saisonal. Andere mögen sogar argumentieren, dass Frischeprodukte aus ganz Europa noch lokal wären und sie zweifellos am besten aus einem biozertifizierten Betrieb stammen sollten.

Kleinere lokale und saisonale Produzenten bauen tendenziell mehr Pflanzensorten an. Dies fördert die Vielfalt heimischer Pflanzen. Als Resultat gedeiht die natürliche Umgebung besser als auf einem herkömmlichen Bauernhof. Orientieren wir uns nach den Jahreszeiten beim Essen, verbindet uns das mit den Rhythmen der Natur und lässt uns die Vielfalt der Zutaten erforschen. So konsumieren wir im Endeffekt auch mehr Pflanzensorten.

Wenn Sie Ihren Wocheneinkauf tätigen, greifen Sie zunächst beim saisonalen Obst und Gemüse zu, denn die sind meist auch günstiger. Wenn es im Winter Tomaten sein sollen, ist das natürlich auch okay, doch sollten Sie zuerst überlegen, ob es nicht eine saisonale Alternative gibt oder eingemachte Produkte. Statt frischer Tomaten verwende ich im Winter zum Beispiel häufig sonnengetrocknete Tomaten.

Wenn Sie sich aus Umweltgründen für lokale Produkte entscheiden, sollten Sie sicherstellen, dass sie per Landweg transportiert wurden und nicht mit energieintensiven Mitteln (wie geheizte Gewächshäuser oder Hydrokulturen) gezogen oder unter übermäßigem Einsatz von Düngemitteln oder Pestiziden angebaut wurden. Saisonale, lokale Produkte können in gleichem Maße schädlich für die Umwelt sein, wenn nicht gar mehr, als importierte Ware, wenn sie durch hohen Energieeinsatz, Chemikalien oder auf verschwenderische Weise produziert wurden.

Saisonkalender

Frühling

- Artischocken (EU)
- Bärlauch
- Blattsalate
- Blumenkohl
- Blut- und Navelorangen (EU)
- Brennnesseln
- Brokkoli und violetter Brokkoli Purple Sprouting
- Brunnenkresse
- Buchenblätter
- Frühkartoffeln
- Frühkohl
- Frühlingszwiebeln
- Granatäpfel (EU)
- Holunderblüten
- Karotten
- Kohl January King
- Kohlrabi
- Lauch
- Pilze (gezüchtet)
- Rettiche und Radieschen
- Rhabarber
- Spargel
- Spinat
- Weißdorn
- Wirsing
- Zitronen (EU)

Sommer

- Aprikosen
- Auberginen
- Blattsalate
- Blaubeeren
- Brokkoli
- Brombeeren
- Brunnenkresse
- Dicke Bohnen
- Erbsen
- Erdbeeren
- Essbare Blumen
- Fenchel
- Frühkartoffeln
- Frühlingszwiebeln
- Grüne Bohnen und Stangenbohnen
- Gurken
- Karotten
- Kartoffeln (Hauptfrucht)
- Kirschen
- Knoblauch
- Kohlrabi
- Löwenzahn
- Mangold
- Mohnsamen
- Paprika
- Pfirsiche
- Pilze (gezüchtet)
- Renekloden
- Rettiche und Radieschen
- Rote Bete
- Rote, schwarze, weiße Johannisbeeren
- Sauerampfer
- Spinat
- Stachelbeeren
- Steckrüben
- Süßmais
- Tomaten
- Zarte Kräuter
- Zucchini
- Zwiebeln und Schalotten

Ganzjährig

- Algen
- Äpfel, Birnen (gelagert)
- Blattsalate
- Blumenkohl
- Brokkoli
- Brunnenkresse
- Echter Meerkohl
- Frühlingszwiebeln
- Glöckchenlauch
- Grünkohl

Winter

- Äpfel und Birnen
- Blumenkohl
- Chicorée
- Echter Meerkohl
- Esskastanien
- Grünkohl
- Kartoffeln (Hauptfrucht)
- Knollensellerie
- Kohlgemüse (January King, Wirsing)
- Kohlrabi
- Kürbis und Sommerkürbis
- Lauch
- Orangen und andere Zitrusfrüchte
- Pak Choi
- Pastinaken
- Pilze (gezüchtet oder getrocknet)
- Rosenkohl
- Rote Beete
- Rotkohl
- Speiserüben und Steckrüben
- Spinat
- Stangensellerie
- Topinambur
- Wilder Mangold
- Zwiebeln und Schalotten

(ganzjährig / Mitte)

- Karotten
- Kartoffeln (gelagert)
- Knoblauch (gelagert)
- Knollensellerie
- Kohlgemüse
- Kohlrabi
- Kürbis und Sommerkürbis
- Lauch
- Löwenzahn
- Mangold
- Pilze (gezüchtet oder getrocknet)
- Rettiche und Radieschen
- Rote Bete (gelagert)
- Spinat
- Stangensellerie
- Wegerich
- Winterharte Kräuter
- Zitrusfrüchte (EU)
- Zwiebel (gelagert)

Herbst

- Äpfel und Birnen
- Artischocken
- Auberginen
- Brokkoli
- Brombeeren
- Esskastanien
- Feigen
- Fenchel
- Grünkohl
- Hagebutten
- Haselnüsse
- Holunderbeeren
- Karotten
- Kartoffeln (Hauptfrucht)
- Knoblauch
- Knollensellerie
- Kohlgemüse
- Kohlrabi
- Kürbis und Sommerkürbis
- Lauch
- Paprika
- Pastinaken
- Pflaumen und Zwetschgen
- Pilze (Waldpilze und gezüchtete)
- Quitten
- Rote Bete
- Rucola
- Sauerampfer
- Schlehen
- Speiserüben und Steckrüben
- Spinat
- Stangensellerie
- Süßkartoffeln
- Süßmais
- Tomaten
- Topinambur
- Weinbeeren
- Zucchini
- Zwiebeln und Schalotten

3 Essen Sie nur Lebensmittel bestmöglicher Qualität

»Essen ist zwangsläufig ein landwirtschaftlicher Akt, und wie wir
essen bestimmt ganz wesentlich,
wie die Welt genutzt wird.«
WENDELL BERRY

Billige Lebensmittel kommen uns im Endeffekt teurer. Großmärkte propagieren den Erwerb von Großpackungen und übermäßige Einkäufe, die unsere wöchentlichen Ausgaben für Einkäufe in die Höhe schnellen lassen, während Lebensmittel dadurch wertloser und stets verfügbar erscheinen. Dieser Mangel an Wert hat zur Folge, dass wir durchschnitt-lich 20–50 % der Nahrungsmittel wegwerfen, die wir gekauft haben. Und hier wird es interessant. Nachhaltige Bio-Lebensmittel kosten in etwa 20–50 % mehr als ihre stärker verarbeiteten Alternativen. Wenn wir also weniger kaufen, aber in besserer Qualität, sind wir ohne Mehrkosten gesättigt und zufrieden. Dazu kommt noch, dass Sie zwischen 15 % (der Anteil der Schale an einem Gemüse) bis zu 70 % (der Anteil der Stängel eines Kräuterbundes) des Wertes eines Produktes sparen, wenn Sie jeden Teil eines Gemüses essen, inklusive Schale und Kerne.

Wenn Sie Lebensmittel in ihrer Gesamtheit konsumieren, ist es ratsam, ungespritzte oder biologische Produkte zu kaufen, um Spuren von Chemikalien zu vermeiden, die bei konventionellen Produkten zurückbleiben. Glücklicherweise werden die gestiegenen Kosten durch die geringere Abfallmenge fast vollständig kompensiert.

So etwas wie billiges Essen gibt es nicht. Billige Produkte im Laden sind nicht so günstig, wie es scheint, denn der Preis wird durch die enorme Kaufkraft großer Lebens-mittelunternehmen verzerrt, die die Preise auf ein für Hersteller unrealistisches Preis-niveau drücken, was einer Missachtung von Mensch und Umwelt gleichkommt.

Ein Bericht des Sustainable Food Trust ergab, dass Briten zweimal mehr für Lebensmittel ausgeben, als sie glauben. Für jedes im Laden ausgegebene Pfund fallen zusätzliche versteckte Kosten von einem Pfund an, die auf Verschmutzung, Verlust von Artenvielfalt und gesundheitliche Auswirkungen des konventionellen Nahrungsmittelsystems zurückzuführen sind.

Wenn wir den Sprung weg von rein profitgesteuerten Unternehmen zu einem persönlichen Einkauf auf Märkten schaffen, wenn wir saisonale Einkaufslisten schreiben und Root-to-Fruit beherzigen, dann werden die Kosten für unseren wöchentlichen Einkauf garantiert sinken.

Nehmen Sie sich Zeit

Mit einer gewissen Routine nimmt der regionale Einkauf nicht allzu viel Zeit in Anspruch. Das Einkaufen in der lokalen und globalen Gemeinschaft ist jedoch gut investierte Zeit, also kaufen sie an Orten ein, wo Sie wirklich gerne hingehen. Ein guter Verkäufer verfügt über eine Menge Wissen, vom besten Schnäppchen bis zur Rezeptidee für das Abendessen.

Wenn Sie an einem Ort leben, an dem es nur wenige lokale Läden gibt, dann suchen Sie nach einem lokalen oder nationalen Lieferanten von Gemüsekisten. Idealerweise einer Landwirtschaftsgemeinschaft, die kleinen Höfen finanzielle Sicherheit garantiert und Ihnen eventuell sogar die Möglichkeit bietet, auf dem Bauernhof mitzuhelfen. Bei den meisten erhalten Sie wahlweise saisonale und/oder Bio-Ware und oft auch weitere Lebensmittel. Halten Sie im Supermarkt nach saisonalem Obst und Gemüse aus biologischem Anbau Ausschau – die meisten frischen Waren sind mit einem Hinweis auf das Ursprungsland versehen. Wenn sie aus Ihrer Region kommen, dann sind sie auch saisonal – mit Ausnahme von Tomaten und Salat, die auch unter Kunstlicht mit erheblichem Energieaufwand gezogen werden.

Obwohl ich liebend gerne zu Hause koche, bin ich meist sehr beschäftigt und mein Einkauf beschränkt sich auf 1 Stunde pro Woche, die ich mit viel Vergnügen auf dem lokalen Markt zubringe, der eine große Vielfalt an kostengünstigen Lebensmitteln und eine gesellige Atmosphäre bietet. Dann besuche ich einen unabhängigen Lebensmittelhändler oder einen Bioladen, wo ich mich mit all den anderen Produkten versorge, die oft monatelang halten. Nur wenn ich kurzfristig etwas benötige, gehe ich in den lokalen Eckladen oder in den Supermarkt.

Ein geschlossenes Kreislaufsystem ist ein Null-Abfall-System

Auf einem Permakulturhof in Dorset habe ich einmal in einer Jurte, einem mongolischen Zelt, gewohnt. Permakultur ist ein Gestaltungsprozess, der den Prinzipien des geschlossenen Kreislaufes entspricht. Einer der wichtigsten Grundsätze lautet: Produziere keinen Abfall. Wir hatten eine Komposttoilette auf dem Hof, deren Inhalt dazu beitrug, den Boden zu düngen. Die auf dem Bauernhof gezogenen Lebensmittel werden zum Dünger, der zum Wachstum beiträgt. Einfach genial.

Angesichts der tatsächlichen Kosten für Lebensmittelherstellung greifen Unternehmen und Konzerne immer öfter geschlossene Kreislaufsysteme auf, um ihren Geschäften mehr finanzielle und umweltpolitische Bedeutung zu verleihen. So hat zum Beispiel ein von British Sugar betriebenes Werk, das im Jahr 42 000 Tonnen Zucker produziert, einen Großteil seiner Abfälle in neue wertvolle Produkte umgewandelt. Der von den Zuckerrüben abgewaschene Schmutz wird als Oberboden und Aggregat verkauft, wodurch Profit durch etwas entsteht, das andernfalls Deponiekosten verursacht hätte. Aus überschüssigem Zuckersirup bezieht man Bioenergie und in Glashäusern auf dem Gelände werden unter Einsatz von Wärme und CO_2-Emissionen aus der Fabrik kostengünstige Tomaten gezogen.

Die Köchin India Hamilton erklärt, wie ein geschlossenes Kreislaufsystem funktioniert: »Es ist wichtig zu verstehen, dass es in der Welt des ›geschlossenen Kreislaufes‹ so etwas wie Konsumenten nicht gibt, es gibt lediglich effiziente oder ineffiziente Produzenten. Einfach gesagt wird jedes Abfallelement durch einen Prozess der Abfallinnovation in eine Möglichkeit für etwas Neues umgewandelt. Dafür gibt es zahlreiche frühe Beispiele – von der Abfallverfütterung an Schweine bis hin zu Marmite, das aus einem Nebenprodukt von Bier besteht. Heute werden Systeme mit ›geschlossenem Kreislauf‹ jedoch zum Modell für komplexe Energieinnovationen, Kostenreduzierung und drastische klimatische Aktionen.«

Root-to-Fruit ist ein gutes Beispiel für ein geschlossenes Kreislaufsystem beim Kochen: Lebensmittel werden direkt bezogen und unter Nutzung der ganzen Zutat mit möglichst wenig Abfall verzehrt. Nicht genießbare Teile werden kompostiert, um wiederum mehr Pflanzen wachsen zu lassen.

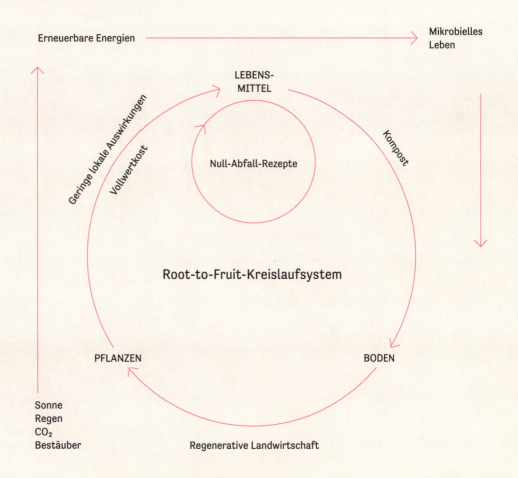

Bestmögliche Qualität

3.1 Unterstützen Sie nachhaltige Landwirtschaft

»Wenn Regierungen nicht in der Lage sind, die Krise von Klima, Hunger, Gesundheit und Demokratie zu bewältigen, dann werden es die Menschen in die Hand nehmen. Regenerative Landwirtschaft bietet Antworten auf die Bodenkrise, die Lebensmittelkrise, die Gesundheitskrise, die Klimakrise und die Demokratiekrise.«

DR. VANDANA SHIVA

Regenerative Landwirtschaft ist eine landwirtschaftliche Praxis, die auf vielen Jahren wissenschaftlicher Recherche und agrarökologischen Methoden wie Permakultur, ökologischer und biodynamischer Landwirtschaft beruht. Regenerative Landwirtschaft funktioniert in Harmonie mit der Natur, legt Wert auf vermehrte Artenvielfalt, verbessert und belebt die Bodenstruktur, schützt das Land vor Erosion und trägt positiv zu unserem Ökosystem bei. Das letztliche Ziel ist der klimatische Drawdown, also die Umkehr der Erderwärmung, indem Kohlenstoff unter und über der Erde in Boden, Bäumen und Pflanzen gebunden wird. Bewährte Verfahren führen zu wettbewerbsfähigen Erträgen, schaffen Arbeitsplätze – mit einem sicherem Arbeitsumfeld für landwirtschaftliche Gemeinschaften – und bringen gesündere, besser schmeckende Nahrungsmittel hervor.

Als ich immer mehr über Lebensmittel und Nachhaltigkeit lernte, erfuhr ich durch Besuche auf Bauernhöfen, durch gärtnerische Aktivitäten und das Sammeln von Samen auch mehr über Landwirtschaft. Unseren Garten haben wir im Zuge dessen umgestaltet. Der Rasen wurde, inspiriert von Prinzipien der Permakultur, zur Mikrowiese, die Bestäuber und eine große Vielfalt an wirbellosen Tieren anzieht. Wir haben ein Gemüsebeet, das nicht umgegraben werden muss, da Pflanzen den Großteil der Arbeit übernehmen. So gelangt Kohlenstoff in die Erde, während diese mit Bakterien, Pilzen, Regenwürmern und Insekten angereichert wird. Ich wurde zum wahren Fan mehrjähriger Pflanzen wie Rhabarber, Grünkohl, Artischocken und Beeren, da sie wenig Pflege benötigen und Jahr für Jahr wieder austreiben. So kann sich die Natur um sich selbst kümmern und die Gartenarbeit beschränkt sich auf ein Minimum.

Nachhaltigkeit ist mittlerweile in aller Munde. Sie ist nicht länger ein alternatives Konzept, sondern gilt als notwendig, um die Klimakrise zu bewältigen. Jetzt, wo viele Menschen diesem Thema ihre Aufmerksamkeit widmen, ist es an der Zeit, darüber nachzudenken, wie wir als erste Generation über die Nachhaltigkeit hinausgehen und damit beginnen können, die Umwelt wieder instand zu setzen, unsere Naturräume zu regenerieren und einen positiven Einfluss auf unsere Erde auszuüben, indem wir eine Umkehr vollziehen und Kohlenstoff binden.

Alles in unserem Leben entstammt der Natur – von der Energie, die unser Zuhause versorgt, bis zu den Pflanzen, aus denen unsere Kleidung hergestellt wird. Wann immer es möglich ist, sollten wir weniger kaufen oder aus dem Secondhandladen, grüne Energie und nachhaltige Arbeitsmaterialien wählen und weniger oder alternativen Kraftstoff nutzen. Unsere Verbindung zur Natur wird jedoch stets über unser Essen und über die Landwirtschaft erfolgen.

Die beste Unterstützung bieten wir Landwirten, die regenerativ arbeiten, wenn wir ihre Waren kaufen – am besten direkt bei Höfen, die nach diesen Prinzipien arbeiten. Fragen Sie Ihren Lebensmittelhändler oder in Ihrem Bauernladen und finden Sie heraus, wie diese Bauern die Produkte herstellen. Wählen Sie dann jene Bauernhöfe, die die größte Vielfalt an Feldfrüchten anbauen, zusätzlich Nutztiere halten oder ein geschlossenes Kreislaufsystem betreiben, in dem sich unterschiedliche Pflanzen ergänzen. Wir können außerdem auf gemeinschaftlich betriebenen Bauernhöfen und in Gemeinschaftsgärten mithelfen, was uns ermöglicht, Zeit in der Natur zu verbringen und eventuell selbst gezogene Lebensmittel mitzunehmen. Zudem können wir auch mit unseren Supermärkten, unseren Lokalpolitikern und örtlichen Gruppierungen über die Vorteile von regenerativer Landwirtschaft sprechen.

Im Laufe der vergangenen zwei Jahrzehnte hat ein Aufschwung im Bereich der regenerativen Landwirtschaft stattgefunden. Viele kleine Höfe und Gärtnereien bauen auf diesem Wissen auf und schaffen so produktive Unternehmen, die mit Leidenschaft zum Wohle unseres Planeten tätig sind. Angesichts der Klimaproblematik lernen auch landwirtschaftliche Genossenschaften und große landwirtschaftliche Betriebe allmählich, wie sie ihre Unternehmen unter Einsatz der gleichen Methoden nachhaltiger führen können.

Fragen Sie nach den Aufzuchtbedingungen von Obst & Gemüse

Fruchtfolge

Der Wechsel von Feldfrüchten mit Gründüngung und anderen Pflanzen mit regenerierenden Eigenschaften trägt zur Verbesserung der Artenvielfalt bei und hält den Boden gesund und nährstoffreich. Die Fruchtfolge hilft zudem, Stickstoff auf natürliche Weise zuzuführen, sie hält Schädlinge ab, verhindert Bodenabtragung und lässt den Boden mehr Kohlenstoff speichern.

Keine (oder wenige) chemische Düngemittel, Pestizide oder Fungizide

Der Einsatz von Chemikalien in der Landwirtschaft hat alle möglichen Probleme zur Folge, darunter die Schädigung wildlebender Tiere durch Pestizide, mangelnde Bodengesundheit, den Ausstoß von CO_2 und die Verschmutzung von Wasserläufen.

Gründüngung

Der Einsatz von Gründüngungspflanzen zwischen den Hauptkulturen trägt dazu bei, Kohlenstoff aus der Atmosphäre zu binden und die Bodenqualität zu verbessern. Der grüne Kompost reduziert zudem Stickstoffverlust sowie die Abtragung durch Wind und Wasser.

Kompost

Kompostieren ist der beste und einfachste Prozess, um organisches Material in nährstoffreiches Düngematerial zu zersetzen, was bei der Regenerierung des Bodens hilft, Erosion verhindert und den Einsatz von Wasser reduziert. Kompost kann synthetische, chemische Dünger ersetzen und den Einsatz von Pestiziden auf den Feldern reduzieren.

3.2 Kaufen Sie Fairtrade-Produkte

Jeder sollte Zugang zu gutem Essen haben. Als Individuen, aber auch gemeinsam können wir durch die Wahl unseres Essens, unserer Kleidung und unserer Energieträger Menschen lokal und global auf wirtschaftlicher und umweltpolitischer Ebene beeinflussen und zum globalen Gleichgewicht beitragen. Fairtrade-Produkte von konventionellen, aber auch von kleinen Unternehmen zu kaufen, ist eine deutliche Botschaft an Konzerne, dass Ihnen etwas an den Menschen liegt, die Ihr Essen produzieren und stellt sicher, dass ein fairer Anteil Ihres Geldes auch an den Bauern geht. Der Direkthandel versichert oftmals die Zahlung fairer Preise, doch ohne die Zertifizierung einer unabhängigen Partei sind Sie dabei auf Ihr Vertrauen angewiesen.

Im Rahmen einer kürzlich stattgefundenen Reise mit der Fairtrade Foundation konnte ich selbst sehen, wie Fairtrade das Leben von Kleinbauern und deren Familien verbessert. Fairtrade Africa hat mit »Growing Women in Coffee« ein Programm ins Leben gerufen, das Landwirtinnen eine gerechte Bezahlung bietet. Die Frauen, die in diesem Programm tätig sind, besitzen – oft zum ersten Mal – Kaffeesträucher, und brechen damit kulturelle Tabus bezüglich Gleichberechtigung. Diese Frauen eröffnen ihre ersten Bankkonten und steigern die Erträge um das Dreifache, wobei sie nicht nur die Qualität ihres Kaffees verbessern, sondern auch das Familieneinkommen.

Es ist schon schwierig genug, unser eigenes Budget zu managen, ohne dabei zu bedenken, wie unsere Handlungen andere Individuen nah oder fern unterstützen oder ihnen schaden. Doch wenn wir achtsam essen und mehr über unsere Nahrung und ihre Quellen lernen, wird es wesentlicher einfacher.

Essen bringt Menschen zusammen, es schafft und stärkt Gemeinschaften, zunächst rund um den Esstisch, aber auch ganze Gemeinschaften von Landwirten, Produzenten und Händlern auf der gesamten Welt. Wir leben in einer kleinen Welt, in der globale Gemeinschaften wirtschaftlich, aber auch durch Austausch von Wissen miteinander verbunden sind.

Fairtrade & die Umwelt

Im Rahmen von Nachhaltigkeit betrachtet die Fairtrade Foundation den Umweltschutz als ganz wesentliches Element. Fairtrade Standards verlangen von Kleinbauern und größeren Produktionsanlagen mit Leiharbeitskräften die Beachtung einiger Hauptpunkte, wie:

Reduzierung von Energieaufwand und Treibhausgasemission

Boden- und Wasserqualität

Schädlingskontrolle

Schutz der Artenvielfalt

Verbot genetisch modifizierter Organismen und schädlicher Chemikalien

Abfallmanagement

Neben den zahlreichen Anforderungen untersagen die Standards auch den Einsatz bestimmter Agrochemikalien, die Umwelt und Gesundheit schädigen, und legen einen Schwerpunkt auf die Reduzierung von Pestiziden. Sie stellen sicher, dass persönliche Schutzausrüstung zum Einsatz kommt, dass Höfe frei von Sondermüll sind und Wasser nachhaltig nutzen, und fördern Aktivitäten zur Steigerung der Artenvielfalt.

Die Standards unterstützen zudem die Weiterbildung der Landwirte und geben Ratschläge, wie der Umstieg auf umweltfreundliche Praktiken klappt – beispielsweise mit dem Aufbau nährstoffreicher Böden, die gesunde Pflanzen hervorbringen und zur natürlichen Bekämpfung von Schädlingen und Krankheiten durch Nützlinge beitragen. Dies führt nachweislich zu nachhaltigen landwirtschaftlichen Praktiken, die wiederum eine umweltpolitisch nachhaltige Produktion zur Folge haben.

Kleinbauern auf der ganzen Welt tragen die Hauptlast des Klimawandels, der zu extremen Wetterereignissen führt und das Aufkommen neuer Schädlinge sowie die rasche Ausbreitung von Krankheitsüberträgern nach sich zieht. Die Standards fördern die besten landwirtschaftlichen Praktiken, die Produzenten bei der Anpassung an den Klimawandel unterstützen.

Rückverfolgbarkeit von Lebensmitteln

Betrug kostet den britischen Lebensmittelsektor an die 12 Milliarden Euro im Jahr. Von Pferdefleisch bis zu gefälschtem Honig ist das globale Lebensmittelsystem korrupt und betrügerisch. Die Nahrungskette zu verkürzen und direkt zu kaufen, ist eine Methode, um die Rückverfolgbarkeit unserer Lebensmittel zu verbessern. Einige importierte Lebensmittel geben vielleicht klar und ehrlich Auskunft über ihre Herkunft, doch oft ist die vertrauenswürdige Zertifizierung einer dritten Partei vonnöten.

Bei lokalen Bauernhöfen zu kaufen und von Unternehmen, die direkten Handel betreiben, bringt nicht nur eine bessere Nachvollziehbarkeit, sondern für gewöhnlich auch hochwertigere Produkte mit sich. Wenn wir von weiter entfernten Quellen beziehen, werden Akkreditierungsstellen unverzichtbar, welche die Ethik unserer Lebensmittel einer gründlichen Prüfung unterziehen. Die Fairtrade Foundation, die Soil Association, Slow Food, die Marine Conservation Society und das Marine Stewardship Council sind gute Beispiele für ethische Handelszertifizierungen. Halten Sie zur Sicherheit Ausschau nach den entsprechenden Siegeln.

Genießen Sie importierte Lebensmittel von Höfen & Gemeinschaften, die Sie unterstützen möchten

Obwohl es natürlich am besten wäre, wenn Sie sich bei Ihren wöchentlichen Einkäufen auf regionales, saisonales und nachhaltig produziertes Obst und Gemüse konzentrieren, leben wir in einer globalen Welt, in der internationaler Handel dazu beitragen kann, lokalen Wirtschaften zu neuem Aufschwung zu verhelfen. Frisches Obst und Gemüse zu kaufen, das aus Ihrem eigenen oder einem Nachbarland stammt (wenn es über Land und Meer innerhalb einer vernünftigen Entfernung transportiert wurde), vermeidet jedoch die enormen Kohlenstoffemissionen, die für gewöhnlich mit Flugobst einhergehen.

Obwohl sich auch die Seefracht noch weiter verbessern ließe, produziert sie doch dreimal weniger Emissionen als Lebensmittel, die über Land transportiert werden. Exotische Gewürze und andere Zutaten zu genießen, die aus nachhaltigem Anbau, von vertrauenswürdigen Produzenten und Gemeinschaftsprojekten stammen, hat auf lokaler Ebene positive soziale und umweltpolitische Auswirkungen, während es gleichzeitig wenige Emissionen bei der Anlieferung zur Folge hat.

Größere Sensibilität und Wissen sind jedoch gefragt, wenn es um die lokalen Auswirkungen beim Transport aus dem Ursprungsland geht. Ein guter Lebensmittelhändler oder Feinkostladen wird wissen, wie seine Produkte transportiert wurden.

Behalten Sie folgendes im Hinterkopf, wenn Sie importierte Waren erwerben:

Vermeiden Sie per Luftfracht transportierte Produkte.

Kaufen Sie frische, saisonale Produkte, so regional wie möglich.

Bevorzugen Sie lokale Trockenprodukte vor importierten Waren.

Ziehen Sie soziale Auswirkungen und Umweltfolgen der Landwirtschaft, aber auch die Flugmeilen in Betracht.

3.3 Handeln Sie verantwortungsvoll

»Wir sind keine Konsumenten!
Diesen Stempel müssen wir
löschen. Wir sind Bürger, Macher
und Künstler.«

SATISH KUMAR

Bei meiner Ankunft in Organiclea – einer Lebensmittel-Kooperative am Rande von London im Lea Valley – traf ich auf geschäftiges Gewusel: Linkerhand schaufelten 4 Leute einen Haufen Grünkompost um, rechts von mir verpackten 20 Menschen allerlei Gemüsesorten in Papiertüten für die Auslieferung … Kisten voller Rübstiele, noch erdiger Karotten und weitere interessante Gemüsesorten bedeckten die Tische. Ziel von Organiclea ist es, Lebensmittel lokal zu produzieren und zu vertreiben. Sie wollen inspirieren und unterstützen andere dabei, es ihnen gleichzutun.

Wir sollten nicht unterschätzen, was unser individuelles Handeln in der Gesamtheit bewirken kann. Gemeinsam können wir einen großen Unterschied in unserer näheren Umgebung bewirken, ebenso wie auf der Welt. Die Zukunft unseres Planeten hängt davon ab, dass wir unsere Beziehung zur Natur vertiefen – dass wir sie wahrlich schätzen lernen. Wie brauchen ein anpassungsfähiges Ernährungssystem, das sowohl moderne als auch alte Technologien zur Förderung der biologischen Vielfalt und der Erde beinhaltet. Wenn wir um die Herkunft unserer Lebensmittel wissen, dementsprechend kluge Entscheidungen treffen und Verkäufer, Supermärkte und Behörden hinterfragen, können wir einen Wandel bewirken.

Kleine Höfe arbeiten von Natur aus vielfältig und flexibel. Ihr Erfolg hängt von der Unterstützung der Gemeinschaft vor Ort ab. Einige von uns können mehr geben als andere, je nach Zeitaufwand und finanzieller Lage. Wer sich frisches Obst und Gemüse leisten kann, trägt mit seinen veränderten Gewohnheiten zu einer Verbesserung für alle bei. Die Unterstützung von solch lokalen Betrieben muss nicht mehr kosten als eine normale Ernährungsumstellung, bei der wir mehr saisonale und vielfältige Vollwertkost verzehren. Mithilfe moderner Technologien kann diese Art der Ernährung auch zeitsparend sein.

Indem wir in unser Essen und in die Landwirte investieren, die es anbauen, schützen wir unsere Umwelt sowie einen gerechten Umgang mit allen Menschen. Die Vorteile sind facettenreich und lehrreich, sie bereichern unser Leben ebenso wie das anderer mit einer besseren Ernährung, stärken Gemeinschaften und den Genuss von gutem Essen.

Bestmögliche Qualität

Morgenmahlzeiten

Perfektes Porridge

Ich liebe Porridge zu jeder Tageszeit. Es geht schnell, ist nahrhaft und lässt Ihren inneren Chefkoch entspannen. Seien Sie kreativ und experimentieren Sie mit verschiedenen Aromen, um Ihre eigenen Rezepte zu kreieren.

VOLLKORN ODER FLOCKEN WÄHLEN

(50 g pro Person)

Amaranth, Buchweizen, Dinkel, Hafer, Hirse, Kamut, Quinoa, Roggen, Teff, Wildreis etc.

Flüssigkeit

(für Porridge 350 ml pro Person, für Bircher Müsli 100 ml Flüssigkeit zufügen)

Wasser, Saft oder Pflanzenmilch (Dinkel, Hafer, Reis etc., siehe Seite 224)

roh → Bircher Müsli

Flocken und/oder vorgekochtes Getreide mit gewählter Flüssigkeit mischen.
¼ geriebenen Apfel, 1 TL Zitronensaft, 100 g Joghurt (siehe Seite 224) pro Person zugeben. Vermischen und über Nacht in den Kühlschrank stellen, innerhalb von 5 Tagen essen.

gekocht → Porridge

Getreide und Flüssigkeit auf niedriger Stufe sanft köcheln lassen. Getreideflocken langsam 10 Minuten kochen, bis sie weich und cremig sind. Vollkorn kochen, bis es sehr weich ist (harte Körner wie Weizen, Reis und Roggen benötigen bis zu 1,5 Stunden). Regelmäßig rühren – wie Risotto – bei Bedarf mehr Wasser zugeben.
Umami-Tipp: für maximalen Geschmack eine Prise Salz hinzufügen.

Toppings wählen
(nach Belieben)

Gewürze & andere Zutaten

Baobab-Pulver
Blaue Kornblumen
Ingwer, gemahlen
Kaffirlimettenblätter,
zerrissen
Kakaonibs
Kurkuma
Muskatnuss
Ringelblumenblüten
Sumach
Zimt
etc.

Süßungsmittel

Ahornsirup
Dattelsirup
Honig
Melasse
unraffinierter Zucker
etc.

Nüsse, Samen, Kerne & Nussbutter

Chiasamen
Hanfsamen
Haselnüsse
Kürbiskerne
Leinsamen
Paranüsse
Sesamsamen
(weiß und schwarz)
Sonnenblumenkerne
Walnüsse
etc.

Rohes, getrocknetes & gedünstetes Obst

Äpfel
Aprikosen
Beeren
Birnen
Datteln
Kirschen
Maulbeeren
Pflaumen
Rhabarber
Rosinen
etc.

Meine Lieblingskombinationen

Frühling: Haferflockenporridge mit Kürbiskernen, Hanfsamen und Paranussbutter (siehe Seite 56) mit Ofenrhabarber
Sommer: Amaranthporridge mit Aprikosenmus und gerösteten Hanfsamen
Herbst: Dinkelporridge mit Brombeerkompott und Paranüssen
Winter: Reisporridge mit Apfelkompott, Aprikosen und Kürbiskernen

Genießen!

Samen- und Nussbutter

Ergibt je Aufstrich ca. 500 g

Nüsse, Kerne und Samen – von der Gehirnnahrung Walnuss zur selenreichen Paranuss – versorgen uns mit essenziellen Nährstoffen und Fetten. Nussbutter ist innerhalb weniger Minuten fertig, sorgt für massenhaft Geschmack und Frische und spart gleichzeitig Kosten und Abfall. Kaufen Sie Nüsse, Samen und Kerne wenn möglich en gros, langfristig sparen Sie so eine Menge Geld. Stellen Sie mit dieser Methode Ihre eigene einfache Nussbutter wie Erdnussbutter her oder Amlou – ein traditioneller marokkanischer Aufstrich, den ich auf zahlreichen Reisen durch das Land genossen habe, wo er am Straßenrand verkauft wird. Er enthält Arganöl, das ein betörendes und angenehm nussiges Aroma aufweist sowie dank Phenolverbindungen und Vitamin E über stark antioxidative Eigenschaften verfügt.

Meine Kürbis-, Hanf- und Paranussbutter sind unglaublich köstlich, geschmeidig und randvoll mit Omega-3- und Omega-6-Fettsäuren. Der Haselnuss-Kakao-Aufstrich ist meine Version von Nutella und liefert nicht nur Genuss, sondern auch reichlich Nährstoffe, ganz ohne Zusatzstoffe. Roher Kakao enthält besonders viele Flavonoide, die als entzündungshemmend und stark antioxidativ gelten.

Kürbis-, Hanf- und Paranussbutter

200 g Kürbiskerne

50 g Hanfsamen

200 g Paranüsse

50 ml natives Olivenöl extra oder Hanföl

Haselnuss-Kakao-Aufstrich

220 g Haselnüsse

50 g rohes Kakaopulver

120 g Ahornsirup oder anderes Süßungsmittel

4 TL natives Olivenöl extra

150 ml Haselnussmilch oder andere Pflanzenmilch (siehe Seite 224)

1 TL Meersalz

Amlou – marokkanischer Mandelaufstrich mit Arganöl

300 g Fairtrade-Mandeln

100 ml Arganöl oder natives Olivenöl extra

100 ml Ahornsirup oder anderes Süßungsmittel

1 TL Meersalz

50 ml warmes Wasser

Den Ofen auf 190° C vorheizen und ein großes Backblech hineinstellen.

Nüsse und Samen auf dem Backblech verteilen und 8–10 Minuten rösten. Zum Abkühlen beiseitestellen, dann zur gewünschten Konsistenz – mit Stückchen, glatt oder irgendetwas dazwischen – pürieren.

Eventuelle andere Zutaten, wie Öl, Kakaopulver, Haselnussmilch oder Süßungsmittel, hinzufügen und kurz pürieren, bis alles gut vermischt ist. Kann in einem luftdicht verschlossenen Gefäß im Kühlschrank bis zu 6 Monate aufbewahrt werden.

Pfannkuchen

Ergibt 8 große Pfannkuchen

Es gibt viele verschiedene Arten von Pfannkuchen – von den äthiopischen Injera bis zur französischen Galette de Sarrasin. Ich liebe Pfannkuchen zum Frühstück, zum Mittagessen oder zum Abendessen. Sie sind schnell gemacht und man braucht nur wenige Zutaten aus dem Vorratsschrank. Den Teig bereiten Sie besser vorab zu, er hält sich bis zu 5 Tagen im Kühlschrank. Diese Vorbereitung macht das Frühstück sowohl einfach als auch dekadent. Das Rezept ist sehr variabel – fast jede Konsistenz oder Kombination von Zutaten funktioniert, experimentieren Sie also und genießen Sie die Vielfalt geschmackvoller Mehlsorten.

150–300 g Vollkornmehl (z. B. Buchweizen, Dinkel, Kamut)

4 EL Leinsamen, geschrotet

400 ml Wasser oder Pflanzenmilch (siehe Seite 224)

$1\frac{1}{2}$ TL Natron (optional, für dickere Pfannkuchen)

1 EL Apfelessig (optional, für dickere Pfannkuchen)

natives Olivenöl extra

Aromatisieren Sie den Teig mit verschiedenen pürierten Resten, wie z. B. Kartoffelbrei, Porridge, püriertem Fruchtfleisch, püriertem Gemüse etc.

Wiegen Sie das Mehl in einer Schüssel ab. Für dünne Crêpes im französischen Stil nehmen Sie 150 g Mehl und für dickere Pancakes 300 g Mehl.

Leinsamen, 400 ml Wasser oder Pflanzenmilch und eine Prise Salz zugeben. Gut verrühren, bis keine Klümpchen mehr erkennbar sind. Für die gewünschte Konsistenz mehr Mehl oder Flüssigkeit zugeben. Dünner Crêpe-Teig sollte der Konsistenz flüssiger Sahne ähneln, dicker Pancake-Teig sollte sich zwischen Crème double und Kuchenteig bewegen. Bis zur Verwendung im Kühlschrank aufbewahren.

In einer Pfanne mit Antihaftbeschichtung ein wenig Olivenöl auf mittlerer Stufe erwärmen, Temperatur anpassen, damit das Öl nicht raucht.

Für dünne Pfannkuchen einen Schöpflöffel des Teiges in die Pfanne geben und diese schwenken, damit sich der Teig in der Pfanne verteilt. Bei mittlerer Hitze backen, bis der Pfannkuchen fest und an der Unterseite leicht bräunlich ist. Die Ränder vorsichtig anheben, um sicherzugehen, dass sie nicht festkleben, dann den Pfannkuchen wenden und auf der anderen Seite fertig backen.

Für dicke Pancakes Natron und Apfelessig unter den Teig rühren. Löffelgroße Häufchen des Teiges in der heißen Pfanne so verteilen, dass sie sich ausbreiten können, und backen, bis die Unterseite gebräunt ist. Mithilfe eines Pfannenwenders wenden und auf der anderen Seite 1–2 Minuten goldbraun backen.

Pfannkuchen auf einen vorgewärmten Teller legen und mit einem sauberen Geschirrtuch bedecken, bis alle Pfannkuchen fertig sind.

Mit einem Topping der Wahl servieren (siehe rechts).

Erfinden Sie einen Pfannkuchen

1 WÄHLEN SIE IHR MEHL

Unterstützen Sie Biodiversität und experimentieren Sie mit unterschiedlichen Mehlsorten.

Buchweizen
Dinkel
Emmer

Kamut
Reis
Roggen etc.

2 SAISONALES OBST

Nehmen Sie saisonales Obst, frisch oder gedünstet.

Äpfel
Beeren
Erdbeeren

Quitten
Rhabarber
etc.

3 PFLANZENPOWER

Verwenden Sie Zutaten mit Biss und Protein.

Kürbiskerne
Paranüsse

Pistazien
Sesamsamen

4 FAIRTRADE-TROCKENFRÜCHTE

Fügen Sie geschnittene Trockenfrüchte hinzu.

Äpfel
Aprikosen
Datteln

Feigen
Maulbeeren
Rosinen

5 VOLLWERTIGE SÜSSUNGSMITTEL

Ist es süß genug?

Ahornsirup
Dattelsirup
Jaggery

Melasse
Rapadura
unraffinierter Zucker

6 EIN LETZTER GESCHMACK

Nutzen Sie Reste aus dem Vorratsschrank.

getrocknete Blumen
Joghurt (siehe Seite 224)
Kakaonibs

gepuffte Körner
Sorbet
Zitrusschalen

Pilze, Bärlauch und Bohnenmus mit Dukkah

Portionen: 2

Dies ist ein Brunch für Sammler, perfekt nach einem Spaziergang frühmorgens, mit Pilzen, Bärlauch und Spinat aus dem Wald oder vom Markt. Ich habe hier eine Mischung aus Zucht- und Waldpilzen verwendet – Shiitake, Morchel und Laubporling, aber experimentieren Sie einfach mit dem, was Sie finden.

Wenn Sie selbst zum Sammler werden wollen, dann ist Bärlauch ein guter Einstieg. Dank des kräftigen Geruchs lässt er sich leicht identifizieren und findet sich zudem in großen Mengen.

Für das Bohnenmus

240 g Limabohnen, gekocht, Kochflüssigkeit aufbewahrt

natives Olivenöl extra, nach Belieben

abgeriebene Schale und Saft von ¼ Bio-Zitrone

Für die Pilze

1 Schuss natives Olivenöl extra

300 g Zucht- und Waldpilze

80 g Bärlauch (oder Spinat), gewaschen

2 EL Dukkah, zum Servieren (siehe Seite 185)

Für das Bohnenmus die abgetropften, gegarten Bohnen in der Küchenmaschine mit einem Schuss Olivenöl, etwas abgeriebener Zitronenschale und einem Spritzer Zitronensaft pürieren. Abschmecken und bei Bedarf mehr Olivenöl, Zitronensaft oder Salz zugeben. Nach Belieben ein wenig Kochflüssigkeit oder Wasser hinzufügen, damit eine leichte, hummusartige Konsistenz entsteht. Beiseitestellen und die Pilze zubereiten.

Dafür eine schwere Bratpfanne mit einem Schuss Olivenöl auf mittlerer Stufe erwärmen. Die ganzen Pilze in die Pfanne geben und bei geschlossenem Deckel 5 Minuten ohne Rühren anbraten. Deckel entfernen, die Pilze wenden und weitere 2 Minuten braten, bis sie rundherum schön braun sind.

Sobald Sie bereit sind zum Essen, die Pilze an einen Rand der Pfanne schieben und den Bärlauch (oder Spinat) in einem kleinen Häufchen daneben platzieren. Deckel schließen und 2 Minuten dämpfen, dann das Gemüse wenden und mit Salz und Pfeffer würzen.

Sofort mit dem Bohnenmus und mit Dukkah bestreut servieren.

Favabohnen-Suppe

Portionen: 4–6

Marokko ist eines meiner liebsten Reiseziele. Nach einem kleinen Surfausflug bei Tagesanbruch genieße ich zum Frühstück oft diese traditionelle marokkanische Suppe namens Bessara. Sie wärmt, ist cremig und einfach köstlich, besonders wenn sie mit einem guten Schuss Oliven- oder Arganöl und einer Prise Kreuzkümmel serviert wird.

Favabohnen oder Dicke Bohnen werden in Großbritannien seit der Eisenzeit angebaut. Getrocknete und gespaltene Favabohnen sind eine vielfältige Zutat, die bei uns kaum auf den Tisch kommt und in erster Linie nach Ägypten oder in andere Länder exportiert wird. Der Pionier Nick Saltmarsh hat in diesem Produkt Potenzial erkannt und ein Unternehmen namens Hodmedod gegründet. Mit dem aktuellen Interesse an lokalen Produkten von Profi- und Amateurköchen wurde es immer erfolgreicher und bietet jetzt eine breite Palette an Produkten an, von roten Linsen aus Hertfordshire bis zu Quinoa aus Essex. Ich habe diese lokal gezogenen Hülsenfrüchte für die Rezepte in diesem Buch verwendet und nutze sie, wann immer es geht, als Alternative zu Soja, Kichererbsen und anderen importierten Getreidesorten. Ich würde Ihnen empfehlen, meinem Beispiel zu folgen und das zu nutzen, was in Ihrer Nähe wächst.

250 g getrocknete Favabohnen

3 Knoblauchzehen, geschält

2 TL Kreuzkümmelsamen, in einer trockenen Pfanne geröstet, und ein wenig mehr zum Servieren

Zum Servieren

natives Olivenöl extra oder Arganöl, Stangensellerieblätter (optional), ½ Bio-Zitrone

Bohnen und Knoblauch in einem großen Topf mit 1,25 Liter Wasser bedecken. Zum Kochen bringen, die Hitze reduzieren und bei geschlossenem Deckel ca. 45 Minuten sanft köcheln lassen, bis die Bohnen völlig auseinanderfallen. Bei Bedarf mehr Wasser zugießen.

Mit einem Stabmixer die Bohnen glatt pürieren, nach Belieben mit Salz und Kreuzkümmel abschmecken und bei Bedarf noch mehr Wasser zugeben, damit eine suppenartige Konsistenz entsteht.

Die Suppe auf Schüsseln verteilen und mit Oliven- oder Arganöl beträufeln. Mit einigen Sellerieblättern garnieren und etwas Kreuzkümmel bestreuen. Mit einer Zitronenspalte servieren.

Tofu- oder »Küfu«-Rancheros

Portionen: 4

Einst hatte ich das große Glück, in Lateinamerika zu leben, wo ich surfen, tauchen, grillen und Chilis essen lernte. Mein Standard-Frühstück nach einem tollen Surf-Abenteuer waren damals wie heute Huevos Rancheros – ein sättigender, würziger und befriedigender Brunch, serviert auf Maistortillas mit Salsa Fresca, Bohnenpüree und Guacamole. Für gewöhnlich besteht das Gericht aus Eiern, hier habe ich es jedoch aus meinem selbstgemachten Tofu zubereitet, der aus Kürbiskernen besteht, weshalb ich ihn »Kürfu« nenne. Sowohl Kürfu als auch Tofu lassen sich perfekt verrühren und schmecken köstlich mit einer Garnitur aus aromatischem schwarzem Kala-Namak-Salz und scharfen Chilis.

Obwohl die Vielfalt an Samen generell immer mehr abnimmt (siehe Seite 17), steigt die Artenvielfalt einiger Pflanzenarten immer stärker an, was Gemüsegärtnern in allen Teilen der Welt zu verdanken ist, die neue interessante Sorten von Zutaten wie Chilis entdecken. Es gibt weltweit etwa 2000–3000 unterschiedliche Kultursorten von Chilis. Diese reichen von sehr milden Sorten, wie den spanischen Poblano- oder den rauchigen Ancho-Chilis, bis zu den schärfsten Varianten, die dir bei einer Berührung mit der Zungenspitze den Kopf wegblasen, wie der Sorte Carolina Reaper, die auf der Scoville-Skala einen Schärfegrad von 2 200 000 erreicht. Halten Sie nach lokalen Sorten in der Gemüsekiste oder auf Märkten Ausschau, oder bestellen Sie in Großbritannien bei der South Devon Chilli Farm.

---

110 g Masa Harina (Tortillamehl), oder 8 Maistortillas

240 g schwarze Bohnen, gekocht, Kochflüssigkeit aufbewahrt

2 Guajillo-Chilis, getrocknet, in Wasser eingeweicht, oder 1 frische rote Chilischote

2 Chipotle-Chilis, getrocknet, in Wasser eingeweicht, oder 1 frische rote Chilischote

3 Tomaten, fein gehackt

½ rote Zwiebel, fein gehackt

1 Knoblauchzehe, fein gehackt

1 Schuss natives Olivenöl extra

400 g Küfu (siehe Seite 224) oder Bio-Seidentofu, abgetropft

¼ TL Kurkuma, gemahlen

4 frische Zweige Koriander, Blätter abgezupft, Stängel fein gehackt

Dicke-Bohnen-Guacamole (siehe Seite 64), zum Servieren (optional)

Für die Tortillas das Masa-Harina-Mehl in eine Schüssel geben und mit 180 ml heißem Wasser übergießen. Mit einer Prise Salz würzen und zu einem festen, aber nicht zu krümeligen Teig verkneten. Bei Bedarf ein wenig mehr Wasser oder Mehl zugeben. Die Schüssel mit einem Tuch abdecken und 1 Stunde zum Ruhen beiseitestellen. Dann den Teig in 8 Portionen teilen und mithilfe einer Tortillapresse oder eines Nudelholzes zu Kreisen mit 8 cm Durchmesser formen.

Eine Grillpfanne auf hoher Stufe erhitzen und die Tortillas darin ca. 1 Minute auf jeder Seite anbacken, bis sie beginnen leicht anzukohlen. Zum Warmhalten in ein Geschirrtuch einschlagen, bis alle Tortillas fertig sind.

In der Zwischenzeit die gekochten schwarzen Bohnen in einen mittelgroßen Topf geben, ein wenig Kochflüssigkeit zugießen und sanft erwärmen. Mit Salz und Pfeffer abschmecken. Teilweise mit einem Stabmixer pürieren oder einem Kartoffelstampfer zerkleinern, bei Bedarf etwas mehr von der Kochflüssigkeit zugeben.

Für die Rancheros-Sauce die Chilis fein hacken und in einer Schüssel mit den Tomaten, den Zwiebeln und dem Knoblauch verrühren. Nach Belieben abschmecken.

Für den Küfu oder Tofu das Öl in einer schweren Bratpfanne auf mittlerer Stufe erhitzen und diesen hinein krümeln. Mit Kurkuma bestreuen und ca. 5 Minuten sanft anbraten, bis er die Konsistenz von Rührei aufweist. Korianderstängel und die Hälfte der Rancheros-Sauce hinzufügen und langsam zum Kochen bringen.

Zum Servieren das Bohnenpüree auf den Tortillas arrangieren und mit Küfu oder Tofu garnieren. Mit den Korianderblättern bestreuen und der übrigen Sauce servieren. Nach Belieben Dicke-Bohnen-Guacamole dazu reichen.

Avocado-Alternative auf Toast:
Dicke-Bohnen-Guacamole mit Koriander und Chili

Ergibt 4 Toasts

Wer braucht schon Avocado, wenn er auch Dicke Bohnen haben kann? Püriert werden sie cremig und herrlich grün, genauso wie Avocado, aber mit einem Bruchteil von deren CO_2-Bilanz. Avocado auf Toast gehört wohl zu den beliebtesten Brunch-Gerichten. Köstlich zwar, doch aufgrund der Beliebtheit von Avocados ist die Nachfrage so groß geworden, dass sich viele Menschen dieses Grundnahrungsmittel aufgrund des hohen Preises in den Ursprungsländern wie Mexiko und Kenia nicht mehr leisten können. Um Ihre CO_2-Bilanz zu verbessern, genießen Sie Avocados nur als besondere Belohnung und experimentieren Sie stattdessen mit verschiedenen lokalen Alternativen wie dieser Dicke-Bohnen-Guacamole. Sie wird genauso wie traditionelle Guacamole zubereitet, wenn auch mit Dicken Bohnen. Diese werden zunächst blanchiert und dann mit Limette, Koriander und Olivenöl püriert. Guten Appetit!

360 g frische oder tiefgefrorene Dicke Bohnen (Gewicht ohne Schale)

1 Schuss natives Olivenöl extra, und ein wenig mehr zum Servieren

6 frische Zweige Koriander, Blätter abgezupft, Stängel fein gehackt

abgeriebene Schale und Saft von 1 Bio-Limette

Zum Servieren

¼ rote Zwiebel, fein gewürfelt

4 Scheiben Toast

1 Prise Chiliflocken oder rote Chilischoten, in feine Ringe geschnitten

1 kleine Prise Sumach (optional)

Die Dicken Bohnen in einem großen Topf mit kochendem Wasser 3 Minuten blanchieren, dann abgießen und unter fließendem kaltem Wasser abspülen. In der Küchenmaschine zusammen mit dem Olivenöl, den Korianderstängeln, der Hälfte der Korianderblätter und dem Limettensaft glatt pürieren. Nach Belieben mit Salz abschmecken.

Guacamole großzügig auf dem Toast verteilen und mit den übrigen Korianderblättern, roter Zwiebel, etwas Chili, und einer Prise Sumach (optional) garnieren. Ein wenig Olivenöl darüber träufeln.

Brunch-Chat
mit Palerbsen und Tomaten

Portionen: 2–4

Das erste Mal habe ich Chat auf meinen Reisen durch Indien kennengelernt, wo es auf der Straße als köstlicher Snack auf Tellern aus Palmblättern serviert wird. Dieses Rezept ist eine Version von Aloo Chat und ähnelt Kartoffel-Haschee, aber mit einer Menge zusätzlicher Gewürze – perfekt für einen Brunch. Die zwischen den Kartoffeln gebratenen Tomaten werden zu saftig-süßen Bomben, die geradezu im Mund explodieren.

Chat Masala ist eine aromatische Gewürzmischung, die dem Gericht seinen unverwechselbaren Geschmack verleiht. Sie finden es entweder im indischen Lebensmittelladen oder online, oder Sie stellen es einfach selbst her.

Chat Masala (ergibt 55 g)

1 TL Koriandersamen

1 ½ TL Kreuzkümmelsamen

½ TL Ingwer, gemahlen

2 TL frisch gemahlener schwarzer Pfeffer

½ TL Amchur (getrocknetes Mangopulver)

2 ½ TL Garam Masala

1 ½ TL Kala Namak (Schwarzsalz) oder Meersalz

1 TL frischer Thymian, gehackt, oder getrockneter Thymian

½ TL frische Minze, gehackt, oder getrocknete Minze

Brunch-Chat

500 g Frühkartoffeln

1 Schuss natives Olivenöl extra

4 TL Chat Masala (siehe oben) oder Garam Masala

120 g Palerbsen oder Kichererbsen, gekocht (siehe Seite 155)

2 Tomaten (ca. 100 g), in Achtel geschnitten

2 Frühlingszwiebeln, im Ganzen in feine Ringe geschnitten

6 frische Zweige Koriander, Blätter abgezupft, Stängel fein gehackt

1 grüne Chilischote, in feine Ringe geschnitten, nach Belieben

2 EL Tamarindenpaste, und ein wenig mehr zum Servieren

Zum Servieren

*Joghurt (siehe Seite 224),
Kala Namak oder Meersalz,
Bio-Limetten-Spalten*

Für das Chat Masala die Koriander- und Kreuzkümmelsamen in einer trockenen Bratpfanne auf mittlerer Stufe rösten, bis sie anfangen zu duften. In einem Mörser oder einer Gewürzmühle zu Pulver vermahlen. Mit den restlichen Zutaten vermischen und in einem luftdicht verschlossenen Gefäß aufbewahren.

Für das Brunch-Chat die Kartoffeln ca. 15 Minuten in Wasser gerade weich kochen und abgießen. Zurück in den Topf geben und mit einer Gabel leicht zerdrücken. In einer schweren Bratpfanne das Olivenöl auf mittlerer Stufe erhitzen und die zerdrückten Kartoffeln mit 2 Esslöffeln des Chat Masala anbraten, bis sie ein wenig Farbe angenommen haben. Die abgetropften, gegarten Erbsen und die Tomaten hinzufügen und ein paar Minuten weiter braten, bis die Kartoffeln goldbraun sind. Die übrigen Zutaten unterrühren, einige Korianderblätter zum Garnieren zurückbehalten.

Zum Servieren auf zwei oder mehr Teller aufteilen. Mit reichlich Joghurt und Tamarindenpaste servieren. Mit einer oder mehreren Prisen Kala Namak und den übrigen Korianderblättern bestreuen. Mit Limettenspalten garniert servieren.

Harissa-Kichererbsen-»Rührei«

Portionen: 2

Dieses Rezept ist von einem Gericht inspiriert, das in meinem liebsten Brunchlokal – Five Leaves – in Brooklyn, NY, serviert wird. Kichererbsen, Teig, Gewürze und Tomaten werden zusammen gebraten – ein großes Durcheinander und mein siebter Brunchhimmel! In unserem Restaurant Poco in Bristol servieren wir seit der Eröffnung eine Variante des Harissa-Rühreis. Es ist eine sehr pflanzenreiche Version, die aus Besan (reinem Kichererbsenmehl) anstelle von Eiern besteht.

85 g Besan oder Kichererbsenmehl, mit 100 ml Wasser zu einem Teig verrührt (idealerweise bereits 1–8 Stunden im Voraus)

½ EL Apfelessig (siehe Seite 223)

¼ TL Backpulver

½ TL Kurkuma, gemahlen

1 Schuss natives Olivenöl extra, zum Braten

½ kleine rote Zwiebel, in feine Ringe geschnitten

120 g Kichererbsen, gekocht, oder andere gekochte Bohnen (siehe Seite 155)

1 Knoblauchzehe, grob gehackt

½ TL Kreuzkümmelsamen

½ TL geräuchertes oder normales Paprikapulver

20 g sonnengetrocknete Tomaten, grob gehackt (optional)

Zum Servieren (optional)

Dünn geschnittenes Vollkornbrot, Joghurt (siehe Seite 224), Toppings nach Belieben (z. B. in Ringe geschnittene Frühlingszwiebeln, Chiliflocken, frische Korianderblätter, Zitronensaft)

Essig, Backpulver und Kurkuma unter den Kichererbsenteig heben und beiseitestellen.

Eine Bratpfanne mit einem Schuss Olivenöl auf mittlerer Stufe erhitzen. Sobald das Öl heiß ist, die Zwiebeln und die Kichererbsen dazugeben und ein paar Minuten unter gelegentlichem Rühren anschwitzen. Dann den Knoblauch, die Gewürze und die getrockneten Tomaten (optional) hinzufügen und weitere 2 Minuten unter ständigem Rühren anbraten.

Den Kichererbsenteig in die Pfanne gießen und 20 Sekunden stocken lassen, dann mit einem Pfannenwender vom Boden der Pfanne schaben. Alle 20 Sekunden wiederholen, dabei die Mischung gut verrühren und achtgeben, dass nichts anbrennt oder sich anlegt.

Heiß servieren, entweder alleine oder auf Brot mit den gewählten Toppings.

Congee mit gerösteten Rotalgen

Portionen: 2–4

Congee ist ein pikanter Brei, der sich in Asien großer Beliebtheit erfreut und oft als sättigendes Frühstück oder Mittagessen genossen wird. Für gewöhnlich besteht er aus Reis oder auch Hirse. Das Getreide wird oft sehr lange gekocht, bis es aufbricht und cremig wird. Durch die lange Kochzeit ist Congee äußerst nahrhaft und eignet sich gut, um wieder zu Kräften zu kommen.

Gemüse einzulegen ist eine geniale alte Methode, um Zutaten zu konservieren. Rotkohl eignet sich besonders gut dafür. Sein leuchtendes Violett und seine herrliche Säure bilden einen tollen Kontrast zum Congee.

100 g Fingerhirse, schwarzer Reis oder brauner Kurzkornreis

1 l Algen-Shiitake-Brühe (siehe Seite 219) oder Wasser

3 Knoblauchzehen, geschält

ein 2 cm großes Stück frischer Ingwer, gerieben (ca. 1 EL)

2 Frühlingszwiebeln, im Ganzen in feine Ringe geschnitten

1 TL Sesamöl (oder 1 EL Olivenöl), und ein wenig mehr zum Servieren

Tamari oder Sojasauce, nach Belieben, und ein wenig mehr zum Servieren

Zum Servieren (optional)

1 Prise geröstete Rotalgen oder andere Algen, eingelegtes Gemüse (siehe Seite 222) oder roher, fein geschnittener Kohl, frische Korianderstängel, blanchierte Stangenbohnen, knusprige getrocknete Schalotten, Sesamsamen, rote oder grüne Chilischoten, fein gehackt

Getreide und Algenbrühe oder Wasser in einem Topf zum Kochen bringen. Knoblauch, Ingwer und die Hälfte der Frühlingszwiebeln zugeben, dann Temperatur reduzieren und ca. 45–60 Minuten unter gelegentlichem Rühren köcheln lassen. Das Congee im Auge behalten, sobald der Reis eindickt. Bei Bedarf mehr Wasser zugeben.

Sobald der Reis weich und cremig ist, den Topf von der Herdplatte nehmen und mit Öl, Sojasauce und Salz abschmecken.

Das Congee in einer Schüssel, garniert mit den übrigen Frühlingszwiebeln, den gerösteten Rotalgen (optional) und, nach Belieben, mit weiteren Toppings servieren.

Frühstücksriegel aus Kürbis, Maulbeere und Dinkel

Ergibt: 12 Stück

Diese Riegel ergeben ein sehr nahrhaftes und köstliches Frühstück für unterwegs, ohne Rohrzucker und Weizen. Sie bestehen aus Dinkelkörnern, nährstoffreichen Kürbiskernen, die vor Omega-3- und Omega-6-Fettsäuren nur so strotzen, energiereichem Kakao und saisonal verfügbarem Kürbis.

Dinkel, eine alte Kulturform des Weizens, hat ein feines nussartiges Aroma und bietet, in fast jedem Gericht, eine Alternative zu Weizen. Im Gegensatz zu diesem weist Dinkel eine dickere Außenschale auf, wodurch er widerstandsfähiger ist und sich einfach ohne Düngemittel oder Pestizide anbauen lässt – er enthält zudem viel Ballaststoffe und Mineralstoffe wie Magnesium, Eisen und Zink.

200 g Kürbis oder Sommerkürbis (inklusive Kerne, Schale und Innenleben)

natives Olivenöl extra, zum Beträufeln

150 g Nüsse (egal welche), grob gehackt

100 g Kerne oder Samen (egal welche)

200 g Datteln, entkernt

65 g Dinkel- oder Haferflocken

20 g gepufftes Getreide (z. B. Quinoa, Hirse oder Amaranth, optional)

50 g getrocknete Maulbeeren oder Sultaninen

2 EL Dinkelmehl oder anderes Mehl

50 g Kakaonibs (optional)

1 Prise Meersalz

Sie brauchen außerdem eine quadratische Backform oder eine Auflaufform mit einer Seitenlänge von 16–21 cm.

Den Ofen auf 180 °C vorheizen. Die Back- oder Auflaufform mit ungebleichtem Backpapier auslegen.

Das Innere des Kürbis entfernen und auf dem vorbereiteten Blech oder in der Form platzieren. Den Kürbis in 1–2 cm große Würfel schneiden und ebenfalls auf dem Backblech verteilen. Alles mit Olivenöl beträufeln und 15 Minuten im Ofen backen.

100 g der Nüsse in der Küchenmaschine zu einem groben Mehl zerkleinern. Die Kürbiskerne, ein Drittel des gebackenen Kürbis und die Datteln hinzufügen und zu einer dicken Paste pürieren. Die Mischung in eine Schüssel geben und die übrigen Nüsse sowie den gebackenen Kürbis dazugeben. Nun auch alle anderen Zutaten hinzufügen und gut vermischen.

Die Mischung in die ausgelegte Backform streichen und 25–30 Minuten backen, bis die Masse anfängt, leicht anzubräunen. Noch warm in Riegel schneiden und zum Abkühlen beiseitestellen. In einem luftdicht verschlossenen Gefäß aufbewahren und innerhalb von 4 Tagen aufbrauchen.

Besan Bhaji mit Radieschen- und Rote-Bete-Blättern

Portionen:
2 als Hauptmahlzeit,
4 als Beilage

Seine Reichhaltigkeit und die schnelle Zubereitung dieses Gerichtes hat es bei uns zu einem Brunch gemacht, wenn wir Lust auf etwas Nahrhaftes, Geschmackvolles und ultimativ Befriedigendes haben.

Schwarzsalz hat einen überraschend schwefeligen Geschmack, nicht unähnlich hart gekochten Eiern. Es ist eine besonders interessante kulinarische Zutat, besonders wenn Ihre Ernährung auf Pflanzen basiert. Verwenden Sie es für alle Gerichte, die ein wenig Schwung vertragen, das Experimentieren lohnt sich.

---

40 g Besan (Kichererbsenmehl)

1 Schuss natives Olivenöl, zum Braten

½ TL Kurkuma, gemahlen

1 TL Kreuzkümmelsamen

2 TL Garam Masala

4 Knoblauchzehen, grob gehackt

1 rote Zwiebel, in feine Ringe geschnitten

1 grüne Chilischote, fein gehackt

6 frische Zweige Koriander, Blätter abgezupft, Stängel fein gehackt

100 g Radieschenblätter (oder Spinat), klein geschnitten

200 g Rote-Bete-Blätter (oder Mangold), klein geschnitten

Zum Servieren

Chapati (siehe Seite 230) oder dünn geschnittener Toast, Joghurt (siehe Seite 224), Bio-Zitronenspalten, schwarzes Salz oder Meersalz

---

Das Kichererbsenmehl in einer trockenen Pfanne auf mittlerer Stufe anrösten, bis es anfängt zu duften und leicht Farbe annimmt, dann beiseitestellen.

In einer Bratpfanne oder einem Wok einen Schuss Olivenöl erhitzen und Gewürze, Knoblauch, die halbe geschnittene Zwiebel, die Hälfte der Chilischote und die Korianderstängel dazugeben. Eine Minute unter Rühren anbraten, der Knoblauch soll dabei nicht anbräunen. Die Radieschenblätter (oder den Spinat) sowie die Rote-Bete-Blätter (oder den Mangold) zugeben und unter ständigem Rühren einige Minuten mitbraten. Das geröstete Besan-Mehl einstreuen und weitere 5 Minuten unter gelegentlichem Rühren garen, bis das Gemüse gut durch ist.

Zum Servieren mit den Korianderblättern, den übrigen Zwiebeln und Chilis bestreuen. Mit Beilagen nach Belieben servieren.

Morgendliche Mezze:
Gehackter Wintersalat mit Beilagen aus dem Vorratsschrank

Portionen: 4

Dieser Salat bildet eine erfrischende Ergänzung zu jedem Frühstück oder Mittagessen. Verwandeln Sie ihn zusammen mit einer Auswahl an Leckerbissen und Resten in üppige Mezze. Hier habe ich ihn mit Dattelbutter, Labneh und eingelegtem Gemüse aus dem Vorratsschrank (siehe Seite 222) aufgepeppt. Sie können ihn jedoch mit allem ergänzen, was Sie in Ihren Schränken oder im Kühlschrank finden.

Rote Bete, Kohlrabi und andere Wurzelgemüse sind, ähnlich wie Mangold oder Spinat, mit einem frischen Büschel schmackhafter Blätter ausgestattet. Dieses Gemüsegrün wird oft schon auf dem Hof entfernt, wählen Sie jedoch, wann immer es möglich ist, Bio-Wurzelgemüse mit intakten Blättern. Frisches Grün ist ein guter Indikator dafür, dass auch das Gemüse frisch ist – und auch wenn es teurer ist, gleicht der zusätzliche Bonus von Blättern und Schale in Ihrer Ernährung die extra Kosten wieder aus.

1 Kohlrabi, fein gewürfelt

1 Stange Rhabarber, fein gewürfelt, die Blätter kompostiert

1 süßer Apfel, fein gewürfelt

6 Zweige Minze, Stängel und Blätter fein gehackt

6 Zweige Petersilie, Stängel und Blätter fein gehackt

2 EL gemischte Samen

1 Handvoll Bohnensprossen (siehe Seite 154, optional)

1 Schuss Apfelessig (siehe Seite 223)

Zum Servieren (optional)

Pürierte Datteln, Labneh (siehe Seite 224), eingelegtes Gemüse (siehe Seite 222), Oliven, Tempeh, Fladenbrot

Alle Zutaten vorbereiten und nebeneinander in einer Schüssel arrangieren. Damit die Rote Bete die anderen Zutaten nicht färbt, erst bei Tisch mit dem Essig vermischen. Mit einer Auswahl verschiedener Beilagen servieren.

Wurzelgemüse-Latkes mit Leinsamen

Portionen: 2

Latkes sind traditionelle jüdische Kartoffelküchlein, die auch mit anderen Wurzelgemüsen gut funktionieren. In diesem Rezept ersetze ich die Eier durch nussige Omega-3-reiche Leinsamen, die dazu beitragen, die Mischung zu binden. Experimentieren Sie mit unterschiedlichen Mehlsorten, um zu sehen, wie deren Geschmack das Aroma der Latkes verändert. Dinkel schmeckt zum Beispiel nussig, Roggen malzig und Weizen eher subtil und rund.

Mit Apfelkompott und Joghurt serviert sind Latkes ein herzhaftes Frühstück. Auch als Abendessen sind sie köstlich – serviert mit anderen Beilagen, wie meinem Ofen-Frühkohl (siehe Seite 161) und/oder Merguez-Blumenkohl mit Tahin und Melasse (siehe Seite 118).

150 g gemischtes Wurzelgemüse, gerieben

½ Zwiebel, gerieben

1 EL Vollkornmehl

1 EL körniger Senf (siehe Seite 161)

2 EL Leinsamen, geschrotet

1 TL Backpulver

1 Schuss natives Olivenöl, zum Braten

Zum Servieren (optional)

Karottengrün oder Petersilie, Apfelkompott, Joghurt (siehe Seite 224)

Das geriebene Wurzelgemüse und die Zwiebel in einer Schüssel mit einigen Prisen Meersalz würzen und 5 Minuten beiseitestellen, um überschüssige Flüssigkeit aus dem Gemüse zu ziehen. Dann mit der Hand die gesamte Flüssigkeit ausdrücken und das Gemüse in eine extra Schüssel heben. Die Flüssigkeit aufbewahren – sie ergibt gemischt mit ein wenig Olivenöl ein exzellentes Salatdressing. Mehl, Senf, Leinsamen und Backpulver zu dem geriebenen Gemüse geben und gut vermischen.

Das Olivenöl in einer Bratpfanne auf mittlerer Stufe erhitzen. Die Gemüsemischung in 4 Portionen teilen und in der Pfanne platzieren. Die Latkes mit einem Pfannenwender leicht flach drücken und 3–5 Minuten braten, bis sie auf der Unterseite goldbraun sind. Vorsichtig wenden und auf der anderen Seite goldbraun braten. Sofort mit dem Blattgrün, dem Kompott und dem Joghurt servieren oder im Backofen warm halten.

Slow Food Fast: Mitta

g- & Abendessen

Suppenvielfalt

Welche Zutaten sind verfügbar? Was muss aufgebraucht werden? Was gibt der Markt Gutes her? Was hat Saison?

So soll die Suppe sein …

rustikal und mit Biss

Schneiden Sie das Gemüse in große Stücke.

raffiniert und delikat

Nehmen Sie sich die Zeit, um das Gemüse fein zu schneiden.

seidig-glatt

Schneiden Sie das Gemüse in große Stücke. Pürieren Sie es, wenn es gar ist.

Schneiden Sie Ihr Gemüse entsprechend, dann bereiten Sie die Basis zu

Die Basis*

Bereiten Sie eine Basis aus Olivenöl mit Zwiebel- und Wurzelgemüsen zu. Jede Kombination funktioniert (ca. 50 g insgesamt pro Person).

* Zutaten für die Basis: Fenchel, Karotten, Knollensellerie, Kohlrabi, Lauch, Paprikaschoten, Pilze, Schwarzwurzeln, Speiserüben, Stangensellerie, Tomaten etc.

Gewürze gefällig?

Fügen Sie der Basis bis zu 3 Gewürze hinzu, dann einige Minuten garen. Nach Belieben hinzufügen: Chili, Kardamom, Lorbeerblätter etc.

Wählen Sie ein oder zwei Kräuter

Fügen Sie jetzt fein gehackte Kräuterstängel und winterharte Kräuter hinzu (z. B. Salbei, Thymian, Rosmarin). Einige Kräuter zum Garnieren zurückbehalten. Nach Belieben hinzufügen: Basilikum, Rosmarin, Stangensellerieblätter etc.

Wählen Sie A, B oder C oder eine Kombination aus allen dreien

A

GETREIDE ODER HÜLSENFRÜCHTE HINZUFÜGEN

Getreide verleihen einer rustikalen oder raffinierten Suppe Konsistenz. Hülsenfrüchte können verkocht und zu Dal püriert oder rustikal und grob belassen werden (50 g pro Person): Emmer, Roggen, Weizen etc. Erbsen, Favabohnen, Linsen etc.

B

WINTERHARTES GEMÜSE HINZUFÜGEN

Das Gemüse so schneiden, wie es Ihrer Meinung nach gut schmeckt, faseriges Gemüse wird am besten fein geschnitten (100 g pro Person): Kartoffeln, Rote Bete, Schwarz- wurzeln etc.

C

LEICHTES GEMÜSE HINZUFÜGEN

Nach der Flüssigkeit, sobald das ganze Gemüse gar ist (50 g pro Person): Bärlauch, Brennnesseln, Spinat etc.

Die Flüssigkeit

Wasser, Brühe oder Pflanzenmilch (siehe Seite 224) hinzufügen (ca. 200 ml pro Person).
Zum Kochen bringen und sanft köcheln, bis alle Zutaten weich sind, bei Bedarf mehr Flüssigkeit zugeben.
Optional jetzt ein leichtes Gemüse zugeben und pürieren, wenn Sie eine seidig-glatte Suppe zubereiten.

Toppings

(nach Belieben) Algen, essbare Blüten, altbackenes Brot, eingelegtes Gemüse, Gewürze, Pflanzen- joghurt (siehe Seite 224), Sprossen etc.

Für mehr Biss

(1 Esslöffel pro Person) Croûtons, gepufftes Getreide, Kerne, Nüsse, Samen etc.

Für noch mehr

Alles übrig Gebliebene in die Suppe geben, um das Beste aus den Resten zu machen.

Ergibt ca. 300–500 ml pro Person

Genießen!

»Alles auf Toast«
(Bruschetta, Crostini, Smörrebröd, Tartine)

Eine Scheibe Brot, belegt mit schlichten Zutaten oder einigen Resten, kann ein mageres Mahl im Handumdrehen in eine üppige Mahlzeit verwandeln.

Als wir die Abbildungen für dieses Buch anfertigten, habe ich es mir zum Ziel gesetzt, jeden Tag ein anderes belegtes Brot mit Resten zu erfinden. Die Ergebnisse sehen Sie hier. Betrachten Sie das Brot als Träger, der Aromen in Ihren Mund transportiert. Experimentieren Sie und erfinden Sie unter Verwendung Ihrer liebsten Zutaten und Kombinationen Ihren eigenen Belag, aber machen Sie's nicht zu kompliziert – einfach ist oft am besten.

Im Mittelalter wurde das Essen oft auf einem dünnen Brotfladen anstelle eines Tellers serviert. Das war das ursprüngliche belegte Brot. Belegte Brote wie die französische Tartine können aus allen möglichen Kombinationen von Zutaten oder Resten zubereitet werden. Smörrebröd ist die skandinavische Version und besteht für gewöhnlich aus Roggenbrot, das mit verschiedenen Aufstrichen und Garnituren belegt ist. Eine geröstete Variante namens Bruschetta stammt aus Italien und wird dort als Antipasto serviert. Das geröstete Brot wird mit Knoblauch eingerieben, mit Olivenöl beträufelt und dann mit einer Auswahl einfacher Zutaten belegt. Crostini sind ganz ähnlich, anstelle der großen Brotscheiben kommen dafür jedoch kleine, dünnere Scheiben gerösteten Brotes zum Einsatz.

Schneiden Sie für Crostini ein altbackenes Baguette oder Sauerteigbrot in dünne Scheiben, beträufeln Sie diese mit Olivenöl und backen Sie sie im auf 180 °C vorgeheizten Ofen für 5–10 Minuten, bis das Brot goldbraun und knusprig ist. Mit ein wenig Salz bestreuen und mit einer Zutat Ihrer Wahl belegen.

Bowl-Food

Eine sättigende Schüssel mit Köstlichkeiten ist eine schlichte und meditative Art zu essen. Mit ein bisschen Kontemplation zaubern Sie ein wunderbares, ausgewogenes und farbenprächtiges Gericht. Bevorzugen Sie schlichte Zubereitungsarten und erfinden Sie Kombinationen, indem Sie das benutzen, was vorrätig oder gerade in bester Qualität erhältlich ist. Das folgende Rezept ist von der altbewährten und gesunden mediterranen Ernährung inspiriert sowie von der Eat Lancet Planetary Health Plate.

6
ANDERE ZUTATEN

Nur zu! Wenn Sie Reste oder Zutaten in der Vorratskammer haben, die Ihrer Ansicht nach gut funktionieren, dann fügen Sie diese ebenfalls hinzu. Eingelegtes und fermentiertes Gemüse wie Sauerkraut (siehe Seite 221) und Kimchi sind perfekt. Nehmen Sie Algen für den zusätzlichen Kick an Nährstoffen, getrocknete Früchte für die Süße, oder Hummus, Gemüsepüree und Pflanzenjoghurt (siehe Seite 224) als cremige Komponente. Hefeflocken mit Vitamin B12 sorgen für tollen Umami-Geschmack.

5
DRESSING

Vollenden Sie Ihr Gericht mit einem Schuss nativem Olivenöl extra und einem Spritzer Zitronensaft oder mit ein wenig Apfelessig für die Säure. Oder gehen Sie noch einen Schritt weiter mit einem komplexeren Dressing (siehe Seite 116–117).

4
KRÄUTER UND GEWÜRZE

Verwenden Sie einige fein gehackte Kräuterstängel und ganze Blätter als Garnitur und/oder bestreuen Sie das Gericht mit Gewürzen für ein Extra an Geschmack und Farben.

Majoran, Petersilie, Thymian etc.
Aleppo-Pfeffer, Kreuzkümmel, Sumach etc.

3
NÜSSE, KERNE UND SAMEN

Bestreuen Sie das Gericht mit einigen gerösteten oder eingeweichten Nüssen, Kernen und Samen für ein wenig Textur und Biss. Ich röste sie gerne sanft mit ein wenig Ahornsirup und einigen Gewürzen oder Tamari an, damit sie noch aromatischer werden.

Hanfsamen, Kürbiskerne, Mandeln, Paranüsse, Sesamsamen etc.

2
SAISONALES GEMÜSE & OBST

Ein herrlicher Teller voller Essen ist ein Festmahl für die Augen. Überlegen Sie Farbwirkung und Präsentation und versuchen Sie, die Hälfte der Bowl mit einer umfassenden Auswahl an vorbereiteten Früchten und Gemüse zu füllen. Schneiden Sie die Zutaten in verschiedene Formen, von kleinen Würfeln zu großen, rustikalen Stücken, damit alles möglichst appetitlich aussieht. Servieren Sie eine Mischung aus rohen und gegarten Zutaten und halten Sie die einzelnen Bestandteile möglichst getrennt, damit die Farben richtig gut zur Geltung kommen.

Hier sind vier Möglichkeiten dafür, was ich in jeder Jahreszeit so zusammenstelle:

Frühling: gedämpfter Spargel, Blutorangenscheiben, Radieschenblätter, zusammengefallener Spinat und Bärlauch

Sommer: Aprikosenstücke, gegrillte Auberginen, rohe Dicke Bohnen, Gurke und Sauerampfer

Herbst: geriebene Rote Bete und Karotten, geröstete Esskastanien, karamellisierter Fenchel und eingelegter Kürbis

Winter: klein geschnittener Rosenkohl, Blumenkohl-»Reis«, Chicoréeblätter, karamellisierte Schalotten und Speiserüben samt Blättern

1
VOLLKORN UND HÜLSENFRÜCHTE

Füllen Sie den Boden der Schüssel mit einem nahrhaften Protein.

Eine vielfältige pflanzenreiche Kost enthält eine Menge Eiweiß und alle neun Aminosäuren. Um eine ausgewogene, nährstoffreiche Schüssel mit einem vollständigen Aminosäurenprofil zu erhalten, wählen Sie eine Kombination aus Körnern und Hülsenfrüchten:

Buchweizen (Vollkorn oder Nudeln), Quinoa, Kürbiskerne, Sojabohnen

oder

Brauner Kurzkornreis und Linsen, ganze Dinkelkörner und Erbsen, Gerste und Kichererbsen

Violetter Brokkoli
mit Dinkel-Orecchiette

Portionen: 2

Ich mache dieses Gericht, wenn ich Lust auf ein einfaches und schmackhaftes Mittag- oder Abendessen habe. Die Kapernsauce ist so umamireich, dass Käse oder Sardellen- filets in dem Gericht gar nicht mehr nötig sind, wodurch sie erschwinglich bleibt.

Es ist rasch zubereitet, wenn Sie die Pasta gleich zur Hand haben. Wenn Sie etwas mehr Mühe aufwenden wollen, um Plastikverpackungen zu vermeiden, dann versuchen Sie einmal, die Pasta selbst herzustellen. Obwohl es sich um einen aufwendigen Prozess handelt, ist er sehr einfach und eine gute Gelegenheit, interessante Vollkornmehle zu testen.

200 g violetter Brokkoli oder ein anderes grünes Gemüse

1 Schuss natives Olivenöl extra

1 EL gesalzene Kapern, 10 Minuten lang in Wasser eingeweicht, dann abgetropft oder eingelegte Kapern

1 kleine Knoblauchzehe, grob gehackt

200 g Orecchiette oder ähnliche Pasta (oder frische Dinkelpasta, siehe Seite 232)

abgeriebene Schale und Saft von ½ Bio-Zitrone

Einen großen Topf mit gesalzenem Wasser zum Kochen bringen.

Die dickeren Stiele des Brokkoli oder von anderem Gemüse dünn schneiden, die zarten Stängel und die Blätter bzw. Röschen jedoch im Ganzen belassen.

Einen guten Schuss natives Olivenöl in einem großen Topf auf mittlerer Stufe erhitzen. Die Kapern darin braten, bis sie anfangen, knusprig zu werden, dann den Knoblauch zugeben und eine weitere Minute braten, ohne dass er Farbe annimmt. Beiseitestellen.

Wenn Sie getrocknete Pasta verwenden, diese 6 Minuten im Salzwasser kochen, dann das Gemüse zugeben, wieder aufkochen lassen und weitere 3 Minuten garen. Nehmen Sie frische Pasta, das Gemüse zunächst für 1 Minute kochen, dann die frische Pasta zugeben und 2–3 Minuten mitgaren. Pasta und Gemüse in ein Sieb abgießen, dann sofort zu Knoblauch und Kapern in den Topf geben.

Mit Zitronenschale und -saft, etwas frisch gemahlenem schwarzen Pfeffer und, wenn nötig, Salz würzen. Bedenken Sie, dass die Kapern bereits sehr salzig sind. In einer Pastaschüssel anrichten, nach Belieben mit Chiliflocken und Semmelbröseln bestreuen und servieren.

Bhel Puri mit Rote Bete und Apfel

Portionen:
4 als Vorspeise

Bhel Puri ist ein traditioneller Straßensnack aus Mumbai, der aus gepufftem Reis, Gemüse, Tamarinde und Korianderchutney besteht. Frisch zubereitet, kurz vor dem Verzehr – wie auf den Straßen Indiens – weist dieses Gericht eine einzigartige Konsistenz auf und einen Geschmack, der knusprig, scharf, süß und sauer zugleich ist – absolut köstlich.

In diesem Rezept nehme ich Rote Bete und Äpfel als saisonale Alternative zu Tomaten. Passen Sie das Rezept ganz an die saisonalen Gemüse- und Obstsorten an, die Ihnen zur Verfügung stehen.

---

1 Schuss natives Olivenöl extra, zum Braten

---

1 Rote Bete mit Blättern, Knolle in feine Würfel geschnitten, Blätter klein geschnitten

---

20 g frische Minze, Stängel fein gehackt, Blätter grob gehackt

---

35 g frischer Koriander, Stängel fein gehackt, Blätter grob gehackt

---

1 grüne Chilischote, grob gehackt

---

1 Knoblauchzehe, fein gehackt

---

2 TL Kreuzkümmelsamen, in einer trockenen Pfanne geröstet, bis sie duften

---

abgeriebene Schale und Saft von ½ Bio-Zitrone

---

1 süßer Apfel, in 2 cm große Würfel geschnitten

---

6 Datteln, grob gehackt

---

2 Handvoll gepufftes Getreide (z. B. Amaranth, Hirse, Reis)

---

1 Handvoll Sev oder Bombay-Mix (Indische Snacks)

---

1 rote Zwiebel, fein gehackt

---

4 TL Chat Masala (siehe Seite 67) oder Garam Masala

---

50 ml süße Tamarindenpaste

In einem kleinen Topf mit Deckel ein wenig Olivenöl auf mittlerer Stufe erhitzen. Die gewürfelte Rote Bete darin unter gelegentlichem Rühren 5 Minuten bei geschlossenem Deckel garen. Die zerkleinerten Rote-Bete-Blätter zugeben und eine weitere Minuten dünsten, bis sie zusammenfallen, dann beiseitestellen.

Für das Korianderchutney die Hälfte der gehackten Kräuter mit 2 Esslöffeln Wasser, den grünen Chilis, dem Knoblauch, den gerösteten Kreuzkümmelsamen sowie Zitronenschale und -saft in der Küchenmaschine zerkleinern.

Die übrigen Zutaten jeweils separat in kleinen Schüsseln anrichten und auf dem Esstisch platzieren. Die gekochte Rote Bete ebenfalls in einer Schüssel und das Korianderchutney in einem weiteren Gefäß anrichten.

Zum Servieren die Zutaten portionsweise in Schüsseln vermischen oder in Zeitungspapiertüten anrichten und mit dem Korianderchutney garnieren.

Polenta mit Tapenade, Spargel und Frühlingszwiebeln

Portionen: 6

Erst als ich meine Freundin Brigida kennenlernte, lernte ich auch die vielen unterschiedlichen alten Kultursorten von Mais kennen. Ich hatte bis dahin immer nur mit den typischen gelben Körnern gekocht, die man im Supermarkt findet. Brigidas Familie baute eine aromatische alte Sorte namens Otto File an, was so viel bedeutet wie achtreihig. Sie erklärte mir, wie unglaublich köstlich er als Polenta ist, der er eine tiefgelbe Farbe verleiht. Konventioneller Mais wurde hingegen so gezüchtet, dass er 16 Körnerreihen aufweist.

Im Laufe der vergangenen 100 Jahre haben wir mehr als 90 % der Samenvielfalt verloren und heutige Landwirtschaften beschränken sich auf eine sehr kleine Auswahl an Hybridsorten und genmanipulierten Samen. 75 % der weltweiten Ernte stammt von nur 12 Pflanzensorten. Und nur 3 davon – Mais, Weizen und Reis – sind für 60 % der weltweiten Energiezufuhr zuständig. Dieser Verlust an Diversität hat unser Nahrungsmittelsystem anfällig gemacht. Einst gab es 307 Sorten von Mais, die auf dem Markt verfügbar waren, jetzt sind es gerade einmal 12. Unterschiedliche Sorten von Samen ausfindig zu machen, diese anzubauen und zu essen, ist eine Möglichkeit, wie wir dazu beitragen können, Biodiversität zu fördern.

---

110 g langsam kochende Polenta (oder Instant-Polenta*)

---

1 TL Meersalz

---

75 g Kalamata-Oliven, entkernt

---

natives Olivenöl extra

---

18 Stangen grüner Spargel, die Enden abgeschnitten

---

12 Frühlingszwiebeln, gewaschen

Für die langsam kochende Polenta 1 Liter Wasser in einem großen Topf zum Kochen bringen. Die Hitze reduzieren, 1 Teelöffel Salz hinzufügen und die Polenta unter Rühren einrieseln lassen. Um Klümpchen zu vermeiden, weiterrühren, bis die Polenta angefangen hat, das Wasser aufzunehmen und cremig wird. Sobald sie eine noch leicht flüssige, porridgeartige Konsistenz aufweist, den Topf mit einem feuchten Geschirrtuch abdecken, dabei achtgeben, dass dieses nicht in Kontakt mit einer offenen Flamme kommt. Dann den Deckel darauflegen. Auf sehr niedriger Stufe 50–60 Minuten köcheln lassen, bis sich die Polenta von den Seiten des Topfes löst. Ist sie etwas zu dick, ein wenig kochendes Wasser unterrühren. Auf ein Holzbrett gießen und abkühlen lassen, dann in Spalten schneiden. *Wenn Sie Instant-Polenta benutzen, einfach der Anleitung auf der Packung folgen.

Für die Tapenade die Oliven fein hacken und dann im Mörser zu einer groben Paste zerstoßen. Wenn nötig, ein wenig Olivenöl zugießen, sodass eine dicke, saucenartige Konsistenz entsteht.

Den Spargel und die Frühlingszwiebeln in Olivenöl wenden und auf dem heißen Grill oder in der Grillpfanne mit den Polentaecken einige Minuten grillen, dann wenden und auf der anderen Seite grillen. Alles zusammen mit einem Teelöffel Tapenade servieren.

Salat mit gegrillten Zucchini, Radicchio, Oliven und Limabohnen

Portionen: 2

Limabohnen sind eine willkommene Ergänzung zu diesem frischen Salat. Sie sind cremig, süß und sättigend und harmonieren mit den bitteren Aromen von Zucchini und Radicchio.

Ich empfehle Ihnen, Bohnen und Hülsenfrüchte selbst zuzubereiten. Als Basis für Ihre Mahlzeiten sind sie ein entscheidender Faktor in Bezug auf Gesundheit, Erschwinglichkeit sowie Nachhaltigkeit und helfen, unnötige Verpackungen, Zusatzstoffe und Kosten zu vermeiden. Einfach über Nacht einweichen, dann sanft köcheln lassen, bis sie herrlich weich sind und ein käseähnliches, reichhaltiges Aroma aufweisen.

1 Zucchini

natives Olivenöl extra

12–16 Blätter eines bitteren Salates (z. B. roter Chicorée, Radicchio, Treviso)

100 g schwarze Oliven, entsteint

120 g gekochte Limabohnen

1 Zweig Basilikum, Blätter abgezupft, Stängel fein gehackt (optional)

abgeriebene Schale von 1 Bio-Zitrone, nach Belieben

Eine schwere Grillpfanne auf mittlerer bis hoher Stufe erhitzen. In der Zwischenzeit den Zucchini längs in 5–8 mm dicke Scheiben schneiden. Mit ein wenig Olivenöl bestreichen und gut salzen. Dann in die heiße Grillpfanne legen und ein paar Minuten grillen, bis sich einige schwarze Stellen oder Linien zeigen. Wenden und auf der anderen Seite grillen. Zucchinischeiben aus der Pfanne nehmen und zum Abkühlen beiseitestellen.

Zucchini und den bitteren Blattsalat gemeinsam auf einem Teller anrichten und mit den Oliven bestreuen. Die Limabohnen dazugeben und mit dem Basilikum sowie der Zitronenschale garnieren. Mit ein wenig nativem Olivenöl extra beträufeln.

Sommergemüse-Ceviche

Portionen: 4 als Beilage, leichtes Mittagessen oder Vorspeise

Ceviche ist ein peruanischer Salat mit rohem Fisch, mariniert in einer pikanten und würzigen Flüssigkeit, die unter dem Namen »Tigermilch« bekannt ist. Für gewöhnlich wird sie aus Limettensaft und der Chilischote Aji Amarillo hergestellt, die Sie in spezialisierten Läden oder online erhalten. Mit den violetten Kartoffeln, den gelben Tomaten und dem grünen Koriander ist dieses Gericht besonders farbenfroh. Die weißen Austernpilze funktionieren wie Schwämme, die die pikanten Aromen aufsaugen und für einen erfrischenden Salat sorgen, perfekt für einen heißen Sommertag.

Austernpilze sind Teil einer urbanen landwirtschaftlichen Revolution, die in den vergangenen Jahrzehnten stattgefunden hat, und in deren Rahmen Stadträume in florierende essbare Gärten verwandelt wurden. Zuchtpilze benötigen relativ wenige Ressourcen, um zu gedeihen. Sie wachsen in kleinen, dunklen Räumen wie Schiffscontainern auf kompostierten und recycelten Materialien, wie Kaffeesatz (von dem in Deutschland jährlich 20 Millionen Tonnen weggeworfen werden) oder Sägespänen, die dann zu fruchtbarer Pflanzenerde upgecycelt werden. Es gibt sogar Anzuchtsets für zu Hause, die besonders mit Kindern viel Spaß machen.

---

50 g violette Kartoffeln, in 1 cm große Würfel geschnitten

4 EL gepufftes Getreide (z. B. Amaranth, Quinoa, Reis)

60 g Austernpilze, in dünne Scheiben geschnitten

100 g Kirschtomaten (wenn möglich gelbe), geviertelt

Getrocknete Aji-Amarillo-Chilis oder frische Chilischoten, fein gewürfelt, nach Belieben

abgeriebene Schale und Saft von 1 Bio-Limette oder ½ Bio-Zitrone

3 frische Zweige Koriander, Blätter abgezupft, Stängel fein gehackt

---

Die Kartoffelwürfel 10 Minuten in kochendem Wasser blanchieren, dann abgießen und zum Abkühlen beiseitestellen.

Alle Zutaten vermischen, einige gepuffte Getreidekörner und Korianderblätter zum Garnieren zurückbehalten. Sofort servieren oder noch 1 Stunde ziehen lassen.

Tomaten-Brot-Suppe

Portionen: 2 als Hauptmahlzeit, 4 als Vorspeise

Pappa al Pomodoro ist eine traditionelle toskanische Suppe, die das Optimum aus den Tomaten herausholt, wenn sie gerade Saison haben. Dieses Rezept, das sich von der toskanischen Hingabe an saisonale Produkte inspirieren lässt, verlangt nach regional gezogenen vollreifen Tomaten.

Importierte Tomaten werden über große Entfernungen transportiert, dementsprechend unreif geerntet und dann gekühlt, bis sie reif für den Verkauf sind. Das ist nicht nur äußerst ineffizient, sondern hat auch Auswirkungen auf den Geschmack. Tomaten, die unter der Sonne in gesunder Erde gezogen und zum richtigen Zeitpunkt gepflückt werden, schmecken einfach besser. Wenn Sie auf der Suche nach mehr Geschmack sind, halten Sie nach alten Kultursorten Ausschau und nehmen Sie die reifesten Tomaten, die Sie finden können. Sie eignen sich perfekt für Suppen oder Saucen und sollten auch recht preisgünstig sein. Halten Sie sich von Tomaten fern, die zwar regional, aber außerhalb der Saison gezogen wurden. Sie werden in beheizten Glashäusern mit großem Energieaufwand produziert.

60 ml natives Olivenöl extra, und ein wenig mehr zum Servieren

1 Knoblauchzehe, grob gehackt

600 g vollreife regionale Tomaten, in große Stücke geschnitten (Stängel, wenn vorhanden, aufbewahren)

80 g Rinde von altbackenem Brot, in Stücke gerissen

2 Zweige Basilikum, Blätter abgezupft, Stängel fein geschnitten

In einem schweren, mittelgroßen Topf einen Schuss Olivenöl auf niedriger bis mittlerer Stufe erhitzen. Den Knoblauch hineingeben und für 1 Minute anschwitzen, ohne dass er Farbe annimmt, dann die geschnittenen Tomaten hinzufügen. Zum Kochen bringen und 30 Minuten sanft köcheln lassen, bis die Tomaten anfangen einzudicken. Etwa 70 ml kochendes Wasser zugießen und die Stängel zugeben. Erneut aufkochen lassen, dann die Stängel entfernen und kompostieren.

Das Brot in die Suppe geben und gut unterrühren. Ist die Suppe zu dick, mehr kochendes Wasser zugießen. Sobald Sie bereit sind zum Anrichten, das restliche Olivenöl sowie die Basilikumblätter und -stängel einrühren – einige zum Dekorieren zurückbehalten. Abschmecken und mit ein wenig Olivenöl beträufelt servieren.

Bohnen-Caponata

Portionen: 4

Caponata ist eine spätsommerliche Köstlichkeit, die vom Aroma der sonnengereiften Tomaten und Auberginen nur so strotzt. Man kann die Sonne geradezu schmecken. Die Zugabe von Bohnen verwandelt meine Version in ein herzhaftes und gehaltvolles Mittagessen. Frisch genossen ist sie vorzüglich, sie wird jedoch mit der Zeit noch besser und schmeckt kalt auf Crostini oder Toast serviert geradezu göttlich. Machen Sie gleich eine große Portion, die Sie die ganze Woche über essen oder portionsweise einfrieren können. Sie lässt sich gut im Ofen aufwärmen.

Kapern sind eine wesentliche Zutat von Caponata und verfügen über beinahe magische Eigenschaften. Ich lernte die Pflanze auf einer Reise nach Sizilien näher kennen, wo sie überall aus dem Boden sprießt wie Unkraut, ob in der sandigen Wüste oder auf einer Steinmauer. Bei Kapern handelt es sich um die geschlossenen Blütenknospen, die sich zu großen weißen Blumen mit vielen rosa und gelben Staubgefäßen öffnen. Die Früchte, die später wachsen, werden Kapernbeeren genannt. Eingelegt sind Kapern ganz köstlich und werden am besten direkt in den Mund gesteckt. Halten Sie nach der gesalzenen Variante Ausschau, die intensiver schmeckt als die in Essig und Öl eingelegten Kapern.

1 Schuss natives Olivenöl extra

1 Aubergine (ca. 150 g), in grobe Würfel geschnitten

2 Stangen Sellerie, schräg in 5 cm dicke Stücke geschnitten

1 Knoblauchzehe, grob gehackt

300 g Tomaten (idealerweise sehr reif), gehackt

240 g gekochte Bohnen, gemischt (siehe Seite 155)

50 g gesalzene Kapern, 10 Minuten in Wasser eingeweicht, dann abgegossen

4 Zweige Petersilie, Blätter grob gehackt, Stängel fein geschnitten

1 EL Balsamico-Essig, oder ein anderer Essig

½ EL Süßungsmittel (z. B. Ahornsirup, Dattelsirup, unraffinierter Zucker)

In einer großen Bratpfanne einen guten Schuss Olivenöl auf mittlerer Stufe erhitzen. Die Auberginen und den Sellerie darin portionsweise von allen Seiten goldbraun anbraten. Aus der Pfanne nehmen und auf einen Teller legen. Knoblauch und Tomaten in der Pfanne aufkochen und 10 Minuten köcheln lassen. Zum Schluss Auberginen, Bohnen, Kapern, Petersilie, Essig und Süßungsmittel in die Sauce rühren und heiß, warm oder kalt genießen.

Chirashi-Sushi-Bowl
mit Seetang und Rotalgen

Portionen: 2

Wenn Sie keine Zeit haben, selbst Sushi zu machen, aber nicht auf die frischen Aromen und den Kick verzichten wollen, dann ist eine Sushi-Bowl im Chirashi-Stil eine fabelhafte Alternative. Chirashi-Bowls lassen Obst und Gemüse in all ihrer schlichten Pracht erstrahlen. Nehmen Sie dieses Rezept als Anleitung und passen Sie die Zutaten entsprechend der Jahreszeit und Ihrer Region an.

Die Weltmeere bedecken mehr als 70 % unseres Planeten und sind voll von unglaublich wertvollen, jedoch immer noch ungenutzten und köstlichen Meeresalgen, die nicht nur äußerst gesund sind, sondern die auch 70–80 % des Sauerstoffs unserer gesamten Atmosphäre produzieren. Algen sind sehr vielseitig und funktionieren in den meisten Gerichten ausgezeichnet, entweder als Würzmittel oder als Hauptzutat. Ersetzen Sie doch einmal die Pastablätter in einer Lasagne durch gedämpften Seetang (Reste der Algenbrühe auf Seite 219) oder bringen Sie damit Umami-Geschmack in ein Gericht wie dieses hier. Zutaten wie Seetang, braunen Kurzkornreis und Tamari finden Sie im Bioladen oder online.

---

200 g brauner Kurzkornreis

2 EL Tamari, und ein wenig mehr zum Servieren

5 TL Reisessig

1 EL unraffinierter Zucker, oder ein anderes Süßungsmittel

½ TL frischer Ingwer, mit Schale, gerieben

½ Knoblauchzehe, gerieben

½ TL Sesamöl (optional)

1 Frühlingszwiebel, im Ganzen in Ringe geschnitten

1 kleine Rote Bete mit Blättern, in dünne Streifen geschnitten, Blätter klein geschnitten

1 kleine Birne, in dünne Spalten geschnitten, Kerngehäuse entfernt

2 TL Sesamsamen (schwarz oder weiß)

2 kleine Zweige Minze, Blätter abgezupft, Stängel fein geschnitten

je 1 Prise Rotalgen und Seetang, 10 Minuten in kaltem Wasser eingeweicht

1 EL natives Olivenöl extra

80 g Pilze (z. B. gelbe Austernpilze, Enokipilze, Shiitakepilze)

Meersalz

Zum Servieren (optional)

eingelegter Ingwer, Wasabi-Paste

Den Reis in einer Schüssel waschen und abseihen. In einem mittelgroßen Topf zusammen mit 650 ml kaltem Wasser auf hoher Stufe erhitzen. Aufkochen lassen, dann die Hitze auf niedrige Stufe reduzieren und bei geschlossenem Deckel ca. 20 Minuten köcheln lassen, bis beinahe das gesamte Wasser verkocht ist und der Reise fast gar ist. Ist das Wasser schneller verdampft als der Reis gar ist, etwas mehr zugießen. Den fertigen Reis in einer großen Schüssel abkühlen lassen.

In einer kleinen Schüssel Tamari, Reisessig, Süßungsmittel, Ingwer, Knoblauch, eine gute Prise Salz und das Sesamöl (optional) verrühren. Die Mischung mit Holzspachtel oder -löffel unter den Reis heben und den Reis ein wenig ausbreiten, damit er rascher abkühlt.

Den Reis auf Schüsseln aufteilen und mit Frühlingszwiebeln, Roter Bete, Birne, Samen, Minze und Seetang garnieren.

In einer Bratpfanne das Öl auf hoher Stufe erhitzen und die Pilze darin 1 oder 2 Minuten auf jeder Seite anbraten, dabei darauf achten, dass das Öl nicht anfängt zu rauchen. Mit einem Spritzer Tamari ablöschen.

Zum Servieren die Pilze auf den Reis geben und mit dem eingelegten Ingwer und Wasabi anrichten, sodass sich jeder selbst davon nehmen kann.

Quinoa-Farinata mit Pesto, Mangoldstielen und Limabohnen

Portionen: 2–4

Farinata ist eine Art herzhafter und sättigender italienischer Fladen. Sie besteht für gewöhnlich aus Kichererbsenmehl, ich mache meine Variante jedoch aus Quinoamehl, das ihr eine köstliche und sehr nährstoffreiche Basis verleiht.

Quinoa ist ein nussiges und aromatisches Pseudogetreide, das unglaublich viele Nährstoffe enthält. Es gilt als »komplettes« Protein, da es alle neun essenziellen Aminosäuren beinhaltet sowie eine ausgewogene Mischung aus Protein, Fett, Mineralstoffen und Vitaminen. Die hohe Nachfrage nach Quinoa veranlasste die Bauern, die Produktion zu erhöhen, indem sie vermehrt auf Monokulturen setzten, die zu Bodenauslaugung und einer verminderten lokalen Verfügbarkeit von anderen Produkten führten; heute gibt es Bestrebungen, wieder mehr auf Sortenvielfalt zu setzen und den Konsum von lokalen Produkten zu unterstützen. Die Beliebtheit von Quinoa hat lokale Gemeinschaften gefördert. Es ist eine widerstands- und anpassungsfähige Pflanze, die in vielen Regionen wächst und Überschwemmungen und Frost trotzt.

In Italien wird Mangold vor allem für seine Stiele geschätzt, in Großbritannien bevorzugt man die Blätter. Beide sind gleichermaßen wunderbar, in diesem Rezept habe ich jedoch die juwelenartigen Stiele des bunten Mangolds verwendet, um dem Gericht Farbe, Nährstoffe und Textur zu verleihen.

140 g Fairtrade-Quinoamehl (oder Quinoa in der Küchenmaschine zerkleinern) oder Kirchererbsenmehl

2 EL natives Olivenöl extra

½ TL Kurkuma

1 Zweig Rosmarin, Nadeln abgezupft und gehackt

100 g Pesto (siehe Seite 215)

100 g gekochte Limabohnen

50 g bunte Mangoldstiele, in Stücke geschnitten und 2 Minuten in kochendem Wasser blanchiert (die Blätter in einem anderem Gericht verwenden oder für das Pesto nehmen)

essbare Blüten, zum Dekorieren (optional)

Das Mehl in eine Rührschüssel geben, 140 ml Wasser in einem Krug abmessen und ein Drittel davon mit dem Mehl glatt rühren. Dann ein weiteres Drittel Wasser zugeben, wieder rühren, damit keine Klümpchen entstehen. Das restliche Wasser zugießen und wieder glatt rühren. Bei Bedarf mehr Mehl oder Wasser zugeben, damit die Konsistenz von Joghurt entsteht. Die Hälfte des Olivenöls, Kurkuma und den gehackten Rosmarin zugeben. Die Schüssel mit einem Geschirrtuch abdecken und mindestens 1 Stunde beiseitestellen.

Den Ofen auf 180 °C vorheizen.

Das übrige Olivenöl auf einem kleinen Backblech oder in einer feuerfesten Bratpfanne mit einem Durchmesser von ca. 23 cm verteilen. Den Teig auf das Blech gießen und noch einmal verrühren, dabei das Olivenöl vom Blech einarbeiten. 15–20 Minuten backen, bis die Oberseite goldbraun ist. Mit Salz und Pfeffer würzen.

Mit Pesto, Limabohnen und blanchiertem Mangold servieren. Optional mit essbaren Blüten garnieren.

Makkaroni & Tapioka (Käääse)

Portionen: 4–6

Tapiokamehl ist äußerst nährstoffreich und wird aus der Maniokwurzel gewonnen. Gemischt mit Blumenkohl, Hefeflocken und Kurkuma erhalten Sie eine herrlich sämige und käseartige Sauce, die beinahe für das Original gehalten werden könnte und dabei weniger kostet. Für maximale Sämigkeit noch heiß direkt aus dem Ofen servieren. Dieses Gericht ist unglaublich aromatisch und eines der Lieblingsgerichte bei uns zu Hause.

Hefeflocken sind eine Zutat, die aufgrund ihres »käsigen« Geschmacks und ihres Nährwertes geschätzt wird. Sie sind eine tolle Quelle für B-Vitamine, Folsäure und Zink und werden oft mit Vitamin B12 angereichert, einem Vitamin, das ganz wesentlich für die Gesundheit ist und normalerweise über Milchprodukte und Fleisch aufgenommen wird. Es ist das einzige Vitamin, das bei einer rein pflanzlichen Ernährung ergänzt werden muss.

Für die Käääse-Sauce

1 l Pflanzenmilch (siehe Seite 224)

300 g Blumenkohl, grob gehackt, Blätter aufbewahrt

1 Zwiebel, fein gehackt

4 Knoblauchzehen, geschält

80 ml natives Olivenöl extra

150 g Tapioka- oder Cassavamehl

1 EL Dijon-Senf

1 EL Hefeflocken

2 TL Apfelessig

¼ TL Kurkuma, gemahlen

1 TL Muskatnuss, gemahlen

1 EL weiße Misopaste
(siehe Seite 223, optional)

½ TL Kashmiri-Chili oder Cayennepfeffer (optional)

Für die Makkaroni

400 g getrocknete Makkaroni oder 4 Portionen Pici (siehe Seite 232)

4 Frühlingszwiebeln, im Ganzen grob gehackt

100 g Sauerkraut

40 g Semmelbrösel (siehe Seite 230)

Hefeflocken zum Bestreuen

Zum Servieren (optional)

Chipotle-Ketchup, gehackte Jalapeños, Sauerkraut, frischer Koriander

Für die Sauce die Pflanzenmilch zusammen mit dem Blumenkohl, den Zwiebeln und dem Knoblauch in einem großen, schweren Topf zum Köcheln bringen, dann auf sehr niedriger Stufe 10 Minuten simmern lassen. Beiseitestellen und ein wenig abkühlen lassen, dann den Inhalt des Topfes mit einem Stabmixer pürieren. Olivenöl, Tapiokamehl, Senf, Hefeflocken, Essig, Kurkuma, Muskatnuss, Miso und Chilis zugeben und zu einer glatten Sauce pürieren. Auf niedriger Stufe erhitzen und unter ständigem Rühren – damit keine Klümpchen entstehen – 5 Minuten köcheln lassen. Während des Kochens dickt die Sauce ein und zieht sich wie geschmolzener Käse. Nach Belieben mit Salz und Pfeffer abschmecken.

Den Ofen auf 220 °C vorheizen.

Für die Pasta Makkaroni oder Pici in reichlich gesalzenem Wasser al dente kochen. Gut abtropfen lassen und mit der Sauce mischen. Frühlingszwiebeln und Sauerkraut zugeben und verrühren. Die Mischung in eine große Auflaufform (ca. 20 x 30 cm) geben, mit Semmelbröseln oder Chips sowie Hefeflocken bestreuen und 20 Minuten im Ofen backen, bis die Oberfläche schön goldbraun ist.

Für die Zubereitung der Blumenkohlblätter in einem großen Topf Salzwasser zum Kochen bringen. Schneiden Sie alle dicken Stängel in feine Streifen und lassen Sie alle kleinen Blätter ganz. In das Wasser geben und 5 Minuten kochen lassen, dann abtropfen lassen und mit Salz und Pfeffer und etwas Olivenöl servieren.

Mit Ketchup, Jalapeños, Sauerkraut und frischem Koriander (optional) servieren.

Dal mit gelben Linsen und Rote-Bete-Blättern

Portionen: 2

Die Straßen von Paharganj im indischen Neu-Delhi sind Heimat einiger der köstlichsten Gerichte, die ich je gegessen habe. Ich liebe es, das Viertel zu Fuß zu erkunden und mich von Stand zu Stand vorzuarbeiten, dabei frisches Lassi, gebratenes Puri, Samosas oder süßes Jalebi zu kosten. Meine liebste Speise ist vielleicht auch die schlichteste – ein klassisches Linsen-Dal, das mit frisch gebratenen Gewürzen, Chilis und Gemüse garniert wird. Wie alle meine Rezepte sollte auch dieses an die Gewürze und Zutaten angepasst werden, die Sie gerade zur Hand haben.

200 g gelbe Linsen, gewaschen und 20 Minuten in kaltem Wasser eingeweicht

2 Schuss natives Olivenöl extra

1 Zwiebel, fein gehackt

ein 2 cm großes Stück frischer Ingwer, gerieben

2 Knoblauchzehen, grob gehackt

1 TL Kurkuma, gemahlen

6 frische Zweige Koriander, Blätter abgezupft, Stängel fein gehackt

4 Rote Beten (oder Mangold), mit Stängeln und Blättern, grob gehackt

1 EL Bockshornkleeblätter (optional)

1 grüne Chili, in Ringe geschnitten

2 TL Senfkörner

2 TL Kreuzkümmelsamen

6 Curryblätter (optional)

2 grüne oder rote Tomaten, geschnitten (optional)

Die eingeweichten Linsen in ein Sieb abgießen und unter fließendem kalten Wasser abspülen. In einem schweren Topf mit 1 Liter Wasser bedecken und bei geschlossenem Deckel zum Kochen bringen. Hitze reduzieren und ca. 45 Minuten köcheln lassen, bis sich die Linsen zu einem Brei verkocht haben. Bei Bedarf mehr Wasser zugießen.

In der Zwischenzeit in einem kleinen, schweren Topf einen guten Schuss Öl auf mittlerer Stufe erhitzen. Die Zwiebeln darin 5 Minuten anschwitzen, ohne dass sie Farbe annehmen, dann Ingwer, Knoblauch und Kurkuma zugeben und weitere 2 Minuten anbraten. Die Korianderstängel (Blätter für die Garnitur aufbewahren), Rote-Bete-Blätter und Bockshornkleeblätter (optional) hinzufügen und verrühren. Den Inhalt des Topfes unter die gekochten Linsen rühren und nach Belieben mit Salz und Pfeffer würzen.

In einer Bratpfanne einen Schuss Öl auf mittlerer Stufe erhitzen. Grüne Chilis, Senfkörner, Kreuzkümmelsamen, Curryblätter und Tomaten darin 2 Minuten anbraten.

Das Dal in Schüsseln anrichten und mit einem Löffel der gebratenen Gewürze und Tomaten und den frischen Korianderblättern garnieren.

Fruchtwechsel-Risotto

Portionen:
4 als Hauptmahlzeit,
8 als Vorspeise

In seinem Buch *The Third Plate* beschreibt der bahnbrechende Food-Autor und Koch Dan Barber, wie wichtig es ist, Landwirte zu unterstützen, indem wir mit sämtlichen Produkten kochen, die ein Bauernhof erzeugt. Er demonstriert dies auf köstliche Art und Weise mit einem Gericht, das er »Rotation-Risotto« nennt, Fruchtwechsel-Risotto, und das eine Auswahl bodenfördernder Getreide- und Gemüsesorten eines regionalen Produzenten enthält.

Beim Wachsen nehmen Pflanzen Nährstoffe aus dem Boden auf, die ersetzt werden müssen, damit dieser fruchtbar bleibt. Düngemittel, Kompost und ein jährlicher Fruchtwechsel von Marktkulturen, weniger profitablen Kulturen und Gründüngung (Pflanzen, die der Bodenbedeckung und Nährstoffzufuhr dienen) werden eingesetzt, damit der Boden gesund genug bleibt, um Nahrungsmittel hervorzubringen. Dinkel oder Weizen werden zum Beispiel oft im Wechsel mit Roggen und Klee angebaut.

Essen nach dem Root-to-Fruit-Prinzip sieht nicht nur vor, das gesamte Lebensmittel zu essen, sondern verfolgt dieselbe ganzheitliche Methode, sich der gesamten Vielfalt an Produkten eines Hofes zu bedienen. Inspiriert von Dan Barbers Rotation-Risotto nutzt meine Version den üblichen Fruchtwechsel britischer Getreide und Hülsenfrüchte. Es lässt sich jedoch ganz einfach an Ihre regionalen Gegebenheiten anpassen.

---

1 Schuss natives Olivenöl extra

50 g Knollensellerie, fein gewürfelt

1 großer flacher Pilz, fein gewürfelt

1 kleiner Topinambur, gewaschen und fein gewürfelt

50 g Lauch, die grünen Teile, gewaschen und in feine Ringe geschnitten

1 Knoblauchzehe, mit Schale gewürfelt

130 g Gerste

20 g getrocknete Steinpilze, in 1 Liter kochendem Wasser eingeweicht (optional)

260 g Roggen-, Dinkel- oder Haferflocken

1 Handvoll Kleesprossen (siehe Seite 154) oder andere schmackhafte Blätter oder Kräuter

Blätter von Knollen- oder Stangensellerie, zum Servieren (optional)

25 g gepuffte Dinkel- oder Weizenkörner (optional)

Einen großen, schweren Topf bei niedriger bis mittlerer Hitze aufstellen und einen guten Schuss Olivenöl – sodass der Topfboden bedeckt ist – darin erhitzen. Sellerie, Pilze, Topinambur, Lauch und Knoblauch dazugeben und 5 Minuten sanft anschwitzen, ohne dass das Gemüse Farbe annimmt.

Gerste, Steinpilze und Einweichflüssigkeit (oder 1 Liter kochendes Wasser) hinzufügen. Aufkochen und 30–45 Minuten köcheln lassen, bis die Gerste anfängt, weich zu werden.

Roggen-, Dinkel- oder Haferflocken zugeben und auf niedriger Stufe unter gelegentlichem Rühren weitere 10 Minuten garen, bis das Risotto beginnt einzudicken. Bei Bedarf noch ein wenig kochendes Wasser zugießen, um die Konsistenz aufzulockern. Mit Salz und Pfeffer würzen.

In einer großen Pastaschüssel anrichten, mit den Sprossen, Blättern und dem gepufften Getreide garnieren.

Brennnessel-Löwenzahn-Suppe

Portionen: 4

Wildpflanzen sind eine ungenutzte und super-nährstoffreiche Nahrungsquelle, die unserer Ernährung ganz ohne Extraaufwand – abgesehen von einem gemütlichen Spaziergang – eine beinahe exotische Vielfalt verleihen können. Brennnesseln und Löwenzahn sind zwei wild wachsende Zutaten, die leicht zu identifizieren sind, für gewöhnlich jedoch als Unkraut gelten. Sie sind reichlich vorhanden, unglaublich schmackhaft und reich an Eisen und Vitaminen. Tragen Sie Handschuhe, um unnötiges Brennen zu vermeiden, und waschen Sie alle selbst gesammelten Zutaten gründlich in Salzwasser.

Fügen Sie einfach eine kleine Menge Suppengemüse hinzu (das Farbe oder Konsistenz der Suppe nicht verändern wird), wie Karotten, Sellerie oder Petersilienstängel, wenn Sie zusätzlich die Wohltat einer Brühe genießen möchten. Das spart sowohl Zeit als auch Lebensmittel.

1 Schuss natives Olivenöl extra

320 g Zwiebeln, in Scheiben geschnitten

160 g Lauch, die grünen Teile in Ringe geschnitten

1 kleine Karotte, gerieben

3 Knoblauchzehen, geschält

500 g Kartoffeln, gewürfelt

1 l Algenbrühe (siehe Seite 219) oder Wasser

3 Zweige Petersilie (optional)

100 g Brennnesselblätter

30 g Löwenzahnblätter

Zum Servieren (optional)

Joghurt (siehe Seite 224), Brennnessel- und Löwenzahnblätter-Chips (siehe Seite 215), natives Olivenöl extra

In einem großen, schweren Topf einen guten Schuss Öl auf mittlerer Stufe erhitzen. Zwiebeln, Lauch und Karotte hineingeben und 10 Minuten sanft anschwitzen, bis das Gemüse weich ist, aber noch keine Farbe angenommen hat. Den Knoblauch hinzufügen und einige Minuten anbraten, dann Kartoffeln und Algenbrühe oder Wasser zugießen. Zum Kochen bringen, die Hitze reduzieren und bei geschlossenem Deckel 20 Minuten köcheln lassen, bis die Kartoffeln weich sind.

Brennnesseln, Löwenzahnblätter und Petersilienstängel im letzten Moment einrühren und mit einem Stabmixer glatt pürieren. Sofort genießen oder mit einem Klecks Joghurt und den Brennnessel- und Löwenzahn-Chips garniert servieren.

Orzotto mit Grünkohl

Portionen: 4–6

Die lokal angebaute, jedoch unterschätzte Gerste ist eine köstliche Alternative zu Reis. Sie lässt sich einfach kultivieren und verfügt über ein starkes, tiefreichendes Wurzelsystem, das Bodenabtragung verhindert. Sie ist zudem ein sehr kostengünstiges und dennoch nährstoffreiches Getreide. Nutzen Sie sie, um Suppen aufzupeppen, als Basis für Vollkornsalat oder in Risottos – in Norditalien als Orzotto bekannt.

1 Schuss natives Olivenöl extra

80 g Lauch, der grüne Teil, in feine Ringe geschnitten

80 g kleine Zwiebeln, in feine Ringe geschnitten

1 Knoblauchzehe, zerdrückt

200 g Gerste

abgeriebene Schale und Saft von ½ Bio-Zitrone

ein 2 cm langes Stück Seetang (optional)

200 ml Weißwein

200 g Grünkohl

Semmelbrösel (siehe Seite 230), zum Servieren

In einem großen, schweren Topf das Olivenöl auf niedriger bis mittlerer Stufe erhitzen und Lauch, Zwiebeln und Knoblauch darin 5 Minuten sanft anschwitzen, ohne dass sie Farbe annehmen. Die Gerste, die Hälfte der Zitronenschale und den Seetang (optional) dazugeben und 1 Minute unter Rühren anbraten. Den Wein zugießen und zum Kochen bringen. So viel kochendes Wasser hinzufügen, dass die Gerste bedeckt ist, und unter regelmäßigem Rühren köcheln, bis die gesamte Flüssigkeit aufgenommen wurde. Erneut Wasser hinzufügen und so fortfahren, bis die Gerste gar ist. Das dauert etwa 45 Minuten. Beiseitestellen.

Einen Topf mit Wasser zum Kochen bringen. Das Gemüse samt Stängeln fein schneiden und in das kochende Wasser geben. 2 Minuten kochen lassen, dann abgießen und das Wasser auffangen. Das Gemüse pürieren, dabei nach Bedarf ein wenig Kochwasser zugeben. Übriges Kochwasser im Kühlschrank oder Gefrierfach als Brühe aufbewahren. Das grüne Püree unter die Gerste rühren und gut mit Salz, Pfeffer und Zitronensaft würzen. In Schüsseln anrichten und mit ein wenig abgeriebener Zitronenschale und den Semmelbröseln garniert servieren.

Pulp-Fiction-Burger

Ergibt: 2 Burger

Das Root-to-Fruit-Prinzip der Ernährung folgt einem ganzheitlichen Ansatz, der alle Aspekte der Lebensmittelherstellung sowie deren Auswirkungen auf den Planeten und die Gesundheit des Menschen miteinbezieht. So zu essen bedeutet auch, den Großteil unserer Mahlzeiten aus lokalen, saisonalen Produkten zu fertigen und Lebensmittel im Ganzen zu essen – darunter auch die Teile, die wir normalerweise wegwerfen, wie Schalen, Wurzelgrün und andere Nebenprodukte. Wann immer es möglich ist, enthalten meine Rezepte die ganze Zutat, und manchmal werden die für gewöhnlich entsorgten Reste selbst zu einem unverzichtbaren Bestandteil eines Gerichtes. So wie Zitronenschalen, die eine unglaublich gute Marmelade ergeben (siehe Seite 210) oder Aquafaba, die Kochflüssigkeit von Hülsenfrüchten, ein praktisch kostenloser Ersatz für Eier, aus dem sich perfekt Mayonnaise (siehe Seite 215), Teig oder Baisers (siehe Seite 194) zubereiten lassen. Für dieses Rezept benötigen Sie vom Saftauspressen übrig gebliebenes Fruchtfleisch – Pflanzenfasern, die lebenswichtige Makronährstoffe enthalten und ungenutzt eine völlige Verschwendung wären. Zufälligerweise eignet sich dieses Fruchtfleisch perfekt zur Herstellung köstlicher Veggieburger von toller Konsistenz, besonders wenn es eine Menge an blutroter Roter Bete enthält! Wenn Sie vorhaben, Saft zu pressen, dann planen Sie auch gleich Burger mit ein, als wahrhaft köstlichen Bonus.

100 g übriges Fruchtfleisch (von ca. 2 kleinen Säften, bevorzugt mit Roter Bete) oder fein gehackte gegarte Pilze

100 g Tempeh, zerkleinert oder fein gehackte gegarte Pilze

1 TL Apfelessig oder ein anderer Essig

1 TL geräuchertes Paprikapulver

½ große rote Zwiebel, gerieben

1 Knoblauchzehe, gerieben

1 EL Miso (siehe Seite 223)

1 EL Buchweizenmehl

50 g Walnüsse, grob gehackt

Öl, zum Braten

Zum Servieren (optional)

Burgerbrötchen, 1 Handvoll Wintersalatblätter, Tomaten, Zwiebelringe, eingelegtes Gemüse (siehe Seite 222), Ketchup, Aquafaba-Mayonnaise (siehe Seite 215)

Den Ofen auf 220 °C vorheizen.

Alle Zutaten für die Burger in einer Schüssel vermischen und mit Pfeffer würzen. Nicht salzen, da Tamari und Miso ohnehin sehr salzig sind.

Zu zwei runden Burgern formen und auf zwei Kreisen aus ungebleichtem Backpapier platzieren. Wenn Sie genug Zeit haben, legen Sie diese für mindestens 30 Minuten (oder über Nacht, wenn Sie sie am Vortag zubereiten) in den Kühlschrank.

Eine ofenfeste Bratpfanne mit einem Schuss Olivenöl auf niedriger bis mittlerer Stufe erhitzen. Die Burger – immer noch auf dem Backpapier – darin ca. 5 Minuten braten, bis sie anfangen an der Unterseite braun zu werden. Der Versuchung widerstehen, sie zu bewegen, ehe sich auf der Unterseite eine Kruste gebildet hat, dann vorsichtig mit einem Pfannenwender umdrehen und die Pfanne 5–10 Minuten in den Ofen stellen, während Sie die restlichen Zutaten vorbereiten.

Nach Belieben in einem Burgerbrötchen oder auf einem Salatblatt servieren, dazu eingelegtes Gemüse und Ihre Lieblingssauce reichen.

Musabaha mit Hanföl und Aleppo-Pfeffer

Portionen: 4 große

Musabaha ist der ursprüngliche Hummus und schmeckt – ob Sie's glauben oder nicht – noch besser. Er besteht aus ganzen Kichererbsen, die gekocht werden, bis sie eine seidige Konsistenz aufweisen, und dann mit Tahin und anderen Gewürzen verfeinert werden. In diesem Rezept verwende ich eine Mischung, die sich unseres Reichtums an unterschiedlichen, lokal verfügbaren Hülsenfrüchten und Gemüsesorten bedient. Musabaha eignet sich gut als Mittelpunkt jeder Mahlzeit – es ist reichhaltig, sättigend und unglaublich köstlich. Servieren Sie es mit reichlich Brot, Crackern oder rohen Gemüsesticks.

Kichererbsen gehören zur Familie der Hülsenfrüchte, so wie auch Bohnen, Linsen und Erbsen. Hülsenfrüchte bilden einen ganz wesentlichen Beitrag zur klimafreundlichen Küche, da sie nur wenige Pestizide benötigen (selbst im konventionellen Anbau), einen geringen Wasserverbrauch haben und dazu beitragen, Stickstoff in der Erde zu binden und damit deren Fruchtbarkeit erhöhen. Mehr über diese energiereiche Zutat erfahren Sie auf Seite 20.

200 g gemischte Hülsenfrüchte (z. B. Favabohnen, Kichererbsen, Palerbsen), mindestens 8 Stunden in reichlich Wasser eingeweicht

½ große Zwiebel, geviertelt

2 Knoblauchzehen, geschält

1 Lorbeerblatt

abgeriebene Schale und Saft von ¼ Bio-Zitrone

125 g dunkles Tahin

1 Spritzer Hanföl oder natives Olivenöl extra

Zum Servieren, optional

geröstete Kreuzkümmelsamen, Aleppo-Pfeffer, Tahin-Sauce (siehe Seite 118), Brot, rohe Gemüsesticks

Die eingeweichten Hülsenfrüchte abtropfen lassen und unter fließendem kalten Wasser abspülen. Zusammen mit Zwiebeln, Knoblauch, Lorbeerblatt und 1 Liter Wasser in einen Topf geben und zum Kochen bringen. Bei geschlossenem Deckel ca. 1 Stunde kochen lassen, bis sie sehr weich sind. Schaum mit einem Schaumlöffel von der Oberfläche schöpfen und bei Bedarf mehr kochendes Wasser zugießen.

Die Hälfte der Hülsenfrüchte mit Zitronenschale und -saft, Tahin sowie ein wenig Kochflüssigkeit zu einer glatten, hummusartigen Konsistenz pürieren.

Die restlichen Hülsenfrüchte auf der Herdplatte stehen lassen und 5 Esslöffel des pürierten Hummus einrühren. Einige Minuten köcheln lassen, bis die Mischung eingedickt ist, aber immer noch eine lockere Konsistenz aufweist.

Zum Servieren den Hummus auf einem Teller anrichten und in der Mitte eine Mulde formen. Die ganzen Hülsenfrüchte darin einbetten und mit Hanf- oder Olivenöl beträufeln. Nach Belieben mit gerösteten Kreuzkümmelsamen, Aleppo-Pfeffer und Tahin-Dressing garnieren und mit Brot und Gemüsesticks reichen.

Familien- & Festgeric

hte

Stellen Sie ein Festmahl zusammen

Meine Karriere begann 1997, als ich mit meinen Mentoren und besten Freunden Ben Hodges und Connie Burchill beim ersten und vermutlich einzigen bio-zertifizierten Festival-Café mit Hochzeitscatering arbeitete. Ohne mit der Wimper zu zucken, bereiteten wir an einem Festival-Wochenende Salsa Verde für 2000 Besucher zu, zermörserten dafür schwarzen Pfeffer und hackten per Hand Kräuter. Säckeweise schnitten wir Zwiebeln, brieten spanische Tortillas und mischten Salate auf Gemüsebasis zusammen. Dann ging es weiter zu einer Hochzeit, wo wir in einem herrschaftlichen Anwesen ein Festmahl für 200 Gäste zauberten.

2004 gründete ich Tom's Feast, um das Catering für Hochzeiten und Veranstaltungen auszurichten. Unsere Null-Abfall-Banketts finden überall statt, ob auf einem Feld im Nirgendwo oder auf dem Londoner Borough Market. Unsere Gerichte sollen das gemeinschaftliche Essen fördern. Rezepte wie Violetter Brokkoli und Klementinen vom Grill mit Aleppo-Pfeffer (siehe Seite 162) werden auf großen Platten für alle serviert, dazu Hauptmahlzeiten wie mein Rote-Bete-Blätter-Borani mit Ofen-Bete und Brombeeren (siehe Seite 179).

So stellen Sie Ihr eigenes Festmahl zusammen:

1
WÄHLEN SIE DIE BESTEN ZUTATEN

Wie jedes gute Essen sollte ein fabelhaftes Festmahl mit großartigen Zutaten beginnen. Suchen Sie diese also zunächst in Ihrem Vorratsschrank. Gibt es Lebensmittel, die Sie inspirieren oder die aufgebraucht werden sollten? Dann werfen Sie einen Blick auf die Root-to-Fruit-Einkaufsliste auf den Seiten 18–21 und den Saisonkalender auf den Seiten 38–39.

Wählen Sie eine Anzahl von Zutaten, die Sie ansprechen, die zudem regional verfügbar sind und schreiben Sie eine Liste. Wenn Sie Fleisch essen, wählen Sie eine Option auf Seite 35.

2
VERFASSEN SIE DAS MENÜ

Beginnen Sie mit der Wahl der Hauptattraktion, ein spektakuläres Gericht, um das Sie die restliche Mahlzeit aufbauen. Wählen Sie ein Gemüse von Ihrer Liste und integrieren Sie es in eines Ihrer Lieblingsrezepte oder überprüfen Sie, ob es in einem der Rezepte in diesem Buch enthalten ist. In diesem Kapitel finden Sie etliche Dinnerparty-Rezepte, die einen Riesenerfolg versprechen, wie Merguez-Blumenkohl, Gebackener Labneh mit karamellisierten Pfirsichen und Maisfladen mit Königsausternpilzen. Sobald Sie Ihr Hauptgericht haben, wählen Sie ein paar meiner gekochten und rohen Salate als Beilage sowie eine Vorspeise und ein Dessert. Für gewöhnlich serviere ich die anderen Gerichte bei Raumtemperatur, damit sie sich einfacher und bereits vorab zubereiten lassen. Das kommt der Qualität der gesamten Mahlzeit zugute, da Sie nicht zu viele Dinge gleichzeitig erledigen müssen.

3
EINFACHE SNACKS

Planen Sie einige Happen für die Ankunft der Gäste ein, die möglichst leicht und schlicht sind. Sämtliche Dips in diesem Buch ergeben tolle Snacks, oder servieren Sie Reste auf Toast (siehe Seite 80).

4
MISE EN PLACE – SEIEN SIE VORBEREITET

Sobald Ihr Menü steht, erstellen Sie eine Einkaufsliste – nach Läden geordnet, in denen Sie planen einzukaufen. Besorgen Sie die Zutaten einige Tage vorher und machen Sie eine To-do-Liste für die Zusammenstellung der Mahlzeit. Ich bereite gerne so viel wie möglich vor, wenn sich also etwas schon am Vorabend kochen lässt, erledigen Sie es. Decken Sie den Tisch und kochen Sie alle Komponenten vor, denen es nicht schadet. Sie können nie zu gut organisiert sein.

5
SERVIEREN

Wenn die Gäste eintreffen, sollte alles vorbereitet sein, damit Sie für diese da sein können. Haltbare Gerichte können auf Platten angerichtet bereit zum Servieren stehen, während die Hauptmahlzeit mit eingestelltem Timer auf die Zubereitung wartet. Um eine Schlemmeratmosphäre zu kreieren, tragen Sie alle Gerichte gleichzeitig auf – wenn Sie mögen sogar die Vorspeisen. Ein reich gedeckter Tisch ist ganz wesentlich für eine gesellige Atmosphäre.

HALTEN SIE ES EINFACH

Beeindrucken Sie Ihre Gäste mit der Qualität der Zutaten und der souveränen Ausführung einer schlichten Mahlzeit, anstatt mit zu viel Chichi aufzutrumpfen.

MINIMIEREN SIE ABFALL

Seien Sie auf Reste vorbereitet.
Bitten Sie Ihre Gäste, Gefäße mitzubringen, oder halten Sie selbst genügend Behälter für Reste bereit.

Gemüse als Mittelpunkt der Tafel

Fleisch bildet nicht länger den Mittelpunkt einer Mahlzeit. Die besten Restaurants setzen sich heute mit Saisonalität, Biodiversität und den vielen wunderbaren Wildpflanzen auseinander und auch die Industrie folgt, indem sie zunehmend pflanzenbasierte Produkte herstellt. Auch Amateurköchinnen und -köche setzen immer mehr auf Gemüse, zum Teil aus Überlegungen zum Tierschutz, zum Teil aus gesundheitlichen oder finanziellen Gründen.

Gemüse ist sehr vielfältig, im Überfluss vorhanden und zudem erschwinglich. Es lässt sich endlos kombinieren und wie Fleisch zubereiten, also braten, marinieren, räuchern oder grillen. Oder einfach gedämpft oder sautiert mit einem Spritzer Olivenöl und Meersalz in eine herrliche Mahlzeit verwandeln.

Obwohl ich es beim Essen lieber einfach halte, bereite ich für Gäste oder meine Lieben gerne eine Hauptattraktion zu, ein Gericht, das ein wenig raffinierter oder ausgefallener ist. Etwas Herzhaftes wie meine Makkaroni mit Tapioka-»Käääse« (siehe Seite 100) oder Steckrübe in Schinkenverkleidung (siehe Seite 132), das jeden Braten vergessen lässt, oder Maftoul mit sieben Wurzelgemüsen, Sultaninen und Sumach – ein perfektes Rezept zum gemeinsamen Genießen (siehe Seite 142).

Wenn Gemüse die Hauptattraktion auf dem Tisch bildet, dann ist ein wenig Extravaganz – wenn Sie Zeit dafür haben – unerlässlich. Eine Tarte, eine Terrine oder ein Auflauf erfüllen dieses Kriterium. Wenn eine Zutat besonders schön oder außergewöhnlich aussieht, könnten Sie diese im Ganzen belassen und erst bei Tisch aufschneiden. Ich liebe zum Beispiel den knubbeligen Auftritt des knolligen Selleries, also backe ich ihn oft im Ganzen und schneide ihn dann später zu Steaks. Khao Yum ist ein umwerfender regenbogenfarbiger Thai-Salat (siehe Seite 159), der aus einer Menge exotischer und bunter Gemüsesorten besteht, die hübsch geschnitten um blauen Reis angerichtet werden. Eine spektakuläre Demonstration der Schönheit von Gemüse.

Werfen Sie einen Blick auf die anderen Jahreszeiten-Rezepte in jedem Kapitel. Dort finden Sie noch mehr Rezepte, Menü-Ideen und Informationen darüber, wie Sie Ihre eigenen Gemüsegerichte erfinden und Mahlzeiten konzipieren können.

Dips und Dressings

Fondues, Pürees, Salsas und andere saucige Köstlichkeiten ergeben schmackhafte Dressings oder aromatische Dips. Wie Smoothies, Suppen oder Eintöpfe eignen sie sich gut, um die Reste der Woche aus dem Kühlschrank zu verwerten. Es gibt drei Arten von Dip: Salsa, Püree und cremige Dips. Ich habe all die Rezepte aufgelistet, die sich auch als Dip oder Dressing eignen, mit ein wenig Zusatzinfo, wie Sie aus verfügbaren Zutaten Ihren eigenen Dip zaubern. Für ein Dressing oder einen Dip nehmen Sie einfach etwas mehr oder weniger Flüssigkeit.

Salsas und Saucen

Alles, was sich hacken lässt, und mit ausreichend Olivenöl sowie Zitrone oder Essig gemischt werden kann, eignet sich auch für Salsa. Oft schneide ich ein Bund Kräuter, das im Kühlschrank vor sich hin welkt, samt Stängeln ganz fein und lege es in Öl ein. Das Geheimnis einer guten Salsa ist das Schneiden per Hand, da die Konsistenz so viel besser wird. Wenn Sie auf einen Standmixer bestehen, dann nehmen Sie sich trotzdem die Zeit, die Stängel zuerst fein zu hacken und die Blätter grob zu zerteilen. Andernfalls wird das Ergebnis recht faserig. Salsa lässt sich aus jedem rohen oder gekochten, fein gehackten oder pürierten Gemüse herstellen.

BBQ-Sauce (siehe Seite 145)

Caponata (siehe Seite 95)

Chimichurri (siehe Seite 126)

Grüne Sauce (siehe Seite 215)

Rancheros-Sauce (siehe Seite 62)

Rote-Bete-Blätter-Borani (siehe Seite 179)

Tapenade (siehe Seite 88)

Pürees

Hülsenfrüchte und Gemüse lassen sich ganz einfach zu einem geschmeidigen Dip verarbeiten. Dabei funktioniert fast jede Kombination, so lange die faserigen Teile entfernt oder ausgekocht werden und das Püree schön glatt püriert wird. Ergänzen Sie die Grundzutat um ein paar Gewürze oder einige Kräuter und geben Sie Olivenöl, Zitrone oder Essig sowie einen Schuss Wasser oder Brühe dazu, um die richtige Konsistenz zu erhalten.

Dicke-Bohnen-Guacamole (siehe Seite 64)

Favabohnenpüree, verwenden Sie die Suppenbasis (siehe Seite 61)

Knollensellerie-Kartoffel-Dip – nehmen Sie dafür das Selleriepüree (siehe Seite 138) und fügen Sie pürierten Knoblauch nach Belieben hinzu

Kürbissauce (siehe Seite 141)

Limabohnenmus (siehe Seite 61)

Cremige Dips

Tahin-, Pflanzenjoghurt- und Labneh-Dips brauchen nur wenige Zugaben, um köstlich zu schmecken. Eine Prise Meersalz, einen Spritzer Olivenöl und ein wenig abgeriebene Zitronenschale reichen vollkommen. Wenn Sie dem Dip noch mehr Pep verleihen wollen, streuen Sie Gewürze wie Kreuzkümmel, Sumach oder Za'atar darüber.

Aquafaba-Mayonnaise (siehe Seite 215)

Käääse-Sauce (siehe Seite 100)

Labneh (siehe Seite 224)

Aioli (siehe Seite 182)

Tahin-Sauce (siehe Seite 118)

Was eignet sich zum Dippen?

Die Klassiker sind Crostini, Cracker oder rohe Gemüsesticks. Für Ihre eigenen Crostini toasten Sie dünne Scheiben altbackenen Brots und beträufeln Sie diese mit nativem Olivenöl extra; für köstliche Cracker bestreuen Sie Teigreste mit Salz und ganzen Gewürzen und backen Sie diese; oder frittieren Sie Tortilladreiecke oder Fladenbrot für selbstgemachte Nachos.

Rohe Gemüsesticks habe ich am liebsten, auch wenn sie oft unterschätzt werden. Halten Sie sich an saisonales Gemüse, so wird die Auswahl interessanter. Präsentieren Sie lange Sticks und nehmen Sie auch Gemüsesorten und -teile, die Sie normalerweise nicht verwenden würden, wie Mangoldstängel, ganze Erbsen, Scheiben roher Topinamburen, Speiserüben oder Kürbis.

Merguez-Blumenkohl mit Tahin und Melasse

Portionen: 4–6

Eine raffinierte Zubereitungsart für einen majestätischen Blumenkohl: Die ganze Pflanze – inklusive Blättern, Strunk und Röschen – wird, versehen mit einer aromatischen marokkanischen Gewürzmischung, im Ganzen gebacken und dann mit einer nahrhaften Schicht cremiger Tahin-Sauce und süßer Melasse angerichtet. Nehmen Sie einen Blumenkohl mit vielen Blättern, die im Ofen gebacken knusprig, aromatisch und reich an Umami werden. Mit einer Auswahl frischer Salate servieren.

1 Blumenkohl, mit Blättern

1 Schuss natives Olivenöl extra

1 TL Kreuzkümmel, gemahlen

1 TL Koriander, gemahlen

½ TL Kümmel, gemahlen (optional)

½ TL frisch gemahlener schwarzer Pfeffer

½ TL Cayennepfeffer (optional)

2 TL Meersalz

Schale von ½ Bio-Zitrone, fein geschnitten

1 Spritzer Melasse oder Dattelsirup

2 TL schwarze und/oder weiße Sesamsamen, in einer trockenen Pfanne geröstet

Für die Tahin-Sauce

60 g dunkles Tahin

abgeriebene Schale und Saft von ¼ Bio-Zitrone

½ kleine Knoblauchzehe, geschält

¼ TL Meersalz

Den Ofen auf 180 °C vorheizen.

Den Blumenkohl auf ein großes Stück ungebleichtes Backpapier setzen, das sich um das ganze Gemüse wickeln lässt, und den Blumenkohl großzügig mit Olivenöl beträufeln. In einer kleinen Schüssel alle Gewürze mit dem Salz vermischen und den Blumenkohl damit einreiben. Mit der Zitronenschale bestreuen und den Blumenkohl in das Papier einwickeln. Auf einem Backblech im Ofen 1 Stunde backen, oder bis er weich ist, wenn er mit einem Messer angestochen wird. Papier öffnen und zurückschlagen, dann wieder in den Ofen stellen und bei 190 °C weitere 20 Minuten backen, bis der Blumenkohl beginnt zu bräunen.

Für die Tahin-Sauce alle Zutaten in der Küchenmaschine mit 4 Esslöffeln Wasser glatt pürieren. Bei Bedarf ein wenig mehr Wasser hinzufügen, bis die Konsistenz von Crème double entsteht.

Den gebackenen Blumenkohl auf einer Platte anrichten, zunächst mit der Tahin-Sauce und dann mit der Melasse beträufeln. Mit Sesamsamen bestreuen.

Knoblauch-Haselnuss-Suppe
mit Rhabarber

Portionen: 4–6

Diese gekühlte Suppe ist kräftig und aromenreich, perfekt an einem warmen Frühlings-
oder Sommertag. Sie interpretiert Ajoblanco, eine traditionelle spanische Suppe, die
üblicherweise aus Mandeln, Weißbrot und Knoblauch zubereitet wird. Hier verwende
ich Haselnusskerne (bei uns im Vereinigten Königreich wachsen auch die etwas größeren
Cobnuts). Viel Liebe steckt darin, sie zu sammeln und zu knacken, doch wenn Sie sich
auf die Jagd machen, kommt dabei eine ganz besonders köstliche Suppe heraus.

Die Gerichte in diesem Buch werden alle mit vollwertigen Lebensmitteln zubereitet,
was sowohl der eigenen Gesundheit zugutekommt als auch unserer Umwelt. Außerdem
sind sie unglaublich geschmackvoll. Obwohl die Suppe durch das Vollkornbrot nicht
strahlend weiß wird, kommt doch eine hübsche Farbe heraus. Die Suppe wird umso
nahrhafter und aromenreicher. Das Brot dickt sie an und erzeugt eine cremige, glatte
Konsistenz. Wenn ein Rezept Weißbrot oder eine andere industriell verarbeitete Zutat
verlangt, versuchen Sie einfach, sie gegen vollwertige Lebensmittel auszutauschen.
Ich garantiere Ihnen, dass es zu 99 % klappt und noch besser schmeckt.

---

130 g Haselnüsse, mindestens
6 Stunden in kaltem Wasser
eingeweicht

---

1 Knoblauchzehe, geschält

---

100 ml natives Olivenöl extra,
und ein wenig mehr zum Servieren

---

2 EL Sherry- oder Rotweinessig

---

50 g altbackenes Vollkornbrot

---

15 g Rhabarber, fein gewürfelt
(optional)

Die Haselnüsse abgießen und 100 g davon mit Knoblauch,
Olivenöl und Essig in der Küchenmaschine glatt pürieren. Das Brot
20–30 Sekunden in einer Schüssel mit Wasser einweichen, dann
überschüssige Flüssigkeit ausdrücken und zu den anderen Zutaten
in die Küchenmaschine geben. Auf mittlerer Stufe sehr glatt pürieren.
250 ml Wasser hinzufügen und wieder pürieren. Abschmecken und
bei Bedarf mehr Essig zugeben. Einige Stunden im Kühlschrank
kühlen. Konsistenz überprüfen und bei Bedarf ein wenig Wasser
hinzufügen, bis die Suppe so dick ist wie Crème double.

Die restlichen Haselnüsse in Scheibchen schneiden. Die kalte Suppe
in Schüsseln füllen und mit einigen Haselnussplättchen und fein
gewürfeltem Rhabarber bestreuen (optional). Mit einem Spritzer
Olivenöl beträufeln.

Chorizo-Frühkartoffeln mit Topinambur und Apfel

Portionen: 4

Wann immer ich mit geräuchertem Paprikapulver arbeite und jemand in die Küche kommt, kommentiert er augenblicklich den wunderbaren Geruch mit: »Hm, riecht das köstlich.« Viele glauben, dass ich Chorizo zubereite, da geräuchertes Paprikapulver das dominierende Gewürz bei deren Herstellung ist. Dies ist die Abwandlung einer Chorizo-Gewürzmischung aus meiner Zeit im River Cottage. Sie verleiht den Frühkartoffeln ein ganz spezifisches Räucheraroma und – am wichtigsten – maximalen Geschmack.

500 g Frühkartoffeln

300 g Topinamburen (optional), oder durch mehr Kartoffeln ersetzen

1 Schuss Öl, zum Braten

1 TL Kümmelsamen

2 TL Koriandersamen

2 TL Kreuzkümmelsamen

2 TL Paprikapulver (edelsüß)

4 TL geräuchertes Paprikapulver

1 Prise Chiliflocken

1 süßer Apfel, in Achtel geschnitten

6 Zweige glatte Petersilie, Blätter abgezupft, Stängel fein gehackt (optional)

selbstgemachte Aioli (siehe Seite 182) zum Servieren (optional)

Den Ofen auf 180 °C vorheizen.

Frühkartoffeln und Topinamburen (optional) in eine Bratenform legen. Mit einem guten Schuss Öl beträufeln, großzügig mit Salz und den Gewürzen bestreuen. Gut vermischen, damit alles von den Aromen bedeckt ist und im Ofen 50 Minuten backen, dann die Apfelspalten dazugeben und wieder 10–20 Minuten in den Ofen stellen, bis alles knusprig und gar ist.

Sofort servieren oder für ein Extra an Geschmack mit Petersilie vermischen und mit Aioli beträufeln.

Knusprige Kohlröschen und Chicorée mit Fenchelmarmelade

Portionen: 4

Kohlröschen (Kalettes) sind eine tolle Erfindung und so etwas wie eine Kreuzung zwischen dem Grünkohl Red Russian und Rosenkohl, die das Beste in sich vereint. Die Blätter sind ganz unterschiedlich, außen grün oder violett und gekräuselt, und weisen innen Rosenkohl-ähnliche Knospen auf. Sie finden sie im Winter bisweilen auf Märkten oder in einigen Supermärkten. Dank der losen Blätter eignen sich die Kohlröschen gut zum Rösten im Ofen, da sie außen knusprig und im Inneren hocharomatisch werden und noch ein wenig Biss aufweisen. Einfach gebacken schmecken sie schon köstlich, aber in Kombination mit meiner Fenchelmarmelade und der Chipotle-Mayonnaise sind sie eine wahre Geschmacksexplosion.

1 Fenchelknolle, wenn möglich mit Grün

125 g unraffinierter Zucker

2 EL Apfelessig (siehe Seite 223)

200 g ganze Kohlröschen oder Rosenkohl

2 rote oder grüne Chicorée-Salate, geviertelt

1 EL Kokosnussöl oder Bio-Rapsöl

100 g Chipotle-Mayonnaise (siehe Seite 215, optional)

Aleppo-Pfeffer, zum Servieren

Für die Marmelade die Fenchelknolle von den Blättchen befreien. Knolle und dickere Stiele in feine Scheiben schneiden und mit einer großzügigen Prise Salz, dem Zucker und dem Essig in einen schweren Topf geben. Auf mittlerer Stufe langsam zum Kochen bringen, dabei rühren, damit sich der Zucker auflöst. Ca. 15 Minuten unter gelegentlichem Rühren köcheln lassen, bis die Flüssigkeit verdampft ist und eine klebrige, Marmelade-ähnliche Konsistenz entstanden ist. Das Fenchelgrün grob hacken und ebenfalls in den Topf geben. 2 Minuten mitgaren, dann den Topf von der Herdplatte nehmen. In einem sterilisierten Gefäß im Kühlschrank aufbewahren.

Den Ofen auf 230 °C vorheizen.

Die Sprossen und die Chicorée-Viertel mit etwas Öl und Salz vermischen. Auf einem Backblech verteilen und im heißen Ofen 10–15 Minuten rösten, bis sie knusprig sind.

Einfach so servieren oder mit 2–3 Esslöffel Fenchelmarmelade beträufeln und vermischen. Mit einem großzügigen Klecks Chipotle-Mayonnaise anrichten (optional) und leicht mit Aleppo-Pfeffer bestreuen.

Familien- & Festgerichte / Frühling

Gemüse-Fukhara

Portionen: 4

Eine Fukhara ist ein traditioneller palästinensischer Tontopf zur Zubereitung von Eintöpfen. Auf einer kürzlich erfolgten Reise nach Bethlehem mit Zaytoun – einer gemeinnützigen Gesellschaft, die palästinensische Fairtrade-Produkte in Großbritannien vertreibt – brachte mir der franko-palästinensische Koch Fadi Kattan bei, wie man Fukhara zubereitet. Wir besuchten den ansässigen Bäcker, um die Fukhara in seinem Holzofen zu garen. Wenn Sie keinen Fukhara-Topf oder einen lokalen Holzofen zur Verfügung haben, tut es eine Auflaufform oder Tajine genauso.

1 kg gemischtes saisonales Gemüse
(z. B. Frühlingszwiebeln, Rote Bete, Zucchini)

1 rote Zwiebel, geviertelt

2 Knoblauchzehen, grob gehackt

4 Zweige Petersilie, Blätter grob gehackt, Stängel fein geschnitten

1 Zweig Rosmarin

4 EL Pinienkerne, in einer trockenen Bratpfanne goldbraun geröstet

1 guter Schuss natives Olivenöl extra

300 g Maftoul, Couscous oder Freekeh, zum Servieren (optional)

Den Ofen auf 170 °C vorheizen.

Das Gemüse in einen großen Tontopf, eine Auflaufform oder eine Tajine schichten, dazwischen Knoblauch, Kräuter und die Hälfte der Pinienkerne verteilen. Mit Salz und Pfeffer würzen und mit dem Olivenöl beträufeln. Mit den restlichen Pinienkernen bestreuen und 200 ml Wasser zugießen. Die Oberfläche abdecken oder den Deckel auflegen und 1–2 Stunden backen, bis das Gemüse weich ist.

Maftoul, Couscous oder Freekeh (optional) laut Packungsanleitung kochen und zusammen mit der Fukhara servieren.

Gebackener Labneh mit karamellisierten Pfirsichen und Chili

Portionen: 4

Es gibt etwa 50 000 verschiedene Arten von Paprika, jede mit ihrem eigenen komplexen und individuellen Geschmacksprofil. Urfa-Chilis sind eine sehr milde Sorte, die in der Türkei wächst. Sie weisen eine dunkle, violettschwarze Farbe und ein rauchiges, rosinenartiges Aroma auf, das diesem Rezept eine völlig neue Dimension verleiht. Dies ist ein außerordentlich sättigendes Gericht, nicht zu süß, nicht zu herzhaft. Servieren Sie es als Teil von Mezze oder einfach mit gegrilltem Brot.

Regionales Obst ist oft das beste, auch aufgrund der kurzen Transportwege vom Hof auf den Tisch, wodurch die Frucht einen höheren Reifegrad aufweisen kann – wenn sie saisonal gekauft wird – und nicht lange gelagert werden muss, was weder Geschmack noch Nährwert gut tut. Wenn Sie importiertes Obst kaufen, dann achten Sie darauf, dass es nicht per Luftfracht transportiert wurde, da durch Luftfrachtsendung hohe CO_2-Emissionen entstehen.

600 g Labneh (siehe Seite 224)

1 Knoblauchzehe, fein gehackt

abgeriebene Schale und Saft von $\frac{1}{4}$ Bio-Zitrone

8 Zweige Thymian, Blätter abgezupft

3 TL Urfa-Chiliflocken, oder andere Sorte

natives Olivenöl extra, nach Belieben

2–3 Pfirsiche, oder ein anderes Steinobst, geviertelt, Kerne kompostiert

2 EL Ahornsirup, oder anderes Süßungsmittel, und ein wenig mehr zum Servieren

3 Stängel Fenchelgrün oder Stangensellerieblätter

essbare Blüten (optional)

Den Ofen auf 180 °C vorheizen.

In einer großen Schüssel Labneh, Knoblauch, Zitronenschale und -saft, die Hälfte der Thymianblätter, 1 Teelöffel der Chiliflocken und ein wenig Olivenöl vermischen. Die Mischung in eine Emailleform geben und die Oberfläche mit einem Messer glätten. Darauf die Pfirsiche arrangieren, mit den übrigen Chiliflocken bestreuen und mit dem Ahornsirup beträufeln. 35 Minuten backen, bis sie eine schöne Farbe aufweisen.

Zum Servieren mit den restlichen Thymianblättern und ein wenig Fenchelgrün oder Sellerieblättern sowie essbaren Blüten (optional) bestreuen.

Sommergemüse vom Grill
mit Wurzelgrün-Chimichurri

Portionen: 4

Zu dieser besonderen Jahreszeit werden wir geradezu verwöhnt. Exotisches Gemüse wächst lokal und in seiner bestmöglichen Form – von sonnenhungrigen Auberginen über ertragreiche Paprika und Zucchini bis hin zu riesigen buschigen Fenchelstauden. Der Sommer ist die perfekte Zeit zum Grillen, nicht nur aufgrund der langen sonnigen Tage, sondern auch wegen der Möglichkeit, diese Vielfalt an Gemüse zu feiern. Sie können so gut wie alles auf den Grill werfen, inszenieren Sie ein wahres Spektakel auf dem Tisch und mischen Sie ganz unterschiedliche Gemüsesorten von der Wurzel bis zur Frucht.

Grüne Sauce oder Salsa Verde ist eine clevere Methode, um das Grün von Wurzelgemüse aufzubrauchen, indem wir es in eine herzhafte und flexible Würze verwandeln, die sich als Dip eignet, aber auch zu Pasta oder Gemüse passt. Einen meiner ersten Jobs in der Gastronomie hatte ich bei einem argentinischen Grillmeister im mittelamerikanischen Honduras. Dort beobachtete ich den Küchenchef mit Argusaugen, um all die Kniffe traditioneller argentinischer Küche und Feuertechnik in mich aufzusaugen. Auf meiner Website finden Sie einen raffinierten Trick zum Anheizen eines Grills. Dieses Chimichurri ist eine Variation des Rezeptes, das wir dort servierten.

2 kg saisonales Gemüse
(z. B. Auberginen, Fenchel, Kohlrabi, Rote Bete, Stangenbohnen samt Spitzen)

Für das Wurzelgrün-Chimichurri

40 g Grün von Wurzelgemüse

2 TL getrockneter oder frischer Oregano

2 Knoblauchzehen, zerdrückt

1 Prise getrocknete Chiliflocken

120 ml natives Olivenöl extra

3 TL Rotweinessig

Für das Wurzelgrün-Chimichurri die holzigen Enden des Grünzeugs entfernen und den Rest vom Strunk bis zu den Blattspitzen sehr fein hacken. In einer kleinen Schüssel mit den übrigen Zutaten für das Chimichurri vermischen und nach Belieben abschmecken. Beseitestellen.*

Die Kohlen schon vorher anheizen und weiß werden lassen, ehe Sie anfangen zu grillen. Das Gemüse putzen und zum Grillen im Ganzen vorbereiten.

Wenn Sie robustes Gemüse wie Artischocken, Karotten oder Rote Bete verwenden, können Sie diese zuvor in Salzwasser blanchieren, bis sie fast gar sind, oder so weich, dass sich ein Spieß leicht hinein stechen lässt. Alternativ können Sie sie auch an den Rand des Grills über die Glut legen und langsam garen. Je nach Größe dauert es ca. 1–2 Stunden, bis sie gar sind. Auf diese Art werden sie an der Außenseite vielleicht ein bisschen angekohlt, im Inneren jedoch intensiv und voller Aroma.

Blanchiertes oder weiches Gemüse wie Auberginen, Bohnen, Chilis, Fenchelknollen, Frühlingszwiebeln oder Zucchini legen Sie am besten über die mittelheißen Kohlen. Gelegentlich wenden und sichergehen, dass die Kohlen nicht zu heiß sind. Kohlt das Gemüse zu rasch an, den Rost höher setzen oder die Kohlen verteilen, damit sie ein wenig abkühlen. Je nach Hitze braucht das Gemüse etwa 15–30 Minuten. Mit einem Spieß anstechen, um zu überprüfen, ob es weich genug ist.

Im Ganzen servieren, damit jeder sich selbst bedienen kann, oder in Scheiben schneiden und die Chimichurri-Sauce dazu reichen.

Übriges Chimichurri hält sich in einem luftdicht verschlossenen Behältnis bis zu 2 Wochen im Kühlschrank.

Meersalz-Kartoffeln aus dem Ofen

Portionen: 2

Als wir noch Kinder waren, servierten uns unsere Eltern diese in Meersalz gebackenen Kartoffeln oft als einfaches Abendessen. Ganz schlicht mit selbstgemachtem Krautsalat und Baked Beans oder anderem Gemüse. Das Rezept enthält kein Öl und das Salz hält auf wundersame Weise nur durch Wasser an den Kartoffeln und verwandelt sich beim Backen in eine funkelnde Kruste.

Kartoffeln sind ein goldenes – manchmal auch violettes oder blaues – Geschenk der Inkagötter und wurden erstmals vor ca. 8000 Jahren rund um dem Titicacasee in den Vorläufern der Anden aus Wildsorten kultiviert. Alleine in Großbritannien gibt es 80 Kartoffelsorten und mehr als 4000 auf der ganzen Welt, von denen der Großteil in Peru und Bolivien angebaut wird. Es ist diese Vielfalt, die die Kartoffel zu einer gegen Schädlinge und Krankheiten widerstandsfähigen Kultur macht. Kaufen Sie Ihre Kartoffeln wenn möglich von Bauern, die Pestizide vermeiden, da diese oft routinemäßig und im Übermaß eingesetzt werden, um Kraut- und Knollenfäule zu vermeiden – eine Krankheit, von denen Monokulturen häufig betroffen sind. Tragen Sie zur Erhaltung der Vielfalt von verschiedenfarbigen und -schmeckenden Kartoffeln bei, indem Sie eine breite Palette von Sorten nutzen, wann immer Sie können. Setzen, keimen und teilen Sie Ihre eigenen Kartoffeln und halten Sie auf Märkten nach interessanten Sorten Ausschau. Jede hat ihre ganz eigene Konsistenz und ihr spezielles Geschmacksprofil.

1 EL Meersalz

6–8 kleine bis mittelgroße Kartoffeln*

Den Ofen auf 180 °C vorheizen.

Das Salz in eine breite Schüssel geben. Kartoffeln waschen und trocken schütteln. Noch feucht im Salz wenden, sodass die Oberfläche bedeckt ist. Restliches Salz zur Zubereitung anderer Gerichte aufbewahren. 1 Stunde im Ofen backen, bis die Kartoffeln gar und beim Anstechen mit einem Messer weich sind.

Heiß oder kalt mit Beilage oder Salat nach Belieben servieren. Ich mag sie mit ein wenig nativem Olivenöl extra, das mit den heißen Kartoffeln zerstampft wird.

*In der Abbildung präsentierte Sorten:
Arran Victor 1918, Linda 1974, Mayan God, Pink Fir Apple 1850, Pippa, Red Emmalie, Sharpe's Express 1900, Shetland Black, Violetta, Yukon Gold 1980*

Verbrannte Tomaten gefüllt mit Knoblauch und Oregano

Portionen: 2

Beim Ballymaloe Litfest im irischen Cork hatte ich das Privileg, mit dem »Feuerkoch« Francis Mallmann zu kochen. Meine Freundin, die Food-Autorin Olia Hercules und ich beschlossen, bei Sonnenaufgang aufzustehen und um 5 Uhr in der Früh mit anzupacken. Als wir eintrafen, war dort auch der Messermacher Fingal Ferguson mit seinen Messern, die er zum Verkauf ausgebreitet hatte, während Mallmann ein riesiges Lagerfeuer entzündete. Es war eine magische Stimmung. Ein Tag, den man so schnell nicht vergisst – ich kaufte schließlich ein Messer (siehe Seite 107) und kochte den ganzen Tag mit Mallmann.

Holen Sie das Beste aus den vielen verfügbaren Tomatensorten und suchen Sie nach den saftigsten, größten, die Sie auftreiben können, um diese als Hauptattraktion Ihrer Tafel zu servieren. Große rote Fleischtomaten oder gelbe Ananastomaten funktionieren hier gut. Haben Sie keine Angst davor, die offene Seite der Tomate, die in Kontakt mit dem Rost ist, tatsächlich zu verbrennen, da das bittere verbrannte Aroma ein toller Kontrast zur süßen Reife im Inneren ist.

2–4 große Tomaten

4 Knoblauchzehen, geschält und längs in Scheibchen geschnitten

1–2 Zweige getrockneter oder frischer Oregano

1 Schuss natives Olivenöl extra

Bruschetta (siehe Seite 80) zum Servieren (optional)

Wenn Sie grillen, entzünden Sie die Kohlen schon vorab und warten Sie, bis sie weiß werden. Tomaten halbieren, dann die Schnittfläche mit einigen Einschnitten versehen. Knoblauchscheiben und Oreganoblättchen in die Schlitze stecken und mit Salz würzen. Die Schnittflächen mit Olivenöl bestreichen.

Eine flache Grillpfanne über dem heißen Grill oder bei mittlerer Temperatur auf der Herdplatte erhitzen. Die Tomaten mit der Schnittfläche nach unten in die Pfanne legen und nicht bewegen. Sobald sie sich anlegen und beginnen, an der Unterseite zu verbrennen, immer noch nicht bewegen, aber nicht aus den Augen lassen. Wenn sich auf der Schnittfläche eine schöne, aber dünne, verkohlte Schicht gebildet hat, die Tomaten vorsichtig mit einem Pfannenwender von der Pfanne lösen und auf eine Platte legen. Auf Bruschetta oder mit anderen Beilagen und Salaten servieren.

Gemüse in Backteig aus Bierresten

Portionen: 2

Bier ist eine raffinierte Zutat, die in einer ganzen Reihe von Gerichten zum Einsatz kommen kann. Ein einziger Tropfen kann ein Schmorgericht oder einen Eintopf verwandeln und eine Note von Bitterkaramell, Hefe oder Hopfen verleihen, den Geschmack damit komplexer machen und den Einsatz von Brühe reduzieren. Bewahren Sie Bierreste bis zu 1 Monat in einem luftdicht verschlossenen Gefäß im Kühlschrank und nahezu endlos im Gefrierschrank auf.

Bierteig ist schnell gemacht und äußerst sättigend. Die Bläschen im Bier tragen beim Frittieren dazu bei, dass der Teig besser aufgeht und sorgen für tolle Konsistenz, Biss und Geschmack. Hier habe ich eine Auswahl von in Backteig gehülltem Gemüse zubereitet, das mit Curry-Mayonnaise noch köstlicher wird.

Ich frittiere gerne mit nativem Olivenöl extra aufgrund seines besonderen Geschmacks und seiner gesunden Inhaltsstoffe. Es ist jedoch teuer und sollte nicht zu stark erhitzt werden. Um Geld zu sparen, können Sie es wiederverwenden, folgen Sie dazu meinen Anweisungen unten.

---

100 g Vollkorndinkelmehl, und ein wenig mehr zum Bestäuben

---

1 TL Backpulver

---

130 ml Bierreste und/oder Wassser

---

natives Olivenöl extra oder Bio-Rapsöl, zum Frittieren

---

200 g gemischtes saisonales Gemüse (z. B. Brennnesseln, Engelwurz, Pilze, Zitrone, Zucchini), je nach Größe in Scheiben oder im Ganzen belassen

Zum Servieren

Curry-Mayonnaise (siehe Seite 215) oder Tamari

In einer Schüssel Mehl, Backpulver und Gewürze vermischen. Bier und/oder Wasser zugießen und Klümpchen gut verschlagen. Bei Bedarf ein wenig mehr Bier/Wasser oder Mehl zugeben, bis die Konsistenz von Crème double entstanden ist.

Einen Topf zu etwas weniger als einem Drittel mit Öl füllen und auf mittlerer Stufe erhitzen, bis es eine Temperatur von 180 °C erreicht hat. Sobald ein Tropfen Teig darin brutzelt und an die Oberfläche steigt, ist es heiß genug. Es sollte jedoch nicht rauchen. Wenn es zu heiß ist, die Hitze reduzieren.

Das Gemüse in ein wenig Mehl wenden und gut abschütteln. Dann in den Backteig tauchen und ebenfalls abschütteln. Vorsichtig in das heiße Öl gleiten lassen und ca. 5 Minuten frittieren, bis es goldbraun ist. Mit einem Schaumlöffel aus dem Öl heben und auf Küchenpapier abtropfen lassen, während das restliche Gemüse frittiert wird. Sofort servieren und dazu Ihr Lieblingswürzmittel reichen.

Um das Öl wiederzuverwenden, lassen Sie es zuerst vollständig abkühlen, dann seihen Sie es durch ein feines Sieb und ein Mulltuch in einen Behälter ab und bewahren es an einem kühlen, dunklen Ort auf.

Steckrübe in Schinkenverkleidung

Portionen: 4–6

Steckrüben im Ganzen aus dem Ofen sind einfach köstlich, wendet man sie in Zucker und Senf, werden sie geradezu unwiderstehlich. Dieses Gericht ist eine tolle Hauptattraktion auf jedem Tisch und schmeckt sowohl heiß als auch am nächsten Tag kalt serviert sensationell. Dann esse ich es gerne zwischen zwei dicken Scheiben Brot, so wie Schinken, mit extra Senf und reichlich Brunnenkresse. Das Rezept funktioniert auch mit einer ganzen Sellerieknolle sehr gut.

1 Steckrübe – ca. 500 g, oder 1 Knollensellerie

12 Gewürznelken

1 Schuss natives Olivenöl extra

30 g unraffinierter Zucker (Jaggery, dunkler Muscovado oder Rapadura)

20 g Senf (siehe Seite 161)

Zum Servieren

Sauerkraut (siehe Seite 221), Brunnenkresse

Den Ofen auf 180 °C vorheizen.

Die Steckrübe von allen Seiten mit einem Messer etwa 1 cm tief in einem Zickzackmuster einschneiden – wie einen Schinken. Gleichmäßig mit den Gewürznelken spicken, mit Olivenöl beträufeln und leicht salzen. Die so vorbereitete Steckrübe in ein großes Stück ungebleichtes Backpapier einschlagen und in eine kleine ofenfeste Form setzen.

Für 1 Stunde im Ofen backen, dann das Backpapier entfernen und weitere 30–60 Minuten backen, bis die Steckrübe gut durch ist. Aus dem Ofen nehmen und die Temperatur auf 120 °C reduzieren. Zucker und Senf in einer kleiner Schüssel vermischen und die Steckrübe von allen Seiten mit der Mischung einreiben. Zurück in den Ofen schieben und weitere 20–30 Minuten backen.

Bei Tisch aufschneiden und mit Sauerkraut sowie Brunnenkresse servieren oder zum Abkühlen beiseitestellen und scheibenweise in Sandwiches servieren.

Maiskornreihen
mit Chili und Limette

Portionen: 4

Maiskornreihen sind nicht nur eine sehr vergnügliche, sondern auch eine sehr praktische Art, Mais zu genießen. Die kleinen Stücke bieten eine größere Oberfläche für extra Geschmack und sind einfacher zu essen als der ganze Kolben.

Mais wurde von den Inka in Mexiko und dem amerikanischen Doppelkontinent gegen 7000 v. Chr. erstmals angebaut und hieß dort *maiz* – ausgesprochen ma-iz – was so viel bedeutet wie »Lebensspender«. Damals, wie wohl auch heute, wurden ganze Weltreiche auf der Grundlage von Mais begründet. Dieser bietet ein Fünftel aller Nährstoffe und gehört zu den zehn meistgehandelten Lebensmitteln. Er ist jedoch auch ein geradezu ikonisches Symbol für Monokulturen und den Verlust von landwirtschaftlicher Diversität. Der süße, gelbe, 16-reihige Mais, den wir lieben, steht nur für einen Bruchteil der genetischen Vielfalt des Korns, die zum größten Teil ausgestorben ist.

Mais wächst in einer großen Vielzahl an Formen, Farben und Größen, jede mit unterschiedlicher Nutzung. Einige Sorten eignen sich besonders gut für Popcorn (siehe Seite 170), andere wiederum ergeben ein nahrhaftes Mehl zur Herstellung von Tortillas.

Vergangenes Jahr bauten wir zu Hause sogenannten Erdbeermais an, den uns der Bio-Bauer Guy Warson von der Riverford Farm geschenkt hatte. Er weist eine wunderschöne rubinrote Farbe und spitze Kerne auf und erinnert von der Form her an Erdbeeren. Gewöhnlicher Mais ist ein nahrhaftes und kostengünstiges Lebensmittel, aber um landwirtschaftliche Vielfalt zu fördern, sollten wir versuchen, auch eine Auswahl an anderen Grundnahrungsmitteln zu nutzen. Wenn Sie die Möglichkeit haben, Mais selbst anzubauen, probieren Sie es doch einmal mit einigen alten Kultursorten oder fragen Sie Ihren Bauern, ob er nicht etwas Besonderes pflanzen möchte.

abgeriebene Schale und Saft von 1 Bio-Limette
4 Maiskolben (wenn möglich alte Kultursorten)
1 Portion Chipotle-Mayonnaise (siehe Seite 215)

Für das Limettensalz ein wenig Meersalz mit der Limettenschale im Mörser zerstoßen, den Saft beigeben und beiseitestellen.

Den Maiskolben längs halbieren und jede Hälfte wieder längs halbieren. Dann jedes Teil vorsichtig in Stücke zu je 3 Kornreihen zerteilen.

Einen großen Topf mit Salzwasser zum Kochen bringen. Die Reihen darin 8 Minuten kochen. Abgießen und mit dem saftigen Limettensalz bestreut servieren. Dazu die Chipotle-Mayonnaise reichen.

Karamellisierte Schwarzwurzeln mit Thymian und Brombeeren

Portionen: 2–4

Schwarzwurzeln gehören im Herbst und Winter zu meinen liebsten Wurzelgemüsen. Sie sind nicht immer einfach aufzutreiben, was sie umso spezieller macht. In einigen europäischen Ländern werden sie auch als »Spargel des armen Mannes« bezeichnet, da sie in Optik und Geschmack an weißen Spargel erinnern. Sie verfügen über eine feine Salzigkeit, die an Austern denken lässt, und sind reich an Vitamin E und Eisen. Sie können Schwarzwurzeln kochen und pürieren, zu Eintöpfen geben oder im Ofen zubereiten, wie ich es hier getan habe.

Bereiten Sie dieses Gericht zu Beginn der Saison zu, wenn Holunderbeeren, Brombeeren und Schwarzwurzeln erhältlich sind. Beide Beeren lassen sich leicht identifizieren und selbst sammeln. Wenn Sie zu viel davon haben, verwandeln Sie die Reste in Kompott oder Marmelade. Können Sie keine Schwarzwurzeln auftreiben, nehmen Sie stattdessen in Stifte geschnittene Pastinaken.

8–12 Zweige Thymian

300 g Schwarzwurzeln, die Schale mit einem Buttermesser abgeschabt oder Pastinaken

2–3 längliche Schalotten, längs halbiert, oder 1 Zwiebel, geviertelt

1 Schuss natives Olivenöl extra

1 Spritzer Ahornsirup oder ein anderes Süßungsmittel

abgeriebene Schale und Saft von ¼ Bio-Zitrone

30 g Haselnüsse, zerkleinert

120 g Holunderbeeren und/oder Brombeeren oder 100 g Brombeerkompott

Sauerklee, zum Dekorieren (optional)

Den Ofen auf 180 °C vorheizen.

Den Thymian auf den Boden einer Steingutform oder eines Backblechs streuen. Die Schwarzwurzeln in 10 cm lange Stücke schneiden und zusammen mit den Schalotten auf dem Thymian platzieren. Alles mit Öl und Süßungsmittel beträufeln und mit Salz würzen. Im Ofen 45 Minuten backen, bis alles goldbraun ist.

Das Gemüse wenden, sodass die karamellisierte Unterseite zum Vorschein kommt, und die Zitronenschale darüber reiben. Haselnüsse, Holunderbeeren, Brombeeren oder Brombeerkompott unterheben und für weitere 4 Minuten in den Ofen schieben.

Dann mit Zitronensaft beträufeln und dem Sauerklee (optional) bestreuen und noch warm in der Form oder auf Tellern servieren.

Pilz-Linsen-Pie mit Knollensellerie

Portionen: 4

Knollenselleriepüree ist eine der größten kulinarischen Freuden und verleiht dem Wohlfühlessen Kartoffelpüree noch zusätzlichen Geschmack und Textur. Bedecken Sie einen Linsen-Pie wie diesen damit und schon nimmt der Zauber seinen Lauf. Dies ist ein herzhaftes, sättigendes Gericht, das ich für faule Sonntage empfehle und das sich gut vorab zubereiten lässt, da es mit der Zeit noch besser wird. Sparen Sie Energie, indem Sie die Menge verdoppeln und einen der Pies für später einfrieren.

Knollensellerie mit seiner besonders dicken knorrigen Wurzel wurde von der gleichen Pflanze wie Stangensellerie gezüchtet. Der Stängel und die Blätter einer Knollenselleriepflanze ähneln denen von Stangensellerie, weisen jedoch einen intensiveren Geschmack auf. Damit eignet sich dieses aromatische Kraut besonders gut, um Saucen, Suppen und Eintöpfe zu würzen. Wenn Sie das Glück haben, einen Knollensellerie mit Stängeln und Blättern zu finden, bewahren Sie diese für eine solche Gelegenheit auf.

400 g Knollensellerie, gewaschen und samt Schale grob gewürfelt (unteren Strunk kompostiert)

400 g mehlige Kartoffeln, samt Schale grob gewürfelt

2 Schuss natives Olivenöl extra

5 g getrocknete Steinpilze (optional)

1 Zwiebel, fein gewürfelt

2 große Karotten, fein gewürfelt

200 g flache Pilze (z. B. Portobello), fein gehackt

4 Knoblauchzehen, grob gehackt

1 EL Hefeextrakt

5 Zweige Rosmarin, Nadeln abgezupft und grob gehackt

1 EL Tomatenmark

100 g getrocknete grüne oder braune Linsen

1 EL Worcestershiresauce (optional)

1 TL Ahornsirup oder anderes Süßungsmittel (optional)

250 ml Rotwein

Einen großen Topf mit gesalzenem Wasser zum Kochen bringen. Den Knollensellerie darin 10 Minuten köcheln lassen, dann die Kartoffeln zugeben und weitere 20 Minuten kochen, bis sowohl Sellerie als auch Kartoffeln weich sind. Durch ein Sieb abgießen und die Kochflüssigkeit auffangen. Kartoffeln und Knollensellerie zurück in den Topf geben und mit einem Schuss Olivenöl zerstampfen, dabei ein wenig Kochflüssigkeit zugeben, damit eine schön flaumige Konsistenz entsteht. Den Rest der Kochflüssigkeit benötigen Sie später noch, also nicht wegschütten. Das Püree nach Belieben mit Salz, Pfeffer und ein wenig mehr Olivenöl zerstampfen, dann beiseitestellen.

In der Zwischenzeit die Steinpilze (optional) in 100 ml kaltem Wasser für mindestens 10 Minuten einweichen.

In einem großen, schweren Topf einen Schuss Olivenöl auf mittlerer Stufe erhitzen. Zwiebeln, Karotten und Pilze hineingeben und 5–10 Minuten anschwitzen, bis sie beginnen zu karamellisieren. Knoblauch, Hefeextrakt, Rosmarin, Tomatenmark, Linsen, Worcestershiresauce und Ahornsirup (optional) hinzufügen. Gut verrühren und erhitzen. Den Rotwein zugießen und zum Kochen bringen. Die eingeweichten Steinpilze fein würfeln und samt ihrem Einweichwasser in den Topf geben. 500 ml des Selleriekochwassers abmessen und ebenfalls zugießen. Aufkochen lassen, dann die Hitze reduzieren und 20–30 Minuten köcheln, bis die Linsen gar sind, bei Bedarf mehr Kochwasser zugeben. Nach Belieben mit Salz und Pfeffer abschmecken.

Den Ofen auf 180 °C vorheizen.

Die Linsenmischung in eine tiefe Auflaufform füllen und mit dem Sellerie-Kartoffel-Püree bedecken. Im Ofen 20 Minuten backen, dann unter dem Grill anbräunen lassen. Servieren.

Jackfrucht-Lasagne

Portionen: 2

Dies ist ein klassisches Lasagne-Rezept, in dem anstelle des Fleisches Jackfrucht zum Einsatz kommt. In Italien wird Lasagne oft aus langsam gegartem Rindfleisch gemacht, das zu Ragout zerkleinert wird. Dieses Rezept bedient sich der gleichen traditionellen Herangehensweise – nur eben mit Jackfrucht, die von der Konsistenz her sehr ähnlich und äußerst appetitlich ist.

Die Jackfrucht ist eine vielversprechende Pflanze, die oft als Wunderfrucht gepriesen wird und dazu beitragen kann, eine immer stärker anwachsende Bevölkerung nachhaltig zu ernähren. Ihre Ursprünge liegen in Südwest-Indien, wo sie flächendeckend zu finden ist, sie wird heute jedoch auch in Südost-Asien, Afrika und Brasilien kultiviert. Bei der Jackfrucht handelt es sich um eine mehrjährige Pflanze und die größte Baumfrucht weltweit. Jeder Jackfrucht-Baum bringt pro Jahr mehr als 100 Früchte hervor, von denen jede durchschnittlich 5 Kilo wiegt, jedoch auch bis zu 45 Kilo erreichen kann! Zudem lässt sich die Frucht relativ einfach anbauen, überlebt auch schwierige Bedingungen und trotzt Schädlingen, Krankheiten, hohen Temperaturen und Dürre.

---

natives Olivenöl extra

---

300 g Jackfrucht, gekocht

---

1 Zwiebel, gerieben

---

1 Stangensellerie, fein gewürfelt

---

1 Karotte, gerieben

---

2 Knoblauchzehen,
zu einer Paste zerdrückt

---

1 TL getrockneter Oregano

---

1 Lorbeerblatt

---

1 EL Worcestershiresauce
(optional)

---

1 EL Hefeextrakt (optional)

---

50 ml Rotwein

---

400 g Tomaten, gekocht
oder aus der Dose

---

1 EL unraffinierter Zucker

---

6 Dinkel- oder Vollkorn-
Lasagneblätter

½ Portion Käääse-Sauce
(siehe Seite 100)

---

1 EL Hefeflocken (optional)

Blattsalat, zum Servieren
(optional)

In einer großen Bratpfanne einen Schuss Olivenöl auf mittlerer bis hoher Stufe erhitzen. Die Jackfrucht darin unter regelmäßigem Rühren 5–10 Minuten anbraten, bis sie karamellisiert ist. Zwiebeln, Sellerie, Karotte, Knoblauch, Oregano und Lorbeerblatt zugeben und 5 Minuten anschwitzen, bis das Gemüse weich ist und ein wenig Farbe angenommen hat. Worcestershiresauce und Hefeextrakt (optional) zugeben, dann den Wein zugießen und unter Rühren zum Kochen bringen. Die gekochten Tomaten und den Zucker hinzufügen und 2 Minuten köcheln lassen. Nach Belieben mit Salz und Pfeffer abschmecken.

Den Ofen auf 220 °C vorheizen.

Für die Lasagne ein Drittel der Jackfrucht-Mischung in einer ofenfesten Form verteilen. Darauf ein Drittel der Lasagneblätter legen, dann mit einem Drittel der Käääse-Sauce übergießen. Den Vorgang wiederholen und mit einer Lage Käääse-Sauce abschließen. Mit Hefeflocken bestreuen und 25 Minuten backen.

Vor dem Servieren 10 Minuten ruhen lassen. Nach Belieben mit Salat servieren.

Roggen-Gnocchi mit Kürbis, knusprigem Lauch und Walnüssen

Portionen: 4

Gnocchi gehören zu den üppigsten Wohlfühlessen überhaupt – also perfekt für den Winter. In diesem Rezept ersetzen die feingeriebenen Walnüsse den Käse und verleihen dem Gericht eine zusätzliche Geschmacksnuance.

Kürbis erhalten Sie zu dieser Jahreszeit recht günstig und in den verschiedensten Sorten, Farben und Formen – vom leuchtend orangefarbenen Hokkaido bis zum schnörkeligen Spaghettikürbis, der sich in nudelartige Stränge zerteilen lässt. Die meisten Sorten funktionieren hier gut, also experimentieren Sie einfach mit dem, was gerade verfügbar ist. Ich habe einen wunderschönen bläulichen Crown Prince verwendet. Die Schale der meisten Kürbissorten ist zarter, als man denkt, und muss beim Kochen oder Backen nicht entfernt werden. Auch die Ranken, Blätter und Blüten sind essbar und ziemlich nährstoffreich. Wenn Sie selbst Kürbisse ziehen, dann können Sie die Blätter extra ernten, um sie anstelle von anderem Blattgemüse zu verwenden, und die Blüten lassen sich genauso füllen wie Zucchiniblüten, machen sich aber auch hübsch als Dekoration auf einem Gericht.

Für die Gnocchi

500 g mehlige Kartoffeln

120 g Roggenmehl, und ein wenig mehr zum Bestäuben

1 TL Natron

1 Schuss natives Olivenöl extra oder leichtes Olivenöl, zum Braten

Für die Kürbissauce

380 g Kürbis

abgeriebene Schale und Saft von ¼ Bio-Zitrone

2 Schuss natives Olivenöl extra

50 g Lauch, die weißen Teile, fein gewürfelt

1 Knoblauchzehe, grob gehackt

Für das Topping

1 Schuss natives Olivenöl extra, zum Braten

50 g Lauch, die grünen Teile, in dünne Streifen geschnitten

4 Walnusshälften

Für die Gnocchi Kartoffeln im Ganzen 25 Minuten dämpfen, bis sie weich sind. Zum Abkühlen beiseitestellen, die hauchdünne Schale entfernen und in einer Schüssel stampfen. Mehl und Natron unterrühren und zu einer Kugel formen. Ist die Mischung sehr klebrig, ein wenig mehr Mehl zugeben.

Den Teig in 4 gleich große Portionen teilen und zu Kugeln formen. Die Arbeitsfläche leicht bemehlen und jede Kugel zu einer langen, ca. 1 cm dicken Wurst formen. In ca. 3 cm lange Stücke schneiden und auf ein leicht bemehltes Brett oder Tablett legen. Beiseitestellen.

Für die Kürbissauce zunächst die Kerne entfernen. Aufbewahren und damit Kürbiskernpulver (siehe Seite 215) herstellen. Die Schale nicht entfernen und 12 lange Streifen Kürbisfleisch in eine Schüssel schälen und mit dem Zitronensaft marinieren. Den übrigen Kürbis in 1–2 cm große Würfel schneiden. In einem Topf 1 Schuss Olivenöl auf niedriger bis mittlerer Stufe erhitzen und die weißen Teile des Lauchs sanft anschwitzen, bis sie weich sind, aber noch keine Farbe angenommen haben. Knoblauch hinzufügen und 1 Minute garen. Die Kürbiswürfel hinzufügen und 175 ml Wasser zugießen. Zum Kochen bringen und bei geschlossenem Deckel 15 Minuten köcheln lassen, bis der Kürbis weich ist. Die Mischung mit einem guten Schuss Olivenöl und übriger Zitronenschale und -saft glatt pürieren.

Für das knusprige Lauchtopping das Olivenöl in einer Bratpfanne auf mittlerer bis hoher Stufe erhitzen. Den Lauch darin unter ständigem Rühren knusprig braten. Aus der Pfanne nehmen, salzen und auf Küchenpapier abtropfen lassen.

Sobald Sie bereit sind zum Essen, in einer großen Bratpfanne ein wenig Olivenöl auf mittlerer Stufe erhitzen und die Gnocchi darin 5 Minuten anbraten, bis sie ein wenig Farbe angenommen haben. In der warmen Kürbissauce wenden, mit dem knusprigen Lauch und den Kürbisschalen garnieren und sofort servieren. Anstelle von Käse die Walnusshälften darüber reiben.

Maftoul mit sieben Wurzelgemüsen, Sultaninen und Sumach

Portionen: 8

Maftoul, was wortwörtlich »handgerollt« bedeutet, ist ein palästinensisches Grundnahrungsmittel, für das Bulgur mit Vollkornweizenmehl und Wasser gemischt wird. Auf einer Reise nach Palästina brachte mir eine Frau der Kooperative Anza Women's Club die Zubereitung bei. Diese Kooperative bietet Fairtrade-zertifiziertes Maftoul an, das – neben Datteln, Freekeh und Mandeln – über das gemeinnützige Unternehmen Zaytoun international vertrieben wird.

Wurzelgemüse schmeckt am besten im Winter, wenn der Zuckergehalt durch die Kälte besonders intensiv ist. Wählen Sie, abgesehen von Zwiebeln und Knoblauch, noch mindestens fünf weitere Sorten Wurzelgemüse und erfreuen Sie sich an der köstlichen Vielfalt dieser Gaben der Natur. Dieses Rezept ist besonders preiswert, da die Flüssigkeit, mit der das Maftoul gedünstet und das Gemüse gekocht wird, für einen zusätzlichen Gang, eine köstliche und einfache Suppe verwendet werden kann.

Wenn Sie Mandeln kaufen, dann gehen Sie sicher, dass Sie diese von nachhaltigen Produzenten erwerben, die über eine Bio- oder eine Fairtrade-Zertifizierung verfügen, da einige konventionell angebaute Sorten übermäßig viel Wasser beanspruchen und die lokale Wasserversorgung über Gebühr beanspruchen.

1,5 kg gemischtes Wurzelgemüse (Karotten, Kartoffeln, Speiserüben, Steckrüben, Topinambur etc.)

2 Zwiebeln, in Scheiben geschnitten

3 Knoblauchzehen, grob gehackt

30 g Petersilie, Blätter grob gehackt, Stängel fein gehackt

30 g Minze, Blätter grob gehackt, Stängel fein gehackt

2 TL Kreuzkümmelsamen, in einer trockenen Pfanne geröstet, bis sie duften

1 EL unraffinierter Zucker

1 EL süßes Paprikapulver

500 g Maftoul, oder grober Couscous, 10 Minuten in kaltem Wasser eingeweicht

80 g Tomatenmark

100 g roter Mangold, fein geschnitten

250 g gelbe Erbsen, gekocht, oder 1 Dose Kichererbsen

60 g Sultaninen oder Rosinen

60 g Mandeln, oder andere Nüsse, längs in Scheibchen geschnitten

1 Prise Sumach (optional)

Den Ofen auf 170 °C vorheizen.

Das Wurzelgemüse je nach Größe längs halbieren oder vierteln. Einen Topf nehmen, der groß genug ist, um ein Sieb aufzunehmen, und diesen mit 2½ Litern Wasser befüllen. Das vorbereitete Wurzelgemüse zusammen mit Zwiebeln, Knoblauch, Petersilienstängeln, Minzestängeln, Kreuzkümmel, Süßungsmittel und Paprikapulver hineingeben. Zum Kochen bringen, dann die Hitze reduzieren und 20 Minuten köcheln lassen. Gut würzen.

Mit einem Schaumlöffel das Gemüse auf ein Backblech heben und im Ofen warm halten. Das Wasser im Topf erneut aufkochen lassen.

Den eingeweichten Maftoul oder Couscous abgießen. In ein Sieb geben und dieses zum Dämpfen im Topf platzieren. Bei geschlossenem Deckel 30 Minuten unter regelmäßigem Rühren dämpfen, bis die Körner gar sind, aber noch Biss aufweisen. In eine Servierschüssel löffeln und beiseitestellen, während die Suppe zubereitet wird.

Dafür das Tomatenmark, den Mangold und die Hälfte der gelben Erbsen (oder Kichererbsen) zum Wasser in den Topf geben und nach Belieben mit Salz und Pfeffer abschmecken.

Zum Servieren die Sultaninen und zwei Drittel der Petersilien- und Minzeblätter in Maftoul oder Couscous mischen und abschmecken. Gemüse auf dem Maftoul oder Couscous anrichten, mit den übrigen Kräutern und den gelben Erbsen (oder Kichererbsen) sowie den Mandelblättchen garnieren. Mit einer Prise Sumach bestreuen (optional). Die Suppe als Vorspeise oder zusammen mit dem Hauptgericht servieren.

Venezolanischer Maisfladen mit zerrupften Königsausternpilzen

Portionen: 4

Arepas sind ein traditionelles venezolanisches Street Food. Ein köstlicher Maisfladen aus Maismehl, der in einer Grillpfanne gebraten und mit verschiedenen Füllungen serviert wird.

Im Bericht der EAT-Lancet-Kommission *Healthy Diets From Sustainable Food Systems* schreibt der Harvard-Professor Walter Willett, M. D.: »Eine Ernährung, die reich an pflanzenbasierten Lebensmitteln ist und weniger tierische Produkte enthält, bringt sowohl eine Verbesserung der Gesundheit als auch Vorteile für die Umwelt mit sich.« Da alle Anzeichen auf die Notwendigkeit hinweisen, intensive Nutztierhaltung zu reduzieren, um die Gesundheit der Menschen und unseren Planeten zu erhalten, werden köstliche Fleischalternativen immer gefragter.

Pilze sind eine unglaublich nachhaltige Alternative zu Fleisch und die einzige frische und nicht-tierische Quelle für Vitamin B12, ein essenzielles Vitamin, das bei veganer Ernährungsweise ergänzt werden muss. Die zerrupften Königsausternpilze mit BBQ-Note sind klebrig, süß und fleischig. Wenn Ihnen etwas von dieser genialen Pilzfüllung übrig bleiben sollte, dann verwenden Sie sie als üppiges Topping für ein belegtes Brot, garniert mit etwas Krautsalat (siehe Seite 80).

Für die BBQ-Sauce

1 Schuss natives Olivenöl extra

2 Zwiebeln, fein gewürfelt

4 Knoblauchzehen, grob gehackt

1 EL geräuchertes Paprikapulver

1 TL Piment, gemahlen

1 TL frisch gemahlener schwarzer Pfeffer

4 EL Melasse

2 EL Miso (siehe Seite 223)

40 ml Apfelessig (siehe Seite 223)

100 ml gekochte Tomaten

Für die zerrupften Pilze

500 g Königsausternpilze

1 Schuss natives Olivenöl extra

Für die Kohlrabi-Mango-Salsa

½ Kohlrabi, fein gewürfelt

60 g getrocknete Mango, gewürfelt

½ TL Chiliflocken

½ rote Zwiebel, fein gewürfelt

6 Zweige frischer Koriander, Blätter abgezupft, Stängel fein gehackt

Für die Arepas

330 g Masa Harina

1 Schuss natives Olivenöl extra

Für die BBQ-Sauce in einer schweren Bratpfanne einen Schuss Olivenöl auf niedriger bis mittlerer Stufe erhitzen und Zwiebeln und Knoblauch darin ca. 15 Minuten langsam anschwitzen, bis sie karamellisiert und sehr weich sind. Die Gewürze hinzufügen und weitere 5 Minuten anbraten, dann Melasse, Miso, Apfelessig und Tomaten unterrühren. Die Sauce wieder zum sanften Köcheln bringen, bis sie eingedickt ist, dann die Pfanne von der Herdplatte nehmen.

Für die Austernpilze einen großen Topf auf mittlerer Stufe erhitzen und die Pilze darin zusammen mit einem Schuss Öl 15 Minuten bei geschlossenem Deckel garen, bis sie gut durch und weich sind. Aus dem Topf nehmen und die Pilze mithilfe zweier Gabeln in kleine Stücke zerteilen. Die zerrupften Pilze zurück in den Topf geben und BBQ-Sauce dazugeben. Beiseitestellen.

Für die Salsa Kohlrabi, Mango, Chiliflocken, rote Zwiebeln und Korianderstängel in einer Schüssel vermischen. Nach Belieben würzen und beiseitestellen.

Für die Arepas das Masa Harina in einer Schüssel mit 550 ml heißem Wasser übergießen. Mit 1 Prise Salz zu einem festen, aber nicht zu bröckeligen Teig vermischen, wenn nötig etwas mehr Wasser oder Mehl hinzugeben. Die Schüssel abdecken und für 1 Stunde beiseitestellen. Danach den Teig in 8 Kugeln teilen. Jede davon zu einem kleinen Küchlein, etwa 1–2 cm dick, flach drücken.

In einer dickwandigen Bratpfanne einen Schuss Öl auf niedriger bis mittlerer Stufe erhitzen. Die Arepas in der Pfanne anordnen und bei geschlossenem Deckel 6–7 Minuten goldbraun braten. Wenden und auf der anderen Seite bräunen.

Zum Servieren die Pilz-BBQ-Sauce erhitzen und alles zusammen auf dem Tisch anrichten, damit sich jeder selbst bedienen kann. Dafür die Arepas aufschneiden und mit der Pilzmischung und der Salsa befüllen. Mit den Korianderblättern garnieren.

Übrige BBQ-Sauce hält sich in einem sterilisierten und luftdicht verschlossenen Gefäß im Kühlschrank bis zu 1 Monat.

Wintergemüse im Ganzen aus dem Ofen mit Pistazienpesto und weißen Bohnen

Portionen: 4

Zu dieser Jahreszeit gibt es – ganz im Gegensatz zur landläufigen Meinung – eine ganze Menge an köstlichem saisonalem Gemüse. Darunter Zwiebelgewächse, Kohlgemüse, Wurzelgemüse und Knollen. Alle machen sich im Ofen gebacken ausgezeichnet. Auch gelagerter Kürbis aus der Herbsternte ist noch in bester Qualität erhältlich. Ich schwelge geradezu in diesem reichhaltigen, farbenfrohen und sättigenden Angebot. Romanesco, Brokkoli, Blumenkohl und andere Kohlsorten gedeihen gut bei kaltem Wetter, und wenn sie im Ofen gebacken werden, bevorzugt mit ein paar angekohlten Rändern, entwickeln sie eine absolut köstliche Geschmackskombination aus süß, sauer und umami. All diese Gemüsesorten ergeben ein großartiges vegetarisches Abendessen – perfekt für einen festlichen Winterabend.

In diesem Rezept wird das Gemüse im Ganzen gebacken – so erhalten Sie ein Prachtstück für die Festtafel und einen würdigen Ersatz für Brathühnchen oder Lammkeule. Die mit dem Gemüse gebackenen Zitronen- und Orangenhälften werden bittersüß und schmecken absolut umwerfend, wenn man sie über dem Gemüse auf dem Teller auspresst. Versäumen Sie das auf keinen Fall.

---

1 ganzer Romanesco, Brokkoli oder Blumenkohl

1 kleiner Kürbis (ca. 500 g), halbiert, Kerne entfernt und aufbewahrt zur Herstellung von Kürbiskernpulver (siehe Seite 215)

1 große Lauchstange

6 Knoblauchzehen

1 Bio-Orange, halbiert

1 Bio-Zitrone, halbiert

2–3 Zweige winterharte Kräuter (z. B. Oregano, Rosmarin, Thymian)

1 Schuss natives Olivenöl extra, und ein wenig mehr zum Servieren

480 g gekochte Bohnen, z. B. Borlotti- oder Favabohnen (siehe Seite 155)

1 Portion Pistazienpesto (siehe Seite 215)

Den Ofen auf 180 °C vorheizen.

Das gesamte Gemüse gut waschen und auf einem großen Backblech verteilen, umringt von den Zitrusfrüchten. Die Kräuter zwischen dem Gemüse platzieren, alles mit einem guten Schuss Olivenöl beträufeln und mit Salz und Pfeffer würzen. Das Blech mit ungebleichtem Backpapier abdecken und 1 Stunde backen. Das Papier entfernen und das Blech weitere 20 Minuten in den Ofen schieben, bis das Gemüse durch ist. Die Ränder sollten gegen Ende des Garprozesses ein wenig angekohlt sein, die Temperatur dementsprechend anpassen. Mithilfe eines Messers überprüfen, ob das Gemüse gar ist. Ist nur eine Sorte durch und schön angekohlt, nehmen Sie sie schon früher aus dem Ofen. Vor dem Servieren das gesamte Gemüse im Ofen noch einmal erwärmen.

Sobald das Gemüse beinahe fertig ist, die Bohnen erhitzen und mit Salz und Pfeffer würzen. Zum Servieren die Bohnen auf Tellern anrichten und mit Olivenöl beträufeln. Das Blech mit dem Ofengemüse zusammen mit einem Messer in die Tischmitte stellen und die Schüssel mit dem Pesto herumreichen, sodass sich jeder selbst bedienen kann.

Neue Salate

Erfinden Sie einen Salat

Wonach fühlen Sie sich?

Wählen Sie eine Basis-Zutat.

Knackig & leicht?

Wählen Sie ein oder
zwei Blattsalate (pro Person 10 g):
Radicchio, Romana, Lollo, Löwenzahn,
Rote-Bete-Blätter, Tatsoi etc.

Herzhaft & hungrig?

Getreide, Hülsenfrucht oder herzhafte
Grundlage einweichen und kochen (pro Person 50 g):
Dinkel, Roggen, Freekeh, Linsen,
getrocknete Bohnen etc.

Wählen Sie eine, zwei oder drei saisonale Obst- und Gemüsesorten

Experimentieren und entdecken Sie, von Aprikose bis Zucchini ist alles erlaubt
(pro Person ca. 75 g).

Versuchen Sie's gekocht?

Braten, grillen, sautieren, blanchieren, rösten

Oder roh?

Für eine angenehme Konsistenz hacken oder schneiden

Aber mit Biss

(pro Person eine Handvoll)
Nüsse, Kerne, Samen, Croûtons, gepufftes Getreide etc.

Ein Kraut oder auch zwei dazu

(pro Person 2–4 Zweige)
Petersilie, Stangensellerieblätter, Oregano etc.

Toben Sie sich aus

Verwenden Sie einige der wunderlichen und wunderbaren Zutaten aus Ihrem Vorratsschrank (nach Belieben):
Algen, Eingelegtes, essbare Blüten, Gewürze, Sprossen etc.

Wählen Sie Ihr Dressing

Einfach mit nativem Olivenöl extra und Zitrone oder Essig anmachen
oder ein eigenes Dressing erfinden
(siehe Dips und Dressings auf den Seiten 116 –117).

Mischen!

Gehacktes

Rohes oder gegartes Obst und Gemüse, das gehackt wurde, lässt sich in einer Vielzahl von Salatkombinationen einsetzen, die – mit ein wenig Zitrone und Öl, einer Vinaigrette oder einem anderen Dressing angemacht – zu einem fabelhaften Ein-Teller-Wunder oder Teil einer größeren Mahlzeit werden.

Erfinden Sie Ihre eigenen Rezepte

Wählen Sie zunächst eine, zwei oder drei Obst- oder Gemüsesorten, die entweder weg müssen oder gerade ihren perfekten Reifegrad erreicht haben. Hacken und vermischen Sie diese in verschiedenen Mengen. Probieren Sie und dann bauen Sie mit ein paar Zutaten aus dem Vorratsschrank auf dieser Grundlage auf. Die große Mehrheit an Zutaten passt in schlichten Kombinationen gut zusammen. Und Sie werden beim Experimentieren auf einige unerwartete Paarungen stoßen.

Gemüse richtig schneiden

Als ich einmal bei der Zubereitung eines Salates um Anweisungen bat, erwiderte der Koch Tito Bergamaschi: »Wie möchte die Tomate geschnitten werden?« Es war sein völliger Ernst.

Kochen ist ein intuitiver Prozess und wird weitaus erfreulicher, wenn man ihn auf diese Art und Weise angeht. Rezepte sind zum Lernen da, aber auch, um Inspiration daraus zu ziehen. Schenken Sie Ihren Zutaten Aufmerksamkeit, während Sie diese zubereiten. Ein faseriger Kräuterstängel muss sehr fein und quer zur Faser geschnitten werden, damit er delikat und verdaubar wird, ebenso wie ein Steak, wohingegen die Blätter einfach zerrissen werden können, wenn sie frisch und voller Leben sind, aber besser fein gehackt werden, wenn sie kraus oder schon etwas welk sind.

Nur zur Information, Titos Tomaten wollten in ganz willkürliche geometrische Formen geschnitten werden – groß, klein oder sogar im Ganzen – je nach Tomate.

Dressing

Experimentieren Sie mit unterschiedlichen Essig- und Ölsorten, oder bereiten Sie ein fabelhaftes Dressing oder einen Dip zu, indem Sie die Rezepte in diesem Buch befolgen (siehe Seiten 116–117). Um aus einem Dip ein Dressing zu machen, müssen Sie ihn einfach nur verdünnen, indem Sie ein wenig mehr Olivenöl und Wasser zugeben, ehe die anderen Zutaten eingerührt werden.

Andere Happen und köstliche Kleinigkeiten

Werden Sie kreativ, wenn es um ganze und gemahlene Gewürze, Nüsse, Kerne, Samen, getrocknete Früchte oder ein wenig darüber gestreutes Getreide oder Hülsenfrüchte geht.

Vier geschnittene Salate (im Uhrzeigersinn von oben links)

1   Griechischer Salat: Tomaten, Gurken, Zwiebeln, Oliven, Oregano, Olivenöl
Optionale Extras: Paprika, Kapern, Labneh
(als Alternative zu Feta, siehe Seite 224)

2   Kalifornischer Salat: Grünkohl, geriebene Karotten, Lauch, gekochte Dinkelkörner, Sonnenblumenkerne, Senf, Rotweinessig, Olivenöl
Optionale Extras: Sauerteigcroûtons, essbare Blumen, getrocknete Cranberrys, Kürbiskerne, Knoblauch etc.

3   Wintersalat: Speiserüben (Wurzeln und Blätter), roter Chicorée, Stangensellerie, Rhabarber, Orangen, Rosmarin, Petersilie, Hanfsamen, Olivenöl, Orangensaft

4   Arabischer Salat: Gurke, Tomaten, rote Zwiebeln, Minze, Petersilie, Olivenöl, Zitronensaft
Optionale Extras: Bulgur, knuspriges Fladenbrot, Bohnen, Kichererbsen etc.

Getreide, Bohnen und andere Hülsenfrüchte

Wie Sie bestimmt schon gemerkt haben, liebe ich Hülsenfrüchte, Getreide und Pseudogetreide aufgrund all der Nährstoffe, die sie nicht nur uns, sondern auch dem Boden zukommen lassen. Das Erforschen der Biodiversität macht nicht nur Freude, sondern ist auch faszinierend und köstlich. Werfen Sie einen genauen Blick darauf und Sie entdecken die unbekannte Schönheit einzelner Getreide und Hülsenfrüchte, eine herrlicher als die andere – von leuchtend rosa Borlottibohnen bis zu vielfältigen Kidneybohnen und pyramidenförmigen Buchweizensamen.

Hülsenfrüchte und Getreide selbst zu kochen, gehört zu den einfachsten, lohnenswertesten, kosteneffizientesten und nahrhaftesten Dingen, die Sie für sich und Ihre Ernährung tun können. An einem faulen Sonntag weiche ich verschiedene Sorten ein, koche diese auf Vorrat und fülle meinen Kühlschrank mit Zutaten, die fertig zum Gebrauch sind und sich innerhalb weniger Minuten in ganze Mahlzeiten verwandeln lassen. Sie in der Früh einzuweichen, dauert weniger als eine Minute, ebenso wie das Kochen am Abend. Wenn Sie Ihre Hülsenfrüchte selbst kochen, dann rate ich zur Anschaffung eines Druckkochtopfs, der die Garzeit halbiert.

Sprossen und Keime

Radieschensprossen sind leicht scharf, Weizenkeime süß und Mungbohnensprossen frisch und durstlöschend. Jeden Sommer reist unser Restaurant, Poco Tapas Bar, zu Musikfestivals, um die Festivalbesucher mit gutem Bio-Essen zu versorgen. Unsere Salate enthalten eine Menge an Bohnensprossen, die wir jedoch nicht kaufen. Zu Beginn jedes Festivals weichen wir 5–10 Kilo Bohnen ein, die innerhalb von ein paar Tagen fertig zum Gebrauch sind. Hier sind unsere supereinfachen Rezepte:

1 Stellen Sie mithilfe eines großen Marmeladenglases Ihr eigenes Keimgerät her.

2 Hülsenfrüchte, Samen oder Getreide getrennt voneinander in einem Sieb unter fließendem Wasser abspülen. Jeweils in eigenen Schüsseln mit der dreifachen Menge an kaltem Wasser bedecken. Beiseitestellen und 8 Stunden oder ihre spezifische Einweichzeit (siehe nebenstehende Abbildung) einweichen lassen, bei Bedarf Wasser nachfüllen, damit alles gut bedeckt ist. 200 g Hülsenfrüchte, Samen oder Getreidekörner ergeben ca. 15 Portionen.

3 Die eingeweichten Hülsenfrüchte, Samen oder Getreidekörner in ein Sieb abgießen und in ein Keimgerät oder das sterilisierte Glas geben. Den Deckel auflegen, aber nicht verschließen. Die Hülsenfrüchte 3–5 Tage lang zweimal am Tag abgießen und spülen, bis sie fertig zum Verzehr sind. Sobald sie die gewünschte Größe erreicht haben, das Glas in den Kühlschrank stellen und innerhalb von 3–5 Tagen aufbrauchen.

Rejuvelac – fermentiertes Sprossenwasser

Dieses nahrhafte fermentierte Getränk kann je nach verwendeter Getreidesorte und Wasser – und der lokalen Umwelt – sehr unterschiedliche Geschmacksrichtungen aufweisen, von Zitrusaromen bis Käse, ebenso wie Sauerkraut. Fermentiertes Sprossenwasser lässt sich zudem als Starter für Pflanzen-Joghurt oder Nusskäse einsetzen.

Lassen Sie 200 g Getreidekörner oder Hülsenfrüchte laut Rezept links keimen. Nach 2–3 Tagen die Sprossen, sobald sie anfangen zu wachsen (ca. 2–3 mm), in ein großes Gefäß oder ein Glas füllen. 1 Liter kaltes gefiltertes Wasser dazugeben und den Deckel auflegen, aber nicht schließen. Bei Raumtemperatur 2–3 Tage stehen lassen, bis Blasen erkennbar werden. Das Glas nicht in direktes Sonnenlicht stellen. Sobald das Sprossenwasser fertig ist, die Flüssigkeit in ein sauberes Gefäß mit Deckel abgießen und bis zum Gebrauch im Kühlschrank aufbewahren. Innerhalb von 2–3 Tagen aufbrauchen.

Die Sprossen verleihen jedem gekochten Gericht zusätzlichen Geschmack und extra Volumen. Sie können damit auch eine zweite Portion Rejuvelac anfertigen und die Sprossen dann kompostieren.

BRAUNER
KURZKORNREIS
Kochen: 25–45 Minuten

LUZERNE
Einweichen: 5 Stunden
Keimen: 5 Tage

HAFERFLOCKEN
Einweichen: 8 Stunden
Keimen: 2–3 Tage
Kochen: 5–10 Minuten
(nicht eingeweicht)

BUCHWEIZEN
Einweichen: 6 Stunden
Keimen: 5–7 Tage
Kochen: 10 Minuten

KLEESAMEN
Einweichen: 5 Stunden
Keimen: 5 Tage

WEIZEN
Einweichen: 6 Stunden
Keimen: 5–7 Tage

BOCKSHORNKLEESAMEN
Einweichen: 6 Stunden
Keimen: 5 Tage

DINKEL-ROGGEN-GEMISCH
Einweichen: 8 Stunden
Keimen: 2–3 Tage
Kochen: 40–60 Minuten
oder 65–80 Minuten
(nicht eingeweicht)

LIMABOHNEN
Einweichen: 12 Stunden
Kochen: 1 Stunde

SCHWARZE BOHNEN
Einweichen: 6 Stunden
Kochen: 45–60 Minuten

DINKEL
Einweichen: 6 Stunden
Keimen: 5–7 Tage

GRÜNKOHLSAMEN
Einweichen: 5 Stunden
Keimen: 5 Tage

ROGGEN
Einweichen: 6 Stunden
Keimen: 5–7 Tage

SENFSAMEN
Einweichen: 5 Stunden
Keimen: 5 Tage

QUINOA
Einweichen: 3 Stunden
Keimen: 24 Stunden
Kochen: 12–15 Minuten
(nicht eingeweicht)

KÜRBISKERNE
Einweichen: 4 Stunden
Keimen: 24 Stunden

HIRSE
Einweichen: 3 Stunden
Keimen: 12 Stunden
Kochen: 25–35 Minuten
(nicht eingeweicht)

RADIESCHENSAMEN
Einweichen: 6 Stunden
Keimen: 5 Tage

KAMUT
Einweichen: 6 Stunden
Keimen: 5–7 Tage
Kochen: 30–40 Minuten
oder 45–60 Minuten
(nicht eingeweicht)

SESAMSAMEN
Einweichen: 4 Stunden
Keimen: 1–2 Tage

SONNENBLUMENKERNE
Einweichen: 4 Stunden
Keimen: 24 Stunden

GERSTE
Einweichen: 6 Stunden
Keimen: 5–7 Tage
Kochen: 45–60 Minuten

ADZUKIBOHNEN
Einweichen: 8–12 Stunden
Keimen: 2–4 Tage

AMARANTH
Einweichen: 3 Stunden
Keimen: 24 Stunden
Kochen: 15–25 Minuten

KICHERERBSEN
Einweichen: 8–12 Stunden
Keimen: 2–3 Tage
Kochen: 1½–2 Stunden

FAVABOHNEN
Einweichen: über Nacht
Kochen: 45–60 Minuten

LINSEN
Einweichen: 8–12 Stunden
Keimen: 2–3 Tage
Kochen: 25–30 Minuten

SOJABOHNEN
Einweichen: über Nacht
Kochen: 3 Stunden

MUNGOBOHNEN
Einweichen: 8–12 Stunden
Keimen: 2–5 Tage
Kochen: 25 Minuten
(nicht eingeweicht)

ERBSEN
Einweichen: 8–12 Stunden
Keimen: 2–3 Tage
Kochen: 1–1½ Stunden

SPALTERBSEN
Kein Einweichen
Kochen: 30–45 Minuten

Geröstete Radieschen mit Labneh, Freekeh und Radieschenblättern

Portionen:
2 als leichte Mahlzeit,
4 als Beilage

Freekeh ist eine Art aufgebrochener Weizen, der noch unreif geerntet und dann geröstet wird, um die Schale gewissermaßen wegzubrennen. Dieser Prozess sorgt für ein unglaublich aromatisches und rauchiges Getreidekorn, das sich perfekt für eine einfache Mahlzeit eignet. Das britische Unternehmen Zaytoun verkauft ein köstliches palästinensisches Freekeh, das von Fair for Life zertifiziert wurde. Root-to-Fruit teilt deren Ziel, eine Welt zu erschaffen, in der Handel eine Treibkraft für positiven und nachhaltigen Wandel ist und Menschen sowie deren Umwelt unterstützt. Obwohl sich eine auf dem Root-to-Fruit-Prinzip basierende Ernährungsweise auf saisonales, lokales Gemüse vom Bauernhof stützt, fördert sie auch importierte Produkte von transparent und fair agierenden Gemeinschaften, Bauernhöfen und Produzenten auf der ganzen Welt, die agrarökologisch handeln.

Wurzeln (wie Rote Bete, Karotten und Radieschen etc.) wachsen mit einem hübschen Büschel nahrhafter Stiele und Blätter, die vielseitig und ganz einfach zuzubereiten sind, so wie jedes andere grüne Blattgemüse. Blätter von Wurzelgemüse sollten verzehrt werden, um die Lebensmittelproduktion zu optimieren und um Ressourcen, Arbeitskraft und eingesetzte Energie komplett zu nutzen. Mit Blättern verkauftes Wurzelgemüse ist für gewöhnlich sehr frisch (da die Blätter rasch verwelken) und aus diesem Grund meist auch regional. Es ist vielleicht teurer als gelagerte Wurzeln, aber die Kosten werden durch die Nutzung der Blätter wieder ausgeglichen.

---

100 g Freekeh

1 Bund Radieschen mit Blättern

abgeriebene Schale und Saft von ¼ Bio-Zitrone

natives Olivenöl extra

200 g Labneh oder Joghurt (siehe Seite 224)

1 EL Kokosnuss- oder Bio-Rapsöl

1 TL Schwarzkümmelsamen

Freekeh in einem kleinen Topf mit reichlich Wasser bedecken und 15 Minuten garen, bis es durch ist, aber immer noch Biss hat. Durch ein Sieb abgießen und wieder in den Topf geben. Radieschenblätter, Zitronenschale und -saft sowie einen Spritzer Olivenöl zugeben. Vorsichtig unterheben und mit Salz und Pfeffer abschmecken. In einer Servierschüssel anrichten und mit Labneh garnieren.

Einen Schuss Kokosnuss- oder Rapsöl in einer schweren Bratpfanne auf hoher Stufe erhitzen. Aufpassen, dass das Öl nicht zu rauchen beginnt. Wenn es nötig ist, die Hitze reduzieren. Währenddessen die Radieschen halbieren, in die heiße Pfanne geben, mit einer Prise Salz würzen und 1 Minute anbraten, bis sie Farbe angenommen haben.

Zum Servieren die gegrillten Radieschen auf dem Labneh arrangieren und mit den Schwarzkümmelsamen bestreuen.

Khao Yum Regenbogen-Reissalat

Portionen: 4

Ich habe den Thaisalat Khao Yum im Rahmen des MAD-Symposiums, dem Foodfestival von Noma in Kopenhagen entdeckt. Wir haben dort 600 Portionen dieses schwungvollen Gerichts als Frühstück serviert, das von der in Sydney lebenden Thaiköchin und Biolandwirtin Palisa Anderson gekocht wurde. Das Thema des Festivals lautete »Mind the Gap« und umfasste Vorträge zu Gleichberechtigung und Gerechtigkeit. Eine Ernährung, die die gerechte Behandlung aller Menschen gewährleistet, ist ein wesentlicher Bestandteil des Root-to-Fruit-Prinzips.

Für den blauen Reis

200 g Rotkohl, fein gehackt

1 oder 2 Prisen Natron

200 g Vollkorn-Basmatireis

Für das Umami-Dressing (ergibt ca. 200 ml)

ein Stück getrockneter Seetang (3 g)

1 EL Tamari

1 Shiitakepilz

½ TL Reisessig (oder Weißweinessig)

1 kleine Knoblauchzehe, zerdrückt

½ EL weiße Misopaste (siehe Seite 223)

1 TL fermentierter Tofu (optional)

Für den Salat

je 100 g von 3 saisonalen Gemüsesorten (z. B. Grünkohl, violetter Brokkoli, Karotten, Bohnensprossen, Stangenbohnen, Kürbis), in dünne Streifen geschnitten

8 EL Kokosflocken, 5 Minuten in einer trockenen Bratpfanne goldbraun geröstet

2 Stängel Zitronengras, fein zerkleinert

1 Grapefruit, geschält und fein zerkleinert oder gewürfelt

16 Kaffirlimettenblätter, fein zerkleinert

Zum Servieren

getrocknete Chiliflocken, Bio-Limette, essbare Blüten (optional)

Für den blauen Reis 800 ml Wasser in einem Edelstahltopf zum Kochen bringen. Rotkohl zugeben und 5 Minuten köcheln lassen. Durch ein Sieb abgießen, die Kochflüssigkeit in einer weißen Keramikschüssel auffangen. Den Rotkohl auf einen Teller kippen und beiseitestellen. Eine kleine Prise Natron zur Kochflüssigkeit geben und unter Rühren auflösen. Die Flüssigkeit wird nun langsam blau. Bei Bedarf noch eine Prise Natron zugeben, bis sie leuchtend blau ist. Überprüfen Sie die Farbe, indem Sie einen Löffel der Flüssigkeit auf einen weißen Teller geben. Nehmen Sie zu viel Natron, wird leicht Grün daraus; geben Sie dann ein wenig Essig dazu.

Für den Reis die blaue Flüssigkeit in einen Topf geben und den Reis hinzufügen. Auf mittlerer Stufe zum Kochen bringen, dann bei geschlossenem Deckel und sehr niedriger Temperatur ca. 10 Minuten köcheln, bis die gesamte Flüssigkeit verdampft ist. Von der Herdplatte nehmen und in ein Sieb abgießen. Beiseitestellen und das Dressing zubereiten.

Dafür alle Zutaten in einem Krug vermischen. 125 ml Wasser einrühren und 30 Minuten stehen lassen. Die Mischung im Standmixer glatt pürieren. Bis zum Gebrauch kühl stellen.

Für den Salat den Reis in der Mitte jedes Tellers anrichten und mit kleinen Häufchen von rohem Gemüse und blanchiertem Rotkohl umgeben. Jede Portion mit Kokosflocken, Zitronengras, Grapefruit und zerkleinerten Limettenblättern bestreuen. Sauce, Chiliflocken und Limettenspalten separat dazu reichen. Bei Tisch mit dem Dressing übergießen und vermischen.

Ofen-Frühkohl mit milchsauer vergorener Senf-Mayonnaise

Portionen:
4 als Beilage

Wird er im Ofen gebacken, offenbart der Kohl völlig neue Eigenschaften – intensiv, karamellisiert und exotisch. Es ist eine äußerst einfache Zubereitungsart, die eine andernfalls fade Mahlzeit in ein wahres Erlebnis verwandelt. Ursprünglich habe ich dieses Gericht für einen Festtagsbrunch entwickelt, es funktioniert jedoch auch sehr gut als Abendessen.

Obwohl die Herstellung ein paar Tage in Anspruch nimmt, ist der milchsauer vergorene Senf ganz einfach herzustellen. Sie sparen Geld und Verpackung, wenn Sie ihn selbst machen – mit dem Vorteil, dass er besonders nährtoffreich ist und voller Probiotika steckt. Normaler körniger Senf passt in diesem Rezept genauso gut, er hat nur ein bisschen weniger Pfiff.

Für den Ofen-Frühkohl

1 großer Frühkohl, geviertelt

1 Bio-Zitrone, geviertelt

2 EL Kokos- oder Bio-Rapsöl

2 EL Aquafaba-Mayonnaise (siehe Seite 215)

1 EL Melasse

2 EL milchsauer vergorener Senf (s. u.) oder körniger Senf

Für den milchsauer vergorenen Senf (ergibt ca. 400 g)

1 TL Meersalz

75 g braune Senfkörner

75 g gelbe Senfkörner

100 ml Apfelessig (siehe Seite 223)

Für den milchsauer vergorenen Senf 200 g Wasser in eine Keramik- oder Glasschüssel geben und das Salz einrühren, bis es sich völlig aufgelöst hat. Die Senfkörner zugeben, die Schüssel mit einem sauberen Geschirrtuch abdecken und für 4 Tage zum Fermentieren an ein warmes Plätzchen in der Küche stellen.

Die Hälfte der fermentierten Senfkörner in der Küchenmaschine grob zerkleinern. Die restlichen Senfkörner sowie den Essig hinzufügen und 1 Sekunde mixen. In ein sterilisiertes Marmeladenglas füllen, luftdicht verschließen und im Kühlschrank aufbewahren.

Für den Ofen-Frühkohl den Ofen auf 220 °C vorheizen und ein Backblech darin erhitzen.

Kohl und Zitronenspalten mit der Schnittseite nach unten auf das heiße Backblech legen und mit Öl beträufeln. Im Ofen 20 Minuten rösten, bis der Kohl an den Rändern beginnt anzukohlen, dann wenden.

Für die Senf-Mayonnaise die Mayonnaise mit der Melasse und 2 Esslöffel Senf mischen. Zusammen mit dem Ofen-Frühkohl und den Zitronen servieren.

Kohlrabi mit gegrillten Kumquats und Meeresspaghetti

Portionen: 2

Kohlrabi ist ein knackiges und erfrischendes Gemüse, das eine köstliche Alternative zu anderen winterlichen Gemüsesorten bildet. Das gesamte Gemüse ist essbar, auch Schale und ausladende Blätter. Kochen Sie ihn, dünsten Sie ihn, dämpfen Sie ihn – oder essen Sie ihn roh, dünn geschnitten, wie in diesem saftigen Salat. Die gegrillten Kumquats und die würzigen Algen bieten einen extra Geschmack.

12 Bio-Kumquats (oder 2 Bio-Klementinen)

1 Kohlrabi mit Blättern

1 Schuss natives Olivenöl extra

6 g Meeresspaghetti (oder andere Algen),
10 Minuten in kaltem Wasser eingeweicht und abgetropft

1–2 Büschel Dill, Fenchel- oder Karottengrün,
Blätter abgezupft, Stängel fein gehackt

60 g Paranüsse, leicht zerstoßen

Den Saft aus 4 Kumquats (oder aus ½ Klementine) pressen und beiseitestellen.

Eine Grillpfanne oder eine schwere Bratpfanne auf hoher Stufe erhitzen. Die übrigen Kumquats halbieren (oder die Klementine halbieren und in ca. 1 cm dicke Scheiben schneiden). Die Zitrusfrüchte mit der Schnittseite nach unten in die heiße Pfanne legen und der Versuchung widerstehen, sie zu bewegen, bis sie schön gegrillt sind. Aus der Pfanne nehmen und beiseitestellen.

Kohlrabi-Blätter von der Knolle entfernen und zusammen mit den Stängeln klein schneiden. Den Kohlrabi halbieren und einige dünne Streifen abschneiden. Kosten Sie: Ist die Schale zu dick und faserig, um sie zu essen, entfernen und kompostieren; andernfalls dranlassen und auch den Rest in Streifen schälen.

Den geschnittenen Kohlrabi und die zerkleinerten Blätter und Stängel in eine Schüssel geben und mit dem Zitrussaft und einem Schuss Öl marinieren. Algen und fein geschnittene Kräuterstiele zugeben und gut mischen. Auf einer Platte servieren, bestreut mit den Paranüssen und garniert mit den gegrillten Zitrusfrüchten und den Kräutern.

Violetter Brokkoli und Klementinen vom Grill mit Aleppo-Pfeffer

Portionen: 6

Zu Beginn des Frühlings, wenn es weniger saisonale Lebensmittel gibt, ist violetter Brokkoli der Sorte Purple Sprouting ein wahrer Segen. Er ist exotisch, delikat und sehr vielseitig. Hier habe ich seinen Geschmack durch die Zubereitung auf dem Grill oder in der Grillpfanne noch verstärkt; er erhält so ein herrlich bitteres Aroma, das gut zu den süß-salzigen Aleppo-Chiliflocken passt.

Aleppo-Pfeffer oder Pul Biber, wie er in der Türkei heißt, besteht aus Halaby-Chilis, einer milden Paprikasorte mit einem Schärfegrad von ca. 10 000 auf der Scoville-Skala. Dank seiner milden Schärfe eignet er sich gut, um Gerichten sowohl Geschmack als auch einen leuchtend roten Farbklecks zu verleihen. Aleppo-Pfeffer stammt ursprünglich aus Syrien und wurde in der gleichnamigen Stadt gehandelt, die an der berühmten Gewürzroute der Seidenstraße liegt. Leider haben die Unruhen in Syrien Ernte und Handel zum Erliegen gebracht, doch das Gewürz ist in der Türkei und anderswo dennoch erhältlich. Eine wirklich fabelhafte Zutat, die ein wunderschönes Land und eine tolle Küche feiert.

500 g violetter Brokkoli oder normaler Brokkoli,
große Stiele längs halbiert

2–4 EL natives Olivenöl extra

4 Bio-Klementinen

3 Kardamomkapseln, Schalen entfernt und Samen im Mörser zermahlen

2 TL Aleppo-Pfeffer (Chiliflocken)

Den Grill oder eine Grillpfanne bei mittlerer Temperatur erhitzen.

In der Zwischenzeit den Brokkoli im Öl wenden und salzen. Auf allen Seiten grillen, bis er leicht gebräunt ist, dann in eine Schüssel geben und abdecken, damit er in seinem eigenen Dampf weitergart.

3 der Klementinen in 5–10 mm dicke Scheiben schneiden, inklusive der Schalen, wenn es sich um Bioqualität handelt. In der heißen Grillpfanne oder auf dem Grill 1–2 Minuten auf jeder Seite grillen.

Die gegrillten Klementinen in die Schüssel zum Brokkoli geben und mit Kardamom, der Hälfte des Aleppo-Pfeffers, Salz und einem Spritzer Klementinensaft würzen. Vermischen und auf einer Platte anrichten. Mit dem übrigen Aleppo-Pfeffer bestreuen.

Salat mit Karotten- und Fenchelgrün-Pesto

Verbrannte Zucchini mit Blättern und Blüten

Portionen: 4

Portionen: 4

Karottengrün ist eine nahrhafte und vielseitige Zutat, die in jedem Gericht eingesetzt werden kann, um Kräuter zu ersetzen, die aber auch eine elegante Garnitur ist. Das Grün hat einen leicht bitteren Geschmack, ich verwende also nur wenig davon und kombiniere es mit anderen Kräutern. Hier habe ich meine eigene Version eines Pestos gezaubert. Bitteres Grün kann einem Gericht Komplexität verleihen, trägt zu einer guten Verdauung bei und enthält zudem gesunde Pflanzeninhaltsstoffe. Karottengrün enthält sechsmal mehr Vitamin C als die Wurzel und ist eine großartige Quelle für Kalium und Kalzium. Es enthält zudem Vitamin K, das in der Karotte selbst nicht enthalten ist und essenziell für gesunde Knochen ist.

Sie können dieses Gericht entweder in der Grillpfanne oder über offener Flamme zubereiten. Ich habe es für ein Mitarbeiter-Mittagessen erfunden, während ich draußen in einer Feldküche für eine Veranstaltung gearbeitet habe. Es ist vom klassischen Auberginen-Dip Baba Ganoush inspiriert. Lassen Sie die Zucchini über heißen Kohlen oder auf der Gasplatte ankohlen, bis das Innere weich und rauchig ist. Das verkohlte Äußere nicht wegwerfen – die bitteren Aromen sind köstlich, wenn man sie mit der Tahin-Sauce unter den Salat mischt. Das Rezept eignet sich besonders gut für nicht mehr ganz so frische Zucchini, da unschöne Stellen nicht mehr sichtbar sind.

Für das Karotten- und Fenchelgrün-Pesto (ergibt ca. 130 g)

25 g Karottengrün, und ein wenig mehr zum Garnieren

25 g Fenchelgrün oder andere Kräuter

1 kleine Knoblauchzehe, fein gehackt

75 ml natives Olivenöl extra

abgeriebene Schale und Saft von ¼ Bio-Zitrone

1 gehäufter TL geriebene Haselnüsse oder Semmelbrösel

1 EL Hefeflocken (optional)

Für den Salat

250 g Karotten, so fein geschnitten oder gehobelt wie möglich

1 Fenchelknolle (oder Kohlrabi), so fein geschnitten oder gehobelt wie möglich

½ Bio-Orange, abgerieben, Fruchtfleisch in 5 mm dicke Scheiben geschnitten

4 mittelgroße Zucchini

100 g Zucchiniblätter (oder Spinat)

natives Olivenöl extra, zum Bestreichen

100 ml Tahin-Sauce (siehe Seite 118) oder Joghurt (siehe Seite 224)

2 EL Ahornsirup oder anderes Süßungsmittel

abgeriebene Schale und Saft von ¼ Bio-Zitrone

2 Zucchiniblüten (oder andere essbare Blüten, optional)

Für das Pesto das Grün in reichlich frischem Wasser waschen, dabei Reste von Erde und Sand entfernen. Trocken schütteln und sehr dicke, holzige Stiele entsorgen. Karottengrün und anderes Grün oder Kräuter zusammenfassen und mithilfe eines Messers vom Stängel bis zu dem Blättern fein hacken. Das gehackte Kraut in der Küchenmaschine mit allen anderen Zutaten für das Pesto zu einer groben, jedoch einheitlichen Konsistenz pürieren. Sofort verwenden oder in einem Gefäß im Kühlschrank bis zu 1 Woche aufbewahren.

Für den Salat die Karotten- und Fenchelstreifen mit dem Pesto und den Orangenstücken in einer Schüssel mischen. Den Salat auf einem Teller anrichten, mit ein wenig Karottengrün garnieren und mit der Orangenschale bestreuen.

Entweder den Holzkohlegrill anfeuern und die Kohlen zunächst weißglühend werden und dann leicht abkühlen lassen oder eine Grillpfanne auf mittlerer Stufe erhitzen.

Die ganzen Zucchini auf dem heißen Grill oder in der Pfanne schmoren lassen, dabei zunächst jede Seite leicht ankohlen und dann wenden.

In der Zwischenzeit die Zucchiniblätter oder den Spinat mit Öl bestreichen und neben den Zucchini einige Minuten grillen.

Zucchini und Blätter von der Hitze nehmen und mit einem Messer grob zerkleinern. Mit den Händen vorsichtig zerdrücken und großzügig mit Salz und Pfeffer würzen.

Die Zucchinimischung auf einer Platte anrichten und – à la Jackson Pollock – mit dem Tahin-Dressing (oder Joghurt) bespritzen. Mit Süßungsmittel und Zitronensaft und -schale verfeinern. Die Blüten (optional) zerpflücken und darüber streuen.

Kirschen-Buchweizen-Taboulé

Portionen:
4 als Beilagensalat,
2 als leichte Mahlzeit

Winterharte, süße, rubinrote Kirschen verfügen über eine subtile Säure, die in Kombination mit intensiven herzhaften Aromen hervorragend funktioniert. Sie haben nur einige Wochen im Jahr Saison, machen Sie also in dieser Zeit das Beste daraus und verwenden Sie die Früchte in allen möglichen Gerichten – sowohl süßen wie auch pikanten. Für gewöhnlich nimmt man für Taboulé Tomaten, ich habe sie jedoch für diese Variante durch Kirschen ersetzt, was eine interessante und köstliche Alternative ergibt, die süß, sauer und saftig ist. Kirschen sind kurz vor den Tomaten reif – wenn sie nicht in beheizten Glashäusern gezogen werden –, was sie zu einer guten saisonalen Alternative macht, während wir auf die besten Tomaten warten.

Buchweizen ist eine nahrhafte und glutenfreie Alternative zu herkömmlichen Getreidesorten wie Weizen oder Gerste. Er hat eine kurze Vegetationszeit und lässt sich bereits nach 8–12 Wochen ernten. Zudem gedeiht er gut in kargen Böden und zieht jede Menge Bestäuber und Nützlinge an. Er kann im Zwischenfruchtanbau genutzt werden, um die Bodenfruchtbarkeit und Nährstoffversorgung zu verbessern. Buchweizen verfügt über ein nussiges Aroma, das sich gemischt mit frischem Gemüse gut in Salaten macht; er lässt sich auch zu Mehl verarbeiten, das sich für Teig (siehe Seite 231) und Pfannkuchen (siehe Seite 58) eignet. In diesem Rezept wird der Buchweizen eingeweicht und geröstet, wodurch er an Biss gewinnt und sein ausgewogenes nussiges Aroma besser zur Geltung kommt.

---

50 g Buchweizen

300 g Kirschen, entkernt und geviertelt (oder Kirschtomaten)

2 Frühlingszwiebeln, im Ganzen in feine Ringe geschnitten

4 Radieschen, gründlich gewaschen, in feine Scheiben geschnitten, Blätter klein geschnitten

50 g Gurke, in kleine bis mittelgroße Würfel geschnitten

40 g Petersilie, Blätter grob gehackt, Stängel fein gehackt

1 EL Dattel- oder Ahornsirup

abgeriebene Schale und Saft von ¼ Bio-Zitrone

Buchweizen in eine Schüssel geben und mit reichlich kaltem Wasser bedecken. Beiseitestellen und 20 Minuten einweichen lassen, dann abgießen. In einer Bratpfanne ca. 5 Minuten auf mittlerer Stufe rösten, bis die Körner knusprig sind. Von der Herdplatte nehmen und abkühlen lassen.

Den gerösteten Buchweizen in eine Servierschüssel geben, die übrigen Zutaten hinzufügen und gut vermischen. Nach Belieben mit Salz und Pfeffer würzen.

Emmer-Salat mit Aprikosen, Dicken Bohnen und Algen

Portionen:
2 als Hauptmahlzeit,
4–6 als Beilage

Die leuchtend orangefarbenen Aprikosen heben sich in diesem farbenprächtigen Salat herrlich von den dunklen eisenreichen Algen ab und vereinen sich mit diesen zu einer köstlichen Mischung unterschiedlicher Aromen.

Emmer ist eine Pflanzenart aus der Gattung Weizen und eine der ältesten kultivierten Getreidesorten. Er ist äußerst aromatisch und wird auch zu Mehl vermahlen, das beim Backen zum Einsatz kommt, kann aber auch als ganzes Korn in Suppen, Eintöpfen oder Salaten verwendet werden. Sie können ihn hier auch durch andere Getreidesorten und Pseudogetreide wie Amaranth, Dinkel, Hirse, Quinoa, Roggen oder Teff ersetzen, anderes saisonales Obst oder Gemüse nehmen und so zahllose farbenfrohe Kombinationen schaffen. Nährstoffreiche Getreide wie Emmer brauchen eine Weile, bis sie gar sind. Um Energie zu sparen, könnten Sie gleich etwas mehr auf Vorrat zubereiten. Es hält sich im Kühlschrank bis zu 5 Tagen und lässt sich in jeder Mahlzeit anstelle von Reis, Kartoffeln oder anderen Kohlenhydraten einsetzen.

150 g Emmer oder anderes Getreide

80 g Paranüsse (oder andere Nüsse)

2 EL Ahornsirup oder anderes Süßungsmittel

200 g Dicke Bohnen (Gewicht ohne Schale, mit Schale ca. 500 g)

8 Aprikosen, halbiert, entkernt und in große Stücke gerissen

6 g Hijiki-Algen (oder andere Algen), 10 Minuten in kaltem Wasser eingeweicht, dann abgespült

50 g Bohnensprossen (siehe Seite 154, optional)

4 Zweige Minze, Blätter abgezupft, Stängel fein gehackt

4 Zweige Petersilie, Blätter grob gehackt, Stängel fein gehackt

2 EL natives Olivenöl extra

abgeriebene Schale und Saft von ¼ Bio-Zitrone

Ringelblumenblüten oder andere essbare Blüten, zum Servieren (optional)

Emmer (oder anderes Getreide) in einem mittelgroßen Topf mit der dreifachen Menge Wasser zum Kochen bringen. 1–1½ Stunden bei geschlossenem Deckel köcheln lassen, bis er gar ist, aber noch Biss hat. Bei Bedarf Wasser nachgießen. Für anderes Getreide siehe die Übersicht auf Seite 155. Abgießen und zum Abkühlen beiseitestellen.

Die Nüsse in einer trockenen Pfanne auf mittlerer Stufe rösten, bis sie leicht Farbe angenommen haben. Einen Esslöffel Ahornsirup einrühren und mit einer Prise Salz würzen. Von der Herdplatte nehmen und beiseitestellen.

Die Dicken Bohnen kosten. Sind sie weich genug, roh belassen. Sind sie etwas härter, in einem großen Topf mit kochendem Salzwasser 2 Minuten blanchieren und dann abgießen.

Alle Zutaten in einer Servierschüssel mischen, dabei die Hälfte der Aprikosen, Blütenblätter, Algen und Nüsse zurückbehalten und diese dann über den fertigen Salat streuen.

Blattsalat und Stachelbeeren vom Grill mit Popcorn

Portionen:
6 als großzügige Beilage oder Vorspeise

Eine heiße Grillpfanne oder ein Grill können einen müden Blattsalat in etwas höchst Appetitanregendes verwandeln. Beim Garen werden die Blätter süß, was einen schönen Kontrast zu den bitter schmeckenden verbrannten Rändern bildet und für Harmonie sorgt. Nehmen Sie für diesen Salat noch nicht ganz reife Stachelbeeren, da sie ihre Form besser behalten und eine herrlich saure Note aufweisen. Das Popcorn in diesem Gericht ersetzt kleine Croûtons und saugt nicht nur das saure Dressing auf, sondern sorgt auch für ganz besonderen Biss.

Die biologischen Ursprünge von Mais blieben lange ein Rätsel, bis George Beadle entdeckte, dass dieser sehr ähnliche Chromosomen aufweist wie ein kurzes mexikanisches Gras namens Teosinte. Im Verlauf seiner Analyse fand er auch heraus, dass sehr harte Teosinte-Kerne ebenso aufspringen wie unser heutiges Popcorn. Man nimmt an, dass auch unsere Vorfahren schon Popcorn genossen haben, indem sie die Kerne in einem trockenen Keramiktopf erhitzten, bis sie aufplatzten – was ein andernfalls ungenießbares Gras in eine absolute Köstlichkeit verwandelte.

100 g nicht ganz reife Stachelbeeren

3 kleine Romana-Salate (oder Radicchio), in Spalten geschnitten

Kokosnussöl oder Bio-Rapsöl

10 g Popcornmais

4 Zweige Fenchelgrün, Karottengrün oder Dill, Blätter abgezupft, Stängel fein gehackt

1 EL Ahornsirup oder anderes Süßungsmittel

natives Olivenöl extra

Essbare Blüten (optional)

Entweder einen Holzkohlegrill anfeuern, die Kohlen glühend weiß werden und dann leicht abkühlen lassen oder eine Grillpfanne auf hoher Stufe erhitzen.

Wenn Sie einen Grill benutzen, die Stachelbeeren auf einen Spieß fädeln und auf jeder Seite 1 Minute grillen, bis sie anfangen, Farbe anzunehmen. In der Grillpfanne die Stachelbeeren auf jeder Seite scharf anbraten, dann aus der Pfanne nehmen und beiseitestellen.

Die Salatspalten in eine Schüssel geben, gleichmäßig mit Olivenöl beträufeln und mit Salz und Pfeffer würzen. Auf dem Grill oder in der Grillpfanne arrangieren und 2–3 Minuten auf jeder Seite bräunen. Im Inneren sollten sie noch roh sein. Wieder in die Schüssel geben.

In einem kleinen Topf mit Deckel einen Schuss Kokos- oder Rapsöl auf hoher Stufe erhitzen. Einige Maiskörner hineingeben und warten, bis das erste Korn aufplatzt. Dann den restlichen Mais zugeben und den Deckel schließen. Den Topf schütteln und abwarten, bis alle Körner aufgepoppt sind. Sobald der Lärm aufhört, den Topf von der Herdplatte nehmen und Popcorn in eine Schüssel umfüllen.

Den Salat auf einer großen Servierplatte anrichten. Den gegrillten Salat in der Mitte arrangieren, mit Popcorn und Stachelbeeren garnieren und die Kräuter darüber streuen. Mit einem Spritzer süßem Sirup, Olivenöl und essbaren Blüten nach Wunsch verfeinern.

Himbeer-Tomaten-Salat

Portionen:
4 als Beilagensalat

Ich bin Mitglied von Chef's Manifesto, einer internationalen Organisation von Köchen, die sich für ein besseres Lebensmittelsystem einsetzen. Dank dieser Vereinigung habe ich die Chance, mit Köchen aus der ganzen Welt zu kochen, darunter auch der britische Michelin-Sterne-Koch Merlin Labron-Johnson. Jedes Mal, wenn wir uns treffen, kochen und erfinden wir eigene Gerichte aus den saisonalen Produkten, die gerade im Angebot sind. Bei einer dieser Veranstaltungen kreierte Merlin einen Salat aus Himbeeren und Tomaten. Dieses Rezept ist davon inspiriert und setzt zwei Punkte aus unserem Manifest um: »Essen Sie regionale, saisonale Lebensmittel.« Und: »Essen Sie in erster Linie pflanzliche Zutaten.«

Mit Liebe, Selbstvertrauen und Kreativität zu kochen, ist ein Hauptpunkt des Root-to-Fruit-Manifestes. Während wir an diesem Buch gearbeitet haben, bemühten mein Team und ich uns um Kreativität und Spaß bei der Präsentation der Abbildungen. Für das Anrichten dieses Gerichtes habe ich 45 Minuten benötigt. Natürlich würde es genauso gut schmecken, hätte ich es einfach bunt zusammengewürfelt. Die Idee dahinter ist die, dass Essen Spaß machen soll, egal was man zubereitet. Es gibt keine Regeln, kein richtig oder falsch. Alle Rezepte in diesem Buch lassen sich Ihrem eigenen kreativen Genie und Ihrer Fantasie in der Küche anpassen.

300 g Tomaten (alte Sorten)
1 Körbchen Himbeeren
2 TL Kombucha-Essig (siehe Seite 217) oder ein anderer Essig
1 Spritzer natives Olivenöl extra
Kräuter, egal welche, gesammelt, und/oder essbare Blüten zum Garnieren (z. B. Zitronenverbene, Schafgarbe, Ringelblume, optional)

Die Tomaten in unterschiedlich große Stücke schneiden, je nachdem, wie sie Ihrer Meinung nach geschnitten werden sollten. Himbeeren längs halbieren.

Tomaten und Himbeeren auf einer Platte arrangieren und mit Essig und ein wenig Öl anmachen. Mit Kräutern und Blüten dekorieren (optional) und mit Salz würzen.

Geröstete Speiserüben und Äpfel mit Joghurt und Cayennepfeffer

Portionen:
4 als Teil einer Hauptmahlzeit

Schweine mögen sie, warum also nicht auch wir? Äpfel und Speiserüben passen sehr gut zusammen. Die süße, leicht pfeffrige Note der Rübe ergänzt den sauren grünen Apfel, der im Ofen gebacken ein noch intensiveres Aroma erhält und einen herrlichen Saft abgibt. Ich liebe es, Salate wie diesen zu machen, mit gekochtem Gemüse und einem reichhaltigen Dressing. Er schmeckt kalt am nächsten Tag ebenso gut wie noch heiß, direkt aus dem Ofen.

Pflanzenjoghurt ist eine interessante Alternative zu Milchprodukten. Er kann aus ganz unterschiedlichen Ausgangsprodukten hergestellt werden, wie Soja, Kokosnuss oder Mandel. Auf Seite 224 finden Sie ein Rezept für meinen selbstgemachten Pflanzenjoghurt. So vermeiden Sie nicht nur Verpackung, sondern auch fragwürdige Zutaten. Er ist günstig, nährstoffreich, probiotisch und es macht Spaß, ihn herzustellen.

---

4 Speiserüben mit Blättern

1 oder zwei Schuss natives Olivenöl extra

2 Kochäpfel (z. B. Boskoop oder Elstar), in Achtel geschnitten, Kerne entfernt

6 Zweige Oregano oder Thymian

15 g Joghurt (siehe Seite 224)

1 Prise Cayennepfeffer

Den Ofen auf 180 °C vorheizen.

Die Speiserüben waschen und Blätter und Stängel entfernen. Die Knollen in Spalten schneiden, die ähnlich groß sind wie die Apfelspalten. Blätter und Stängel in große Stücke schneiden, in ein wenig Olivenöl wenden und beiseitestellen.

Die Speiserübenspalten in eine Backform legen, die Kräuter dazugeben, mit einem Schuss Olivenöl beträufeln und zusammen mit einer guten Prise Salz vermischen. Im Ofen 20 Minuten backen, bis die Spalten an den Rändern leicht verkohlt sind. Die Äpfel zugeben und für weitere 20 Minuten im Ofen backen. Zum Schluss das Rübengrün untermischen und weitere 5–10 Minuten im Ofen lassen, bis es zusammengefallen ist.

In der Form servieren, Klekse von Pflanzenjoghurt darüber verteilen und mit Cayennepfeffer bestäuben. Heiß oder kalt genießen.

Birnen und Radicchio aus dem Ofen mit getrockneten Sommerblüten

Portionen:
4 als Beilage oder Vorspeise

Dies war eines meiner Lieblingsgerichte, als wir unser Restaurant Poco in Bristol im Jahr 2011 eröffneten. Nach einem kurzen Praktikum in René Redzepis Restaurant Noma in Kopenhagen wandelte ich das Original ein wenig ab und fügte essbare Blüten hinzu. Redzepis Team nutzte sie im Überfluss zur Dekoration der pflanzenbasierten Gerichte.

Im Herbst sind essbare Blüten ein bisschen schwieriger zu finden, doch bis zum ersten Frost ist leuchtend orangefarbene und gelbe Kapuzinerkresse eine gute Wahl. Nach dem Frost sind dann die hübschen und widerstandsfähigen Stiefmütterchen dran. Wenn Sie im Winter essbare Blumen verwenden wollen, müssen Sie entweder auf die ersten Primeln warten, oder aber sie trocknen ganz einfach Sommerblumen. Entfernen Sie die Stängel und legen Sie die Blüten an einen sonnigen oder warmen Ort, bis sie völlig getrocknet sind, oder pressen Sie sie in einem Buch, ehe Sie sie in einem trockenen Gefäß aufbewahren.

Das Gericht ist herrlich herbstlich. Das Backen der Birnen verstärkt deren bronzene Töne noch und lässt sie beinahe glänzen wie Gold. Ergänzt mit essbaren Blüten ist dies das perfekte Essen für ein Festmahl.

---

2 Conference Birnen (oder eine andere saftige Birnensorte)

1 kleiner Radicchio

1 Schuss natives Olivenöl extra

3 Zweige Oregano, Blüten und Blätter abgezupft

1 TL Aleppo-Pfeffer oder andere Chiliflocken (optional)

essbare Blüten (optional)

Ahornsirup, oder ein anderes Süßungsmittel, zum Servieren

Den Ofen auf 180 °C vorheizen.

Jede Birne in 6 Spalten schneiden und das ungenießbare Kerngehäuse entfernen. Den Radicchio in 8 Spalten schneiden.

Birnen und Radicchio auf einem Backblech verteilen, mit Olivenöl beträufeln und mit Salz und Pfeffer würzen. Im Ofen 35 Minuten backen oder bis alles gerade weich und leicht gebräunt ist.

Auf Tellern anrichten und mit Oregano, Aleppo-Pfeffer und essbaren Blüten (optional) und einem Spritzer Süßungsmittel servieren.

Rote-Bete-Blätter-Borani
mit Ofen-Bete und Brombeeren

Portionen:
4 als Snack,
2 als Vorspeise mit Brot

Borani ist ein iranischer Dip, der für gewöhnlich aus Joghurt und Spinat besteht, er lässt sich jedoch für die meisten Gemüsesorten anpassen. Hier dienen die Rote-Bete-Stängel als natürliche Pflanzenfarbe, die dem Borani eine leuchtend rosa Färbung verleiht. Der Dip ist in nur wenigen Minuten fertig und schmeckt köstlich mit Brot oder rohen Gemüsesticks – oder noch besser als farbenfroher Salat. Rote-Bete-Blätter und -Stängel gehören zu meinen liebsten Blattgemüsen. Sie kommen aus der gleichen Familie wie Mangold und schmecken ähnlich, mit einer subtilen, jedoch erdigeren Note. Sie können zudem grünes Gemüse in jedem Gericht ersetzen. Die Blätter sind nährstoffreicher als die Wurzel selbst und weisen eine Menge Vitamin A und K auf. Jede Portion enthält ein Viertel des täglichen Bedarfs an Magnesium, das in der modernen Ernährungsweise oft zu kurz kommt.

Rote Bete lagern Sie am besten, indem Sie die Stängel und Blätter ca. 1 cm über der Knolle abschneiden und in einem verschließbaren Gefäß im Kühlschrank aufbewahren, oder aufrecht in einem Glas Wasser. Die Wurzel hält sich gut in einem dunklen Schrank.

---

4 mittelgroße Rote Beten mit Blättern (oder 4 Rote Beten und 120 g roter Mangold)

---

natives Olivenöl extra, zum Beträufeln

---

1 kleine Knoblauchzehe, zu einer groben Paste zerdrückt

---

100 g Joghurt (siehe Seite 224)

---

abgeriebene Schale und Saft von ¼ Bio-Orange

---

150 g Brombeeren

---

40 g Walnüsse, in große Stücke zerbrochen

Den Ofen auf 180 °C vorheizen.

Die Blätter von der Roten Bete entfernen und weglegen. Die Knollen in Spalten schneiden und in eine Backform geben. Mit Olivenöl beträufeln und im Ofen 55 Minuten backen, bis sie beim Anstechen mit einem Messer weich sind. Beiseitestellen.

Für das Borani die Rote-Bete-Blätter und -Stängel zusammen mit dem roten Mangold (optional) in feine Scheiben schneiden. In einer schweren Bratpfanne einen Schuss Olivenöl auf niedriger Stufe erhitzen, die Blätter und Stängel zugeben und mit einer Prise Salz würzen. Bei geschlossenem Deckel 2 Minuten garen lassen. Dann kurz umrühren und noch ein paar Minuten weiterkochen. Deckel entfernen, die Hälfte des Knoblauchs zugeben und rühren, bis der Großteil der Flüssigkeit verdampft ist. Pfanne von der Herdplatte nehmen und die Blätter in eine Schüssel geben.

Mit dem Joghurt, dem übrigen Knoblauch und dem Orangensaft vermischen und nach Belieben mit Salz und Pfeffer abschmecken.

Borani auf einer Platte anrichten, mit der Roten Bete aus dem Ofen und den Brombeeren belegen und die Orangenschale darüber reiben. Mit den Walnussstückchen garnieren und mit Öl beträufeln.

Rauchiger Quinoa-Salat
mit Kürbis, Pflaumen und Mandeln

Portionen:
2 als Hauptmahlzeit,
4–6 als Beilage

Jedes Jahr veranstalte ich im Rahmen von Foodfestivals Kochvorführungen. Mit dem Wechsel der Jahreszeiten verändern sich auch meine Rezepte, da ich mich der besten Produkte bediene, die in dieser Region gerade Saison haben. Zum ersten Mal bereitete ich dieses Gericht im September beim nordwalisischen *The Good Life Experience* zu. Rund um das Festivalgelände befinden sich Obstwiesen und Kürbisfelder, also erntete ich Äpfel, Birnen und Kürbis und fügte sie dem Rezept hinzu.

Dieses Gericht besticht nicht nur durch die herbstlichen Farben, sondern holt auch das Beste aus jenen Produkten heraus, die gerade verfügbar sind. So wie dieses Rezept entstanden ist, sind auch Sie dazu aufgefordert, die besten Nüsse, Getreide, Obst- und Gemüsesorten aus Ihrer Region auszuwählen und zu verarbeiten.

Mandeln sind äußerst nährstoffreiche Nüsse voller Antioxidantien, stehen jedoch in der Kritik, da die Pflanze sehr viel Wasser verbraucht. 80 % aller Mandeln werden in Kalifornien angebaut, wo Trockenheit und Wasserknappheit ein ernstes Problem sind. Palästinensische Mandeln jedoch – oft in Fairtrade-Qualität erhältlich – sind eine einheimische Sorte, die nur wenig Bewässerung benötigt. Sie sind hochpreisiger und sehr gefragt, verwenden Sie also nur geringe Mengen davon.

---

400 g Kürbis mit Schale, in 3–4 cm große Würfel geschnitten

natives Olivenöl extra

3 Pflaumen, entkernt und geviertelt

1 süßer Apfel, in Spalten geschnitten

75 g geräucherte oder normale Quinoa

75 g rote, schwarze oder weiße Quinoa

100 g Mandeln oder Walnüsse, leicht zerdrückt

6 g Wakame-Algen oder andere Algen, 10 Minuten in kaltem Wasser eingeweicht und abgetropft

16 Zweige gemischte weichblättrige Kräuter (z. B. Minze, Petersilie, Majoran), Blätter grob gehackt, Stängel fein gehackt

abgeriebene Schale und Saft von ¼ Bio-Zitrone

1 Spritzer Ahornsirup oder ein anderes Süßungsmittel

Den Ofen auf 180 °C vorheizen.

Die Kürbiswürfel auf einem Backblech verteilen, in einem Schuss Olivenöl wenden und im Ofen 40–50 Minuten backen, bis sie beginnen anzukohlen. Zum Abkühlen beiseitestellen.

In der Zwischenzeit die Pflaumen und Äpfel auf einem weiteren Backblech verteilen, ebenfalls in einem Schuss Olivenöl wenden und im Ofen 15 Minuten backen, bis sie leicht karamellisieren. Zum Abkühlen beiseitestellen.

Beide Quinoa-Sorten in einem Topf mit reichlich kaltem Wasser bedecken und 15 Minuten kochen, bis die kleinen Körner beginnen aufzuspringen. Abgießen und zum Abkühlen beiseitestellen.

Zum Servieren alle Zutaten in einer Schüssel oder auf einer Platte miteinander vermischen.

Kürbis und Stangensellerie aus dem Ofen mit Sauerkirschen, Paranüssen und Aioli

Portionen: 4

Dieses Gericht ist ein gutes Beispiel dafür, wie kreativ man bei der Zubereitung eines Salates sein kann. Vergessen Sie alle Regeln, welche Zutaten in einen Salat gehören, oder wie diese zubereitet sein sollten; lassen Sie Ihrer Fantasie freien Lauf. Das nächste Mal, wenn Sie ein Gemüse im Kühlschrank finden, das aufgebraucht werden muss, verarbeiten Sie es zu einem warmen Salat und peppen Sie es mit zwei oder drei Zutaten aus dem Vorratsschrank auf. Das Rösten des Gemüses intensiviert den Geschmack, macht es süß und geschmackvoll.

Paranüsse wachsen nur im Regenwald, ein Gebiet, das vor Abholzung geschützt werden muss. Kaufen Sie also am besten Bio-Qualität oder Fairtrade-Nüsse. Für weitere Informationen zur Zertifizierung siehe Seite 238.

---

600 g Kürbis mit Schale, in Spalten geschnitten

6 Stangen Sellerie, in 5 cm breite Stücke geschnitten, Blätter und Strunk aufbewahrt

1 Schuss natives Olivenöl extra

60 g getrocknete Sauerkirschen

80 g Paranüsse, leicht zerstoßen

Für die Aioli

100 ml Joghurt (siehe Seite 224)

1 kleine Knoblauchzehe, zu einer Paste zerdrückt

1 Schuss natives Olivenöl extra

abgeriebene Schale und Saft von ¼ Bio-Zitrone

Den Ofen auf 220 °C vorheizen.

Den Kürbis und die Selleriestücke auf ein Backblech legen, mit dem Öl beträufeln und im Ofen 30–40 Minuten rösten, bis sie beginnen anzukohlen.

Für die Aioli den Joghurt mit dem Knoblauch, einem Schuss Olivenöl, Zitronenschale und -saft in einer Schüssel vermischen.

Den Kürbis und den Sellerie auf dem Backblech servieren, Joghurt-Aioli darüber träufeln, mit den Sellerieblättern (wenn vorhanden), Kirschen und Paranüssen garnieren.

Meeresspaghetti, Rote Bete, Steckrüben und Sultaninen

Portionen: 4 als Beilagensalat
oder als leichtes Mittagessen

Nach dem Genuss dieses robusten und sättigenden Salates werden Sie sich fragen, weshalb Sie nicht jeden Tag Algen essen! Er besticht durch ein ausgewogenes Gleichgewicht der Aromen: das Salz der Algen, die Süße der Sultaninen, die Säure des Essigs und der herzhafte Geschmack des Gemüses.

Meeresspaghetti sind lange dünne Meeresalgen, die in großen Mengen in Strandnähe wachsen. Sie sind leicht zu erkennen – nur falls Sie beim Schnorcheln einmal selbst welche ernten wollen. Einmal getrocknet sind sie nahezu unbegrenzt haltbar.

Um die Haselnüsse und Kürbiskerne in diesem Rezept leichter verdaulich, prall und köstlich zu machen, im Ganzen für 8 Stunden oder über Nacht einweichen und abgießen.

Für das Dressing

2 EL Essig
(Kombucha, siehe Seite 217; oder Apfelessig, siehe Seite 223)

5 TL natives Olivenöl extra

1 TL Süßungsmittel
(z. B. Ahornsirup, Melasse, unraffinierter Zucker)

Für den Salat

35 g Meeresspaghetti oder andere Algen,
10 Minuten in kaltem Wasser eingeweicht und abgetropft

30 g Haselnüsse, leicht zerdrückt oder gehackt

25 g Kürbiskerne

1 kleine Rote Bete (ca. 100 g), gerieben

Rote-Bete-Blätter oder 3 Zweige Petersilie, inklusive Stängel, fein gehackt

50 g Steckrüben, gerieben

30 g Sultaninen oder andere Trockenfrüchte

Für das Dressing Essig, Öl und Süßungsmittel in einer kleinen Schüssel vermischen. Gut mit Salz und Pfeffer würzen.

Die Zutaten für den Salat nebeneinander in einer Schüssel arrangieren und erst bei Tisch mit dem Dressing vermischen.

Dukkah mit Ofen-Rosenkohl

Portionen: 4

Dukkah ist ein ägyptischer Dip, der traditionell aus Haselnüssen, Sesamsamen, Kreuzkümmel und getrockneter Minze besteht, jedoch aus jeder Kombination gerösteter Nüsse, Samen und Gewürze zubereitet werden kann. Passen Sie dieses Rezept an ähnliche Zutaten aus Ihrem Vorratsschrank an. Mit nativem Olivenöl extra und Brot zum Dippen servieren, oder einfach über Gemüse oder Salat verteilen, denen es Biss und Aroma verleiht. In einem luftdicht verschlossenen Gefäß aufbewahren.

Für den Ofen-Rosenkohl

400 g Rosenkohl

2 EL Kokos- oder Bio-Rapsöl

Joghurt (siehe Seite 224), zum Servieren

Für das Dukkah (ergibt ca. 150 g)

50 g Nüsse (z. B. Haselnüsse, Paranüsse, Walnüsse)

2 EL Koriandersamen

1 EL Kreuzkümmelsamen

½ TL Kümmel, im Ganzen

40 g Sesamsamen

1 Zweig Majoran, die Blätter abgezupft

2 TL Meersalz

1 Prise getrocknete Rosenblütenblätter (optional)

Den Ofen auf 190 °C vorheizen.

Für das Dukkah die Nüsse auf ein Backblech legen und im Ofen 3 Minuten rösten. Koriander, Kreuzkümmel und Kümmel dazugeben und weitere 5 Minuten rösten. Zum Abkühlen beiseitestellen. Die Sesamsamen auf einem weiteren Backblech verteilen und im Ofen über den anderen Zutaten 5 Minuten mitrösten. Zum Abkühlen beiseitestellen.

Die Nüsse und Gewürze im Mörser vermahlen oder in der Küchenmaschine grob zerkleinern. In einer Schüssel mit Kräutern, Salz, Sesamsamen und Rosenblütenblättern vermischen.

Den Ofen auf 220 °C vorheizen.

Die Rosenkohlsprossen halbieren und dabei alle allzu harten Strünke entfernen. In einer Bratenform verteilen und mit ein wenig Öl beträufeln. Mit einer Prise Salz würzen und gut vermischen. Im Ofen 20–30 Minuten rösten, bis die Sprossen an den Rändern anfangen zu verkohlen und leicht schwarz werden.

Mit Joghurt beträufelt in der Bratenform servieren.
Zum Abschluss großzügig mit Dukkah bestreuen.

Winterlicher Caesar Salad

Portionen:
4 als leichte Mahlzeit,
8 als Vorspeise

Dies ist eine pflanzenlastige Wintervariante eines klassischen Caesar Salad, die aus einer Auswahl nährstoffreicher bitterer Blattsalate anstelle des eher langweiligen Eisbergsalats besteht. Als Alternative zu Sardellenfilets verleihen ihm salzige Algen und Kapern einen Hauch von Meer, und Walnüsse ersetzen den Parmesan.

Winterliche Blattgemüse (in Weiß, Rosa und Violett) bringen uns durch die kältesten Monate des Jahres und versorgen uns mit nährstoffreichen, bunten und aromatischen Zutaten, die auch eisigen Temperaturen trotzen; sie sind eine gute Quelle regionaler Nahrungsmittel und zudem reich an Vitamin A und C sowie den Mineralstoffen Eisen, Kalium und Kalzium. Gemüsegärtnereien und spezialisierte Bauernhöfe bauen immer mehr Sorten an, neben alten Sorten auch farbenprächtige Hybride. Darunter auch die unterschiedlichsten violetten und grünen Kohlsorten, Radicchio Tardivo di Treviso mit seinen langen dunkelroten Trieben oder Radicchio del Veneto, ein rüschenbesetzter Chicorée in Pastellrosa.

Für den Salat

1 Kopf Chicorée (z. B. Endivie, Tardivo, Treviso), Blätter getrennt

1 kleines Bund Baby-Grünkohl (z. B. Cavolo Nero, Red Russian, Redbor), Stiele entfernt und fein gehackt, Blätter in große Stücke gerissen

5 g Algen, 10 Minuten in kaltem Wasser eingeweicht und abgetropft

4–6 Walnüsse, gehackt

1 Prise Kala Namak oder Meersalz

Für die Croûtons

1 Knoblauchzehe, zu einer Paste zerdrückt

1 Schuss natives Olivenöl extra

3 Scheiben altbackenes Vollkorn-Sauerteigbrot (oder anderes Brot), in lange Stifte geschnitten

Für das Dressing

4 EL Aquafaba (siehe Seite 214)

1 kleine Knoblauchzehe

1 EL Kapern, zusätzlich 1 EL für den Salat

1 EL Hefeflocken (optional)

100–150 ml natives Olivenöl extra

Saft von ½ Bio-Zitrone

1 EL Worcestershiresauce

Für das Dressing Aquafaba, Knoblauch, Kapern und Hefeflocken in der Küchenmaschine mischen. Bei laufendem Motor das Olivenöl sehr langsam und gleichmäßig einlaufen lassen, wie bei Mayonnaise. Sobald die Konsistenz jener von Crème double gleicht, kein Öl mehr zugeben, sondern Zitronensaft und Worcestershiresauce einrühren.

Für die Croûtons Knoblauch und Olivenöl in einer Schüssel vermischen. Das Brot dazugeben und gründlich im Knoblauchöl wenden. Großzügig mit Salz würzen. In einer Bratpfanne auf mittlerer Stufe von allen Seiten goldbraun braten. Beiseitestellen.

Für den Salat die Salatblätter, den Kohl, die Algen, die Kapern und die Croûtons in einer Schüssel mischen. Mit dem Dressing beträufeln und ein- oder zweimal unterheben, damit die leuchtenden Farben des Salats noch erkennbar sind.

Großzügig mit Walnüssen, einer Prise Kala Namak oder Meersalz bestreuen und sofort servieren.

Süße Gerichte

Ein schokoladiges Biodiversitäts-Experiment

Die Artenvielfalt und die Wachstumsbedingungen oder das Terroir einer Pflanze oder eines Produktes haben Einfluss auf deren Geschmack, Nährwert, Aroma und sogar auf das Aussehen. Schokolade ist ein perfektes Beispiel dafür, wie Biodiversität im Geschmack zum Ausdruck kommt.

Der Kakaobaum wächst in der reichhaltigen Erde des tropischen Regenwaldes, in einem breiten Gürtel im Bereich des Äquators, der sich zwischen 20° nördlicher und 20° südlicher Breite um den ganzen Globus zieht. Obwohl sich ein Großteil des Kakaoaromas auf das Erbmaterial der Pflanze, die Fermentation und Trocknung der Kakaobohnen nach der Ernte zurückführen lässt, tragen jedoch auch Bodenzusammensetzung, Klima, Höhenlage jeder Region und andere Faktoren zu regionalen Geschmacksunterschieden bei.

Als vermittelndes kulinarisches Experiment habe ich dieses Schokotrüffel-Rezept konzipiert, das auf einer schlichten Wasser-Ganache beruht, welche die natürlichen und intensiven Schokoaromen hervorhebt, damit Sie Biodiversität und Terroir einer einzigen Schokoladensorte erschmecken können. Nehmen Sie dieses Vergnügen ernst, kosten Sie langsam und betrachten Sie den Ursprung der nuancierten Aromen der Schokolade. Lassen Sie sich auf diese Erfahrung ein, tauchen Sie in den Dschungel und die Sie umgebende Natur ein.

1 DENKEN

Denken Sie vor und während der Verkostung an das Land, die Region und sogar an den Bauernhof, von dem die Schokolade stammt. Versuchen Sie, Bilder des Ortes zu finden, um ihn besser begreifen zu können. Holen Sie Informationen über die Anbaugebiete, die Höhe, die Art des Bodens und vor allem die Kakaoarten ein.

2 SEHEN

Betrachten Sie das Aussehen der Schokolade, welche Farbakzente können Sie sehen? Wie hell oder dunkel ist die Schokolade, kann man Rot-, Orange- oder Violetttöne erkennen?

190

Ergibt ca. 16 kleine Trüffel

150 g Ursprungsschokolade, milchfrei

Kakao, zum Bestäuben

Ein kleines Blech oder eine Platte mit ungebleichtem Backpapier auslegen. Die Schokolade in feine Stücke hacken. 80 ml Wasser in einem kleinen Topf zum Köcheln bringen, dann von der Herdplatte nehmen. Die Schokostücke in die Flüssigkeit geben und 1 Minute stehen lassen. Ursprungsschokolade kann etwas empfindlicher auf Hitze und Bewegung reagieren als Blockschokolade, also die Schokolade nicht übermäßig bearbeiten. Vorsichtig umrühren, bis die Schokolade geschmolzen ist, dann auf das ausgelegte Tablett oder die Platte gießen. Mit ein wenig Salz bestreuen und für 1 Stunde in den Kühlschrank stellen, bis die Schokolade fest geworden ist. Auf ein Schneidbrett legen, in rechteckige Stücke schneiden und mit Kakao bestäuben.

3 FÜHLEN

Schließen Sie die Augen, halten Sie Ihre Nase zu und legen Sie die Schokolade auf die Zungenspitze. Wie fühlt sich die Schokolade in Ihrem Mund an? Ist sie cremig, glatt oder strukturiert? Ist sie fettig und geschmeidig?

4 SCHMECKEN

Lassen Sie Ihre Nase los, behalten Sie die Schokolade auf der Zungenspitze, und lassen Sie die Schokolade schmelzen. Füllen Sie Ihren Mund mit Geschmack, dann kauen und schlucken. Berücksichtigen Sie die Dauerhaftigkeit und Komplexität des Geschmacks. Ist er süß oder bitter? Hat er einen hohen oder niedrigen Säuregehalt? Ist er sauer oder fruchtig und karamellisiert? Gibt es noch andere Geschmacksrichtungen, an die er Sie erinnert?

Sorbet, Granita und Eiscreme

Eis isst man am besten am Tag oder, noch besser, im Moment der Herstellung. Dann ist die Konsistenz wahrhaft göttlich und seidig-glatt. Diese Rezepte sind sehr einfach zuzubereiten und schmecken köstlich, Sie können sie auch saisonal variieren oder Ihre eigenen Geschmacksrichtungen erfinden. Kombinationen, die sich zunächst vielleicht merkwürdig anhören, sind oft genau richtig und sehr geschmackvoll, wie die Aromen, die ich für dieses Buch entwickelt habe (im Uhrzeigersinn von oben rechts): Eiscreme aus Vergissmeinnicht, Feigen und Haselnüssen, Sorbet mit Apfel, Fenchel und Minze, Sorbet aus Karotte, Aprikose und Aleppo-Pfeffer mit Ringelblumen oder Rote-Bete-Balsamico-Sorbet mit kandierten Rote-Bete-Stängeln. Zum Süßen des Eises verwende ich Ahornsirup, da er bei niedrigen Temperaturen gefriert und verhindert, dass Sorbet oder Eiscreme kristallisieren. Auch die Zugabe von Wodka hilft, da er als eine Art Frostschutzmittel wirkt, während Aquafaba für mehr Cremigkeit sorgt.

Sorbet

Portionen: 6–8

500 g Obst oder Gemüse, Kerne und Steine entfernt, in 2–3 cm große Würfel geschnitten

200 g Ahornsirup, oder ein anderer unraffinierter Zucker

Saft von ½ Bio-Zitrone

1 EL Wodka (optional)

50 g Aquafaba (siehe Seite 214), geschlagen, bis sich steife Spitzen bilden (optional)

zusätzliche Aromen (nach Belieben) – Essig, Kräuter, Gewürze

Obst und/oder Gemüse zusammen mit 120 ml Wasser in einen Topf geben und bei geschlossenem Deckel auf mittlerer Stufe gerade weich kochen. In der Küchenmaschine glatt pürieren, dann in ein Gefäß umfüllen. Ahornsirup, Zitronensaft und Wodka (optional) unterrühren. Abkühlen lassen und in den Kühlschrank stellen. Sobald die Masse völlig kalt ist, das Aquafaba (optional) unterheben. In die Eismaschine umfüllen oder in einem Gefäß im Gefrierschrank frieren lassen, dabei jede Stunde einmal mit einer Gabel umrühren, bis das Sorbet fertig ist.

Granita

Portionen: 4–6

250 g saisonales Obst nach Belieben und/oder 150 g saisonale Kräuter

75 g Ahornsirup oder ein anderer unraffinierter Zucker

abgeriebene Schale und Saft von 1 Bio-Limette oder ½ Bio-Zitrone

Das Obst entkernen und vierteln. Wenn Sie Kräuter verwenden, harte, holzige Stängel entfernen und in Stücke schneiden, die kleiner als 1 cm sind.

Obst und/oder Kräuter mit 150 ml Wasser, Ahornsirup (oder Zucker) sowie Zitrusschalen und -saft sehr glatt pürieren.

In ein flaches Gefäß füllen und für ca. 2 Stunden in den Gefrierschrank stellen, bis die Masse an den Rändern gefroren ist. Das Eis mit einer Gabel aufbrechen und alles vermischen, dann für weitere 2 Stunden tiefkühlen. Die Prozedur alle 30 Minuten wiederholen – mindestens 4–5 Mal – bis eine halbgefrorene Konsistenz entstanden ist.

Eine Art Eiscreme

Portionen: 4–6

150 g Nüsse

100 g Ahornsirup oder ein anderer unraffinierter Zucker

50 g Aquafaba (siehe Seite 214), geschlagen, bis sich steife Spitzen bilden (optional)

Den Ofen auf 190 °C vorheizen und ein Backblech hineinstellen.

Die Nüsse auf dem vorgeheizten Backblech verteilen und 8–10 Minuten rösten, bis sie goldbraun sind. Zum Abkühlen beiseitestellen. Zusammen mit dem Ahornsirup (oder Zucker) und 400 ml Wasser in der Küchenmaschine glatt pürieren. In einer Rührschüssel mit dem Aquafaba (optional) vermischen. In der Eismaschine gefrieren oder in einer Eiswürfelform oder flachen Schale im Gefrierschrank stocken lassen. Sobald die Masse gefroren ist, vorsichtig in Würfel schneiden und auf höchster Stufe glatt mixen. Sofort servieren oder nochmals einfrieren. Innerhalb der nächsten Stunden servieren, da die Masse sonst zu hart wird.

Aquafaba-Baisers
mit Blutorangen und Schokosauce

Portionen: 6

Diese Baisers sind süße Leckereien, die etwas, das normalerweise entsorgt wird – Aquafaba –, in ein absolut unwiderstehliches Dessert verwandeln. Vor allem, wenn sie mit Gin, Blutorangen und geschmolzener Schokolade überzogen werden.

Zertifizierungsunternehmen wie die Fairtrade Foundation sind der sicherste Weg, um zu garantieren, dass importierte Zutaten wie Zucker und Schokolade ohne die Ausbeutung von Kleinbauern hergestellt wurden. »Fairtrader« zahlen den Marktpreis für Produkte wie alle anderen, verpflichten sich aber vor allem zur Zahlung eines fairen Mindestpreises, wenn der Marktpreis zu niedrig ausfällt. Im Rahmen des Fairtrade-Antragsverfahrens und der laufenden Fairtrade-Schulung werden die Landwirte dabei unterstützt, Erträge und Qualität zu steigern und gleichzeitig bessere Kontakte zu ihren Käufern aufzubauen. Fairtrade bietet zudem eine Prämie für über das Programm verkaufte Lebensmittel, die die Produzentenorganisation beim Aufbau von Infrastruktur unterstützt.

Für die Baisers

225 g Rapadura-Vollrohrzucker oder unraffinierter extrafeiner Zucker

170 ml Aquafaba (siehe Seite 214)

½ TL Weinsteinbackpulver

2 Bio-Blutorangen oder Navelorangen

1 Schuss Gin (optional)

2 EL Kakaonibs

100 g dunkle Schokolade, milchfrei

140 g Joghurt (siehe Seite 224)

Den Ofen auf 110 °C vorheizen und zwei große Backbleche mit ungebleichtem Backpapier auslegen.

Für die Baisers den Zucker in der Küchenmaschine zu einem feinen Pulver zerkleinern. Aquafaba in einer sauberen, fettfreien Metall- oder Keramikschüssel mit dem elektrischen Handrührgerät auf mittlerer bis hoher Stufe 10 Minuten schlagen, Weinsteinbackpulver einstreuen und unterrühren. Den Zucker esslöffelweise unter ständigem Rühren einrieseln lassen, dazwischen ca. 20–30 Sekunden warten. Sobald der gesamte Zucker eingerührt ist, die Konsistenz überprüfen und bei Bedarf weiterschlagen, bis die Mischung glatt und seidig ist und steife Spitzen aufweist.

6 große Häufchen der Masse auf jedes ausgelegte Backblech setzen und 2 Stunden backen – ohne die Ofentür zu öffnen. Dann den Ofen abschalten und die Baisers bei geschlossener Ofentür mindestens 2 Stunden abkühlen lassen.

In der Zwischenzeit die Orangen in Scheiben schneiden und in einer Servierschüssel arrangieren. Den Gin darüber spritzen und mit den Kakaonibs bestreuen. Zum Einweichen beiseitestellen und die Sauce zubereiten.

Für die Schokosauce die Schokolade in Stücke brechen und in einer Schüssel über einem Topf mit heißem, jedoch nicht kochendem Wasser unter Rühren schmelzen lassen.

Zum Servieren die Baisers auf einem Teller anrichten, mit den Blutorangenscheiben, der Schokosauce und dem Pflanzenjoghurt garnieren.

Olivenöl-Brioche und Rhabarber-Tarte

Portionen: 8

Ich hätte es nicht für möglich gehalten, aber Vollkornbrioche ohne Butter und Eier schmeckt absolut fantastisch! Nehmen Sie den ersten Teil dieses Rezeptes, um herrliche Olivenöl-Brioche-Brötchen zu zaubern oder gehen Sie einen Schritt weiter und peppen Sie den Teig mit meinem Rhabarber-Topping zu einer echten Verführung auf. Der hellrosa Rhabarber verleiht der Tarte einen wunderbaren Farbanstrich, aber auch andere saisonale oder getrocknete Früchte funktionieren hier gut. Versuchen Sie im Sommer Aprikosen, im Herbst Quittenspalten und im Winter Blutorangen oder getrocknete Pflaumen und Pistazien.

Für die Brioche

8 g frische Hefe, zerkrümelt
(oder 4 g Trockenhefe)

50 g Jaggery, Muscovado-Zucker oder unraffinierter Zucker, und ein wenig mehr zum Bestreuen

180 ml Aquafaba (siehe Seite 214)

360 g Vollkorndinkelmehl, gesiebt (Kleie zum Bestreuen aufbewahrt)

180 ml natives Olivenöl extra

Für das Topping

160 g Rhabarber (ca. 3 Stangen), ca. 3 cm lange Stücke

ein 3 cm langes Stück Vanilleschote, fein gehackt (oder 1 TL Vanilleextrakt)

abgeriebene Schale von ½ Bio-Orange

8 EL Joghurt (siehe Seite 224)

Für die Brioche die Hefe und den Zucker zusammen mit 80 ml warmem Wasser in eine große Rührschüssel geben und verrühren, bis sich alles aufgelöst hat. 10 Minuten beiseitestellen, bis die Mischung zu schäumen anfängt. Eine Prise Salz, das Aquafaba und das gesiebte Vollkornmehl zugeben und alles gut verrühren. In der Schüssel 5 Minuten kneten, dann das Olivenöl zugießen und solange in den Teig kneten, bis alles aufgenommen wurde. Jetzt ist der Teig sehr weich. Schüssel mit einem Deckel oder einem Geschirrtuch abdecken und im Kühlschrank mindestens 8–10 Stunden (am besten über Nacht) gehen lassen.*

Für die Tarte den fertigen Teig auf einer leicht bemehlten Arbeitsfläche zu einem Kreis mit einem Durchmesser von 30 cm ausrollen. Auf ein eingeöltes Backblech legen, vorsichtig mit einem sauberen Geschirrtuch abdecken und bei Raumtemperatur 2–3 Stunden gehen lassen, bis er seine Größe verdoppelt hat.

Den Ofen auf 190 °C vorheizen.

In einer Schüssel die Rhabarberstücke mit der Vanille, der Orangenschale und der aus dem Mehl gesiebten Kleie vermischen. Den Joghurt und die Rhabarbermischung vorsichtig auf der Teigoberfläche verteilen. Dann mit Zucker bestreuen. Joghurt oder Rhabarber nicht mehr berühren, da sonst der Teig zusammenfallen könnte. Ca. 35–45 Minuten backen, bis die Tarte goldbraun ist. Noch warm servieren.

Für gewöhnliche Brioche-Brötchen den Teig in 8 gleich große Stücke teilen und zu Kugeln formen. Auf ein eingeöltes Backblech setzen und 2–3 Stunden abgedeckt zur doppelten Größe aufgehen lassen. Bei 190 °C ca. 35–45 Minuten goldbraun backen.

Tarte mit Holunderblüten und weißer Schokolade

Portionen: 8

Der Holunder – auch als Hexenbaum bekannt – wird seit Jahrtausenden medizinisch genutzt, um Grippe, Erkältungen und andere Krankheiten zu behandeln und spielt auch in der modernen Kräutermedizin eine große Rolle. Schon alleine das Pflücken der Blüten und Beeren hat für mich heilende Wirkung. Man findet ihn in Hülle und Fülle, er ist leicht zu erkennen und duftet herrlich, weshalb er sich perfekt für dieses delikate und schmackhafte Dessert eignet.

Die Basis dieser Tarte besteht aus getrockneten Aprikosen und Getreideflocken, die die süße, nach Vanille schmeckende weiße Schokolade und das subtile Aroma der Holunderblüten ergänzen. Wenn Ihnen etwas davon übrigbleibt, dann formen Sie kleine Kugeln daraus, die einen perfekten Snack für später abgeben. In einem luftdicht verschlossenen Gefäß halten sie sich nahezu unbegrenzt.

Die Präsentation dieser Tarte ist von einem Dessert des Koches Bertrand Grébaut inspiriert, das er in seinem Restaurant Septime in Paris serviert. Die gesamte Speisekarte drückt Einfachheit und tiefen Respekt für die Zutaten aus, weshalb es eines meiner Lieblingsrestaurants ist. Im Septime, aber auch in anderen Spitzenrestaurants weltweit gibt es eine deutliche Tendenz hin zu einer »echteren« Essenskultur, die bestrebt ist, uns näher an die Natur und die Ursprünge unserer Lebensmittel heranzuführen. Sie ist meilenweit entfernt von der Chichi-Küche vergangener Jahre, und etwas, das auch ich in meiner eigenen Küche umzusetzen versuche.

natives Olivenöl extra, zum Einfetten

100 g gemischte Nüsse
(z. B. Haselnüsse, Paranüsse, Walnüsse)

50 g Getreideflocken
(z. B. Buchweizen, Dinkel, Hafer)

150 g ungeschwefelte getrocknete Aprikosen

10 g gepuffte Hirse, Amaranth oder Reis

200 g weiße Schokolade

300 g Bio-Seidentofu

1 EL Chiasamen, gemahlen

Holunderblüten (oder essbare Blüten), zum Dekorieren

Zubehör

Törtchenformen mit den Maßen 4 x 8–10 cm oder eine Tarteform mit einem Durchmesser von 23 cm

Tarteform oder -förmchen einfetten und mit ungebleichtem Backpapier auslegen.

Für die Basis die gemischten Nüsse in der Küchenmaschine zu groben Stückchen zerkleinern. Die Getreideflocken, die Aprikosen und 2 Esslöffel Wasser zugeben und zu einer groben Masse pürieren. Die Mischung auf der Arbeitsfläche ausbreiten und das gepuffte Getreide einkneten. Den Teig ca. 5 mm dick ausrollen, dann Tarteform bzw. Törtchenformen damit auslegen.

Für den Belag die weiße Schokolade in einer Schüssel über einem Topf mit heißem, jedoch nicht kochendem Wasser schmelzen. Den Tofu zusammen mit der geschmolzenen Schokolade und den Chiasamen in der Küchenmaschine glatt pürieren. In die Tarteform gießen und einige Stunden in den Kühlschrank stellen, bis die Masse fest geworden ist.

Die Tarte oder die Törtchen mit einzelnen Holunderblüten dekorieren und servieren.

Pflaumen vom Grill mit süßem Labneh

Portionen: 2

Weiche gegrillte Früchte – egal welcher Art – sind absolut köstlich und so einfach zuzubereiten. Dieses Gericht ist am besten, wenn die Pflaumen reif, prall und saftig sind – und natürlich Saison haben. Sie werden im Ganzen gegart und sogar die Samen finden Verwendung, die einen köstlichen Bittermandelgeschmack haben. Aber Vorsicht: Sie enthalten Amygdalin und sollten nicht roh verzehrt werden. Um sie sicher zu konsumieren, rösten Sie einfach die Samenkerne in einer heißen, trockenen Pfanne an. Lassen Sie die gegrillten Pflaumen leicht ankohlen, eine bittersüße Geschmacksexplosion ist garantiert. Gegrillte Pflaumen sind auch perfekt in herzhaften Salaten (siehe Seiten 150–151).

Die nach Zitronen schmeckende Sauerampfergranita ist optional, wertet das Gericht jedoch enorm auf und verwandelt es im Nu in den eleganten Abschluss einer Dinnerparty.

1–2 Pflaumen (oder eine andere weiche Frucht), halbiert, Kern entfernt und aufbewahrt

200 g süßer Labneh (siehe Seite 224)

200 g Sauerampfergranita (siehe Seite 192, optional)

Mithilfe eines Nussknackers den Pflaumenkern aufbrechen, den Samen herauslösen und in einer heißen trockenen Pfanne 3–5 Minuten rösten, bis er leicht angebräunt ist.

In der Zwischenzeit eine Grillpfanne oder eine Bratpfanne auf mittlerer Stufe erhitzen. Die Pflaumenhälften mit der Schnittseite nach unten in die heiße Pfanne setzen und sie an der Unterseite leicht ankohlen lassen, ohne sie zu bewegen. Sobald sich eine schöne Kruste geformt hat, die Pflaumen vorsichtig mit einem Pfannenwender lösen und auf einen Teller legen.

Zum Servieren auf jeden Teller eine halbe Pflaume legen, mit einem großen Löffel des gesüßten Labneh und einem halben Pflaumensamen garnieren. Nach Belieben mit einem Löffel der Sauerampfergranita servieren.

Betty mit Aprikosen und Blaubeeren

Portionen: 6–8

Betty ist ein traditionelles amerikanisches Dessert, ähnlich einem Cobbler oder Crumble, aber mit süßen Bröseln aus altbackenem Brot bedeckt. Es besteht für gewöhnlich aus Äpfeln, funktioniert jedoch mit jedem gedämpften Obst. Nehmen Sie einfach das, was gerade Saison hat und am besten schmeckt – Aprikosen, Blaubeeren oder sogar Erdbeeren im Sommer, Brombeeren im Spätsommer, Äpfel oder Birnen im Herbst, Rhabarber im Frühjahr etc.

600 g Aprikosen (oder ein anderes Steinobst), halbiert, Kerne entfernt

150 g Blaubeeren (oder andere Beeren)

50 g Jaggery, Muscovado-Zucker oder unraffinierter Zucker

ein 5 cm langes Stück Vanilleschote, fein gehackt (oder 1 TL Vanilleextrakt)

50 ml Brandy (optional)

3 Scheiben altbackenes Vollkornbrot, in Stücke geschnitten

2 EL natives Olivenöl extra

50 g Walnüsse (oder andere Nüsse), gehackt

1 TL Zimt, gemahlen

Joghurt (siehe Seite 224) oder Eiscreme (siehe Seite 192), zum Servieren

Den Ofen auf 180 °C vorheizen.

Für die Fruchtbasis die Aprikosen, die Blaubeeren, die Hälfte des Zuckers, die Vanille und den Brandy (optional) in eine große ofenfeste Form mit einem Durchmesser von ca. 23 cm geben.

Für den Belag das Brot im Mixer in grobe Brösel zerkleinern. In einer Schüssel mit dem übrigen Zucker, dem Olivenöl, den Nüssen und dem Zimt vermischen.

Diese Mischung großzügig über den Früchten verteilen und im Ofen 40–45 Minuten backen, bis alles goldbraun ist und brodelt. Mit Joghurt oder Eiscreme servieren.

Walnuss-Frangipane und Kamut-Galette mit Äpfeln und Holunderbeeren

Portionen: 10–12

Frangipane ist mein liebstes Dessert. Anstelle von Mandeln habe ich in diesem Rezept Walnüsse verwendet und die Frangipane auf einer rustikalen Teigbasis serviert, die sich sehr leicht herstellen lässt. (Sie können Frangipane ganz nach Belieben auch in einer Form, ganz ohne die Basis, backen.) Mit dem Wechsel der Jahreszeiten variiere ich gerne die Hauptzutat in meinem Frangipane, um so die besten verfügbaren Lebensmittel zu nutzen: Im Winter können Sie dieses Rezept mit Blutorangenscheiben probieren, im Frühling mit Rhabarber und im Sommer mit Aprikosen.

Khorasan-Weizen, unter dem Handelsnamen Kamut bekannt, ist ein uraltes Getreide, das doppelt so groß ist wie gewöhnlicher Weizen und einen weitaus komplexeren und nussigeren Geschmack aufweist. Er lässt sich relativ leicht ohne den Einsatz von Pestiziden oder Düngemitteln kultivieren und ist zudem dürreresistent, was ihn zu einem umweltschonenden, äußerst nährstoffreichen und hocharomatischen Lebensmittel macht. Die Körner sind sehr groß und perfekt für Vollkornsalate oder vermahlen zu nahrhaftem Mehl. Sie erhalten Kamut in Bioläden, aber auch online.

250 g Walnüsse

80 g unraffinierter Zucker, und ein wenig mehr als Topping

50 g Kamutmehl, oder anderes Mehl

¼ TL Backpulver

50 ml natives Olivenöl extra

80 ml Aquafaba (siehe Seite 214)

1 Portion Teig aus Kamutmehl (siehe Seite 231)

1 süßer Bio-Apfel, Kerngehäuse entfernt, in dünne Spalten geschnitten

150 g Holunderbeeren, schwarze Johannisbeeren oder andere Beeren (oder Brombeermarmelade)

Joghurt (siehe Seite 224), zum Servieren

Den Ofen auf 180 °C vorheizen und ein Backblech hineinstellen.

Die Walnüsse auf dem vorgeheizten Backblech verteilen und im Ofen 8 Minuten rösten. Zum Abkühlen beiseitestellen, dann mit dem Zucker, dem Mehl und dem Backpulver in der Küchenmaschine fein zerkleinern. Öl und Aquafaba hinzufügen und noch einmal gut vermischen.

Den Teig auf einer leicht bemehlten Oberfläche zu einem groben Kreis mit einem Durchmesser von ca. 40 cm ausrollen. Den Teig mithilfe eines Nudelholzes vorsichtig auf ein Backblech legen. Die Frangipane-Masse gleichmäßig darauf verteilen und mittels eines Palettenmessers bis an die Ränder verstreichen. Darüber die Früchte verteilen und einen 5 cm breiten Rand frei lassen. Die Teigränder über die Früchte legen und 4–5 cm überlappen lassen. Teig und Früchte mit etwas Wasser bestreichen und mit ein wenig Zucker bestreuen.

40 Minuten backen, bis die Frangipane aufgegangen und goldbraun ist. Mit Joghurt servieren.

Hanfmilch-Pannacotta

Portionen: 4

Pannacotta ist ein italienisches Gericht, das seinen Ursprung im Piemont hat. Alle zwei Jahre reise ich nach Turin – die Hauptstadt der Region – um an der internationalen Lebensmittelkonferenz von Slow Food *Terra Madre Salone del Gusto* teilzunehmen, wo Bauern und Food-Enthusiasten aus der ganzen Welt zusammenkommen. Slow Food ist eine basisdemokratische Bewegung, die gutes Essen und die damit verbundenen Vorteile für Gesellschaft und Umwelt würdigt und über 100 000 Mitglieder in mehr als 150 Ländern hat. Auf meiner letzten Reise zur Konferenz habe ich die beste, zarteste Pannacotta aller Zeiten probiert. Sie wurde mit einer Auswahl kleiner Beilagen serviert – so wie in meinem Rezept.

Hanf ist eine unglaublich ertragreiche Pflanze, die in den unterschiedlichsten Bodenarten und Klimazonen mit relativ wenig Wasser auskommt und weder Düngemittel noch Pestizide braucht, um zu gedeihen. Die Samen haben ein nussiges Aroma und bilden ein komplettes Protein, randvoll mit Omega-3- und Omega-6-Fettsäuren. Die Pflanze lässt sich als schonende Alternative zu Baumwolle einsetzen, da sie nur etwa halb so viel Wasser und Land benötigt, um den gleichen Ertrag zu liefern. Um den Abschluss dieses Buches zu feiern (ein fünfjähriges Mammutprojekt), habe ich mit meinem lokalen Messermacher, Blenheim Forge, und dem Innovationsunternehmen Margent Farm zusammengearbeitet und das Gemüsemesser auf Seite 28 entwickelt. Der Griff wurde aus gepressten Hanffasern und Melasse gefertigt und mit Nieten aus recyceltem Messing aus der Themse bestückt.

Hanfmilch ist wahrscheinlich die umweltfreundlichste Pflanzenmilch und schmeckt wirklich außergewöhnlich. Damit stellen Sie eine einzigartige Pannacotta her, die keinerlei Zusätze benötigt. Als Geliermittel kommt der Seetangextrakt Agar-Agar zum Einsatz, eine gute Alternative zu Gelatine.

4 Gläser oder Förmchen mit je 125 ml Fassungsvermögen

500 ml gesüßte Hanfmilch (siehe Seite 224)

1½ EL Agar-Agar-Flocken

Zum Servieren (optional)

Dattelsirup, Hanfsamen- und Kürbiskernbutter (siehe Seite 56), Hanfsamenöl oder natives Olivenöl extra

200 ml der Hanfmilch in einen kleinen Topf geben und das Agar-Agar darüber streuen, sodass es darauf treibt. Auf niedriger Stufe ohne Umrühren zum Kochen bringen. Die Hitze reduzieren und 5 Minuten unter ständigem Rühren köcheln lassen, bis das Agar-Agar sich aufgelöst hat. Die Mischung mit der übrigen Hanfmilch für einige Sekunden mit dem Stabmixer verquirlen, dann in Gläser oder Förmchen gießen. Zum Abkühlen beiseitestellen, dann einige Stunden zum Festwerden in den Kühlschrank geben.

Zum Servieren die Gläser oder Förmchen kurz in eine Tasse mit kochendem Wasser halten, damit sich die Pannacotta löst und behutsam auf einen Teller stürzen. Pur oder mit einem oder allen der genannten Toppings servieren.

Emmer-Tarte mit Birnen, Haselnüssen und Schokolade

Portionen: 10

Birne, Haselnuss und Kakao sind eine klassische und bewährte Kombination, besonders wenn sie mit einem gesunden Mehl wie Emmerweizen kombiniert werden. Die malzigen Untertöne des Getreides ergänzen die rauchige, bittersüße Zartbitterschokolade und bereichern das Rezept.

Ich erinnere mich, dass ich, als ich zum ersten Mal einen Zuckerblock entdeckt habe, nicht einmal wusste, was es war. Ich dachte, wie bemerkenswert schmackhaft die Noten von Melasse, Karamell und sogar Zitrusfrüchten waren. In Desserts – wie dieser Schokoladentorte – verleihen verschiedene aromatische, unraffinierte Zucker eine extra toffee-artige Konsistenz. Versuchen Sie, normalen Zucker gegen Jaggery, Panela und Rapadura auszutauschen, um Ihre Gerichte mit komplexen Aromen und Nährstoffen anzureichern.

250 g Haselnüsse

100 g Jaggery-, Panela- oder Rapadura-Pulver oder unraffinierter Zucker, plus 1 gehäufter EL zum Bestäuben

75 g Emmervollkornmehl (oder anderes Mehl), plus 1 TL zum Bestäuben

50 g Leinsamen, geschrotet

2 EL Kakaopulver, plus 1 TL zum Bestäuben

2 TL Backpulver

100 ml natives Olivenöl extra, und ein wenig mehr zum Einfetten

100 ml Aquafaba (siehe Seite 214)

2 Birnen, Kerngehäuse entfernt, in dünne Scheiben geschnitten

Joghurt (siehe Seite 224), zum Servieren

Den Ofen auf 180 °C vorheizen und ein großes Backblech hineinstellen.

Für selbstgemachtes Haselnussmehl die Haselnüsse auf dem vorgeheizten Backblech verteilen und 8 Minuten im Ofen rösten. Zum Abkühlen beiseitestellen, dann in der Küchenmaschine fein mahlen. Zucker, Mehl, geschrotete Leinsamen, Kakaopulver, Backpulver, Olivenöl und Aquafaba hinzufügen und alles noch einmal gut vermischen.

Eine ofenfeste Quicheform mit einem Durchmesser von 23 cm oder eine ähnliche Form mit ein wenig Olivenöl einfetten und mit 1 Teelöffel Mehl und 1 Teelöffel Kakao bestäuben, die Form dabei drehen, damit Boden und Seiten gut bedeckt sind. Überschuss ausklopfen. Die Tortenmischung in die Form füllen und die Birnenscheiben nach Belieben darauf verteilen. 30 Minuten backen, bis die Oberfläche goldbraun und aufgegangen ist.

Für selbstgemachten Puderzucker, 1 gehäuften Esslöffel Zucker in einer Gewürzmühle oder im Mixer zu einem feinen Pulver vermahlen. Die Torte damit und dem restlichen Kakaopulver bestäuben und mit Joghurt servieren.

Sauerteigbrot-Pudding mit Olivenöl

Portionen: 4

Wir lieben frisches Brot, doch das Leben eines Brotlaibes endet nicht mit Sandwiches oder als Toast. Altbacken verwandelt sich Sauerteig in eine Hauptzutat für unzählige verschiedene Gerichte – von Pappa al Pomodoro (siehe Seite 95) bis zum »Parmesan des armen Mannes«, ein aromatisches Topping aus Brotkrumen für Pasta und Eintöpfe (siehe Seite 230). Echtes Brot wie Sauerteigbrot, das aus Mehl, Wasser und Salz besteht – ohne Zusatzstoffe – hält sich länger als stärker verarbeitete Brote. Dafür wird es in Papier oder Stoff eingeschlagen, damit es nicht austrocknet oder schimmelt. So hält es sich ewig und wird zu einer wertvollen Vorratsschrank-Zutat, die bei Bedarf zur Hand ist.

Dieser Sauerteigbrot-Pudding verwandelt Brot, das nicht mehr ganz frisch ist, unter Zugabe einiger weniger Grundnahrungsmittel in ein einfaches Dessert. Für ein Extra an Geschmack nehmen Sie wenn möglich Vollkornsauerteig.

500 ml Hafermilch
(siehe Seite 224)

60 g unraffinierter Zucker, und ein wenig mehr zum Bestreuen

3 Schalenstücke einer Bio-Zitrone, klein geschnitten

ein 3 cm langes Stück Vanilleschote, fein gehackt (oder 1 TL Vanilleextrakt)

100 g getrocknete Früchte (z. B. Äpfel, Feigen, Pflaumen), in Stücke gehackt

6 Scheiben Brot (Vollkornsauerteig oder anderes Brot)

100 g saisonales Obst (z. B. Äpfel, Brombeeren, Mispeln)

1 Schuss natives Olivenöl extra

30 g Getreideflocken (z. B. Buchweizen, Dinkel, Hafer)

Hafersahne oder Joghurt (siehe Seite 224), zum Servieren

In einem schweren Topf Hafermilch, Zucker, Zitronenschale, Vanille und Trockenfrüchte langsam zum Kochen bringen. Von der Herdplatte nehmen und zum Einweichen 20 Minuten beiseitestellen.

Den Ofen auf 180 °C vorheizen.

Das Brot und die frischen Früchte in 3–5 cm große Würfel schneiden und in einer großen Schüssel mit Öl beträufeln. Die aromatisierte Milch über die Brot-Obstmischung gießen. In die Form füllen und mit den Getreideflocken und ein wenig Zucker bestreuen.

Im Ofen 35 Minuten backen, bis die Oberfläche goldbraun ist. Warm oder kalt, mit Hafersahne oder Joghurt servieren.

Brownies mit Espressosatz

Ergibt 9–12 Stück

Es gibt wohl nichts Entspannenderes als eine aromatische Tasse Kaffee. Steigern Sie das Vergnügen und minimieren Sie Ressourcen, indem Sie den übrigen Espressosatz für andere Rezepte verwenden. Machen Sie daraus Marinade für Gemüse, verarbeiten Sie ihn in Schoko-Brownies oder verwandeln Sie ihn zumindest in exzellenten Kompost, der der Erde Stickstoff zuführt.

Diese saftig-weichen Brownies sind unfassbar üppig – das mit dem Rapadura-Zucker gemischte Apfelkompott hält sie mit einer toffeeartigen Köstlichkeit zusammen, die ich noch nie zuvor geschmeckt habe. Und die Zugabe von Kaffeesatz sorgt für einen Koffeinkick, der Sie direkt in den Schokohimmel befördert.

2 süße Bio-Äpfel, gewürfelt (wenn nicht in Bio-Qualität, zuerst schälen)

80 g Kaffeesatz

250 g dunkle Schokolade guter Qualität, in Stücke gebrochen

200 g Jaggery, Rapadura oder unraffinierter Zucker

120 g Roggenmehl

150 ml natives Olivenöl extra, und ein wenig mehr zum Einfetten

50 g Kakaopulver

Den Ofen auf 160 °C vorheizen, eine quadratische 20 cm-Backform mit ein wenig Olivenöl einfetten und mit ungebleichtem Backpapier auslegen.

In einem kleinen Topf den gewürfelten Apfel und den Kaffeesatz mit 2 Teelöffeln Wasser und einer Prise Salz bei geschlossenem Deckel auf mittlerer Stufe erhitzen, bis Dampf entweicht. Dann die Hitze reduzieren und 5 Minuten unter gelegentlichem Rühren köcheln lassen, bis die Apfelwürfel weich sind. Glatt pürieren und wieder zurück in den Topf geben.

Die Schokostückchen zugeben, Topf von der Herdplatte nehmen und rühren, bis sie geschmolzen sind. Zucker, Mehl, Olivenöl und Kakao hinzufügen und gut verrühren. Die Mischung in die ausgelegte Form gießen und 45 Minuten backen, bis sich eine Kruste gebildet hat, das Innere aber noch schön weich und saftig ist.

Zum Abkühlen beiseitestellen, dann in Stücke schneiden.

Tarte mit Marmelade aus Zitronenschalenresten

Portionen: 6

Gute Zitronen sind knubbelig, saftig und lassen sich wie Äpfel essen – Schale, Fleisch, der ganze Rest. Aber erst auf Sizilien habe ich gelernt, wie eine gute Zitrone tatsächlich schmeckt. Kräftige Bäume wachsen dort überall in den Dörfern, stehen in den Gärten und überziehen den Boden mit reifen Früchten. Während der Saison werden massenhaft Zitronen gegessen oder über alle möglichen Gerichte gepresst – man verarbeitet sie sogar zu Salaten, und zwar im Ganzen samt Schale.

Wenn Sie die ganze Zitrone essen wollen, dann nehmen Sie nur ungewachste Bio-Zitronen, die im Gegensatz zu konventionell kultivierten Früchten nicht mit Fungiziden behandelt wurden. Sie kosten zwar mehr, aber im Endeffekt kommt es Sie günstiger, da Sie die gesamte Frucht verwenden können, die ansonsten wohl zu einem großen Teil im Müll landen würde. Bewahren Sie Reste von Zitronen – also die ausgepresste Schale – im Kühlschrank auf oder frieren Sie sie ein, damit sie bei Bedarf zur Verfügung stehen. Versuchen Sie einmal gebratene Scheiben zu einem Salat, legen Sie sie in Salz ein oder verarbeiten Sie sie zu dieser herrlichen Zitronenschalenreste-Marmelade.

Für die Zitronenschalenreste-Marmelade

Ergibt ca. 250 ml

170 g Schalenreste von Bio-Zitronen oder ganze Zitronen

170 g Muscovado, Rapadura oder unraffinierter Zucker

Für die Marmelade die Zitronenschalen grob schneiden, dann in der Küchenmaschine zu 3–5 mm großen Stücken zerkleinern. In einem großen, schweren Topf mit 430 ml Wasser zum Kochen bringen. Die Hitze reduzieren und ca. 30 Minuten köcheln lassen. Den Zucker einrühren und weitere 30 Minuten unter gelegentlichem Rühren kochen, bis die Marmelade eindickt. Um zu testen, ob sie fertig ist, geben Sie einen Teelöffel Marmelade auf einen kalten Teller. Für 2 Minuten in den Kühlschrank stellen. Dann mit dem Finger durch die Marmelade ziehen. Wenn Ihr Finger sie sauber durchschneidet, ist sie fertig. Wenn sie noch flüssig ist, weitere 10 Minuten kochen lassen und wiederholen, bis die Marmelade fest wird. Die heiße Marmelade in ein sterilisiertes Gefäß füllen und den Deckel fest verschrauben. Abkühlen lassen.

Für die Zitronen-Tartes

Ergibt 3 Tartes à 8 cm Durchmesser/ 6 Portionen

500 g Hanfu (siehe Seite 224) oder Bio-Seidentofu, abgetropft

1 EL Maismehl

1/2 TL Kurkuma, gemahlen

4 EL natives Olivenöl extra

vorgebackene Törtchenformen, 3 × 8 cm (siehe Seite 231)

Joghurt (siehe Seite 224), zum Servieren

Für die Tartes den Ofen auf 220 °C vorheizen.

Den Hanfu oder Tofu mit dem Maismehl, der Kurkuma, dem Olivenöl und, bis auf 2 Esslöffel, der Zitronenmarmelade vermengen. Die Masse in die vorgebackenen Tortenböden füllen und 10 Minuten backen, bis die Füllung fest geworden ist.

Die Oberfläche entweder mit dem Flambierbrenner oder unter der sehr heißen Grillfunktion des Backofens karamellisieren. Dabei die Törtchen so nahe wie möglich an die Hitzequelle bringen, damit sie rasch braun werden.

Jede Tarte in zwei Hälften schneiden, um sie zu servieren. Mit einem Löffel Joghurt und einem extra Klecks Zitronenmarmelade garnieren.

Root-to-Fruit-Vorrat

sschrank

Würzmittel

Effizienz in der Küche

Obwohl es meine Berufung und mein liebster Zeitvertreib ist, habe ich nicht immer viel Zeit, um jeden Tag frisch zu kochen. Hier habe ich eine Reihe an Tipps zusammengestellt, mit denen Sie all Ihre Mahlzeiten rasch und einfach herstellen können, indem Sie einige Speisen schon vorab zubereiten. Das versorgt Sie mit einer Grundlage für die ganze Woche, was nicht nur Geld, sondern auch Energie und Zeit spart. Die meisten Speisen halten sich bis zu 5 Tagen im Kühlschrank.

Pfannkuchenteig: Hält sich bis zu 5 Tagen im Kühlschrank und lässt sich innerhalb von Minuten zubereiten.

Bircher Müsli: Mein liebstes Instant-Frühstück, und Sie brauchen nur 5 Minuten, um die Ration für 5 Tage zuzubereiten.

Vollkorn: Vorgekochtes Getreide lässt sich rasch aufwärmen und ergibt schnelle und sättigende Salate oder ersetzt andere stärkehaltige Lebensmittel.

Hülsenfrüchte: Weichen Sie unterschiedliche Hülsenfrüchte für die ganze Woche ein und kochen Sie diese vor. Sie lassen sich in Salate mischen, zu schnellen Suppen oder zu Hummus pürieren, in Eintöpfen verkochen oder einfach warm, mit Öl und Zitrone angemacht, genießen.

Selbstgezogene Keime und Samen: Brauchen 2–3 Tage zum Keimen, verleihen Ihrer Ernährung jedoch massenhaft Nährstoffe.

Suppen und Eintöpfe: Eine tolle Methode, um Zutaten aus dem Kühlschrank und der Vorratskammer aufzubrauchen. Sie werden zudem mit jedem Aufwärmen besser.

Ofengemüse: Rösten Sie übriges Gemüse in größeren Mengen und essen Sie es kalt als Zutat zu einem Salat für das Mittagessen, als Abendmahlzeit oder schneiden Sie es in Salate etc.

Brot: Benötigt nur wenig Vorbereitungszeit (vor allem Sodabrot) und spart Geld.

AQUAFABA

Ergibt ca. 400 ml

Das Einweichen von Bohnen und Erbsen ist einfach und erfordert nur sehr wenig Vorbereitung, braucht aber Zeit. Ich bin normalerweise an einem Sonntag zu Hause, also weiche ich meine Bohnen, Hülsenfrüchte und Körner an einem Samstag ein, um sie am nächsten Tag kochen zu können, und fülle meinen Kühlschrank so mit Zutaten, die unter der Woche in Fertiggerichte umgewandelt werden können.

Aquafaba ist in den meisten Gerichten der perfekte Ersatz für Eier. Wann immer Sie Bohnen oder Erbsen kochen, bewahren Sie unbedingt die Kochflüssigkeit zum Backen auf. Um sicherzugehen, dass die Flüssigkeit auch dick genug ist, um Eiklar ersetzen zu können, kochen Sie Bohnen oder Erbsen und Wasser im Verhältnis 1:5 – z. B. 200 g getrocknete Kichererbsen auf 1 Liter Wasser. Aquafaba lässt sich 5–6 Tage in einem luftdicht verschlossenen Gefäß im Kühlschrank aufbewahren oder portionsweise einfrieren.

200 g getrocknete Kichererbsen oder andere Bohnen und Hülsenfrüchte, mindestens 8 Stunden in reichlich Wasser eingeweicht

1 Liter Wasser

Die eingeweichten Hülsenfrüchte abgießen und zusammen mit dem frischen Wasser in einem Topf mit dicht schließendem Deckel zum Kochen bringen. An der Oberfläche entstehenden Schaum abschöpfen. Deckel auflegen, Hitze reduzieren und 60–90 Minuten köcheln lassen, bis die Hülsenfrüchte weich sind. Sobald sie gar sind, Herdplatte abschalten und in der Kochflüssigkeit abkühlen lassen.

Für extra starkes Aquafaba Hülsenfrüchte und Flüssigkeit gemeinsam aufbewahren und die Kochflüssigkeit als Ersatz für Eiklar je nach Bedarf abseihen.

Die Hülsenfrüchte lassen sich zu Hummus verarbeiten oder zum Aufpeppen von Suppen oder Eintöpfen verwenden.

AQUAFABA EINREDUZIERT

Ergibt ca. 200 ml

Aquafaba eignet sich auch als Bindemittel, muss dafür jedoch weiter eingekocht werden, damit es eiweißreicher wird. Für reduziertes Aquafaba dem obigen Rezept folgen, die Flüssigkeit nach dem Abkühlen abseihen und in einem sauberen Topf auf mittlerer Stufe ohne Deckel sanft auf die Hälfte einkochen. Zum Abkühlen beiseitestellen und bis zum Gebrauch im Kühlschrank aufbewahren.

GRÜNE SAUCE UND PESTO

Ergibt ca. 350 g

Grüne Sauce ist ein äußerst flexibles Rezept – und eine großartige Methode, um einen Überschuss an Kräutern oder grünem Blattgemüse samt Stängeln aufzubrauchen. Obwohl Pesto für gewöhnlich aus Basilikum besteht, schmeckt es auch mit jedem anderen grünen Blattgemüse.

100 g gemischte saisonale Kräuter, Blätter und Stängel

1 kleine Knoblauchzehe, fein gehackt

50–100 ml natives Olivenöl extra

Extras für die grüne Sauce, alle optional

5 TL Essig

1 TL Dijonsenf

1 EL Kapern, fein gehackt

1 Gewürzgurke, fein gehackt

Extras für das Pesto

2 EL Nüsse (z. B. Haselnüsse, Pinienkerne, Pistazien) oder Semmelbrösel

1 gehäufter TL Hefeflocken

Kräuter von sämtlichen dicken, holzigen Stängeln befreien, dann mit einem Messer vom Stielende bis zu den Blättern fein hacken. Ich finde, dass das Hacken mit der Hand eine viel feinere Konsistenz ergibt als ein Standmixer. Wenn Sie einen Mörser besitzen, dann zerstoßen Sie die Kräuter darin zusammen mit dem Knoblauch, um sie aufzubrechen und das Aroma zu intensivieren. (Wenn Sie trotzdem lieber einen Standmixer nehmen, dann schneiden Sie die Kräuter zuvor in 1 cm große oder noch kleinere Stücke, damit die Konsistenz nicht faserig wird.) Nach Belieben optionale Extras und so viel Olivenöl unterrühren, bis die gewünschte Konsistenz erreicht ist. In einem sterilisierten Gefäß 1–2 Wochen im Kühlschrank haltbar.

AQUAFABA-MAYONNAISE

Ergibt 250 ml

50 ml Aquafaba (siehe Seite 214)

1 EL Senf

¼ TL Kurkuma, gemahlen

ca. 200 ml natives Olivenöl extra

1 EL Essig (siehe Seite 223, optional)

Variationen (eine der folgenden Zutaten hinzufügen): Chipotlepulver, Currypulver, Algenpulver oder zerdrückter Knoblauch, nach Belieben

Aquafaba zusammen mit Senf, Kurkuma und einer Prise Salz und Pfeffer in eine Schüssel geben. Mit dem Handmixgerät schaumig rühren, dann unter ständigem Rühren das Öl in einem langsamen, stetigen Strahl zugießen. Sobald die gewünschte Konsistenz erreicht ist, Essig und andere Aromastoffe (optional) unterrühren. In einem sterilisierten Gefäß im Kühlschrank 1 Woche haltbar.

GEMÜSECHIPS

Wenn Sie sich mit Unmengen von Wurzelgemüseblättern konfrontiert sehen, dann ist dies eine clevere und köstliche Möglichkeit, diese zu konservieren. Werfen Sie mal einen Blick auf die Löwenzahn- und Brennnesselchips auf Seite 104, die zur Garnierung der Brennnesselsuppe dienen.

Blätter von Wurzelgemüse (Fenchel, Knollensellerie, Pastinaken, Radieschen, Rettich, Rote Bete, Speiserüben, Stangensellerie etc.)

natives Olivenöl extra, zum Beträufeln

Meersalz

Den Ofen auf 150 °C vorheizen.

Die Blätter waschen, trocken schütteln und in eine Schüssel geben. Mit Olivenöl beträufeln, mit einer Prise Salz bestreuen und gut vermischen, damit alle Blätter gut mit dem salzigen Öl bedeckt sind.

Die Blätter auf einem Backblech ausbreiten und 20–60 Minuten backen, bis sie ausgetrocknet sind. Die Zeit hängt von der Dicke der Blätter ab. Zunächst werden die Blätter am Rand des Backblechs trocknen, also nehmen Sie diese als erste aus dem Ofen und legen Sie sie auf Küchenpapier. Abkühlen lassen und in einem luftdicht verschlossenen Gefäß aufbewahren.

UMAMI-PULVER – Tomaten, Rote Bete, Zitrusfrüchte, Zwiebelschale und Kürbiskerne

Das Essen nach dem Root-to-Fruit-Prinzip hat zur Entdeckung vieler neuer Techniken, Zutaten und Rezepte geführt – darunter auch dieses umamireiche Pulver. Gewürze, die aus den oftmals entsorgten Gemüseteilen bestehen, wie Schale, Rinde, Samen oder Hülsen, können anstelle von Salz oder Brühe eingesetzt werden und ein Gericht mit Geschmack und Farbe verfeinern. Einige Zutaten, mit denen Sie experimentieren können, sind Zwiebelschalen, Rote-Bete-Schalen, Kürbiskerne, Tomaten, Zitrusschalen, Stangensellerieblätter, Chilisamen oder Seetang.

Verteilen Sie die Zutaten auf einem Backblech und stellen Sie dieses zum Trocknen beiseite, an einem sonnigen Tag entweder draußen, in einem Dörrautomaten oder im Ofen auf niedrigster Stufe. Die Trockenzeit hängt von der Dicke der Zutat und der Umgebungstemperatur ab. Sobald das Gemüse völlig trocken ist, mit einer guten Prise Salz in einer Kaffeemühle oder einem hochtourigen Standmixer zu Pulver vermahlen. In einem luftdicht verschlossenen Gefäß aufbewahren und nach Bedarf verwenden.

Kombucha

Kombucha ist ein fermentierter Eistee, der sich ganz leicht herstellen lässt und mit nahezu allem aromatisiert werden kann, wodurch er nicht nur ein großartiger Ersatz für gekaufte kohlensäurehaltige Getränke ist, sondern auch eine gute Möglichkeit, Obst- und Gemüsereste aufzubrauchen. Ähnlich wie Essig wird auch Kombucha aus einer »Mutter« hergestellt, die den schönen Namen SCOBY trägt (Symbiotic Colony of Bacteria and Yeast – eine Symbiose aus Bakterien und Hefe), und die wie eine klumpige Kreatur aus der Tiefe aussieht. Der SCOBY erfreut sich eines sehr produktiven Wachstums und bildet bei jedem neuen Kombucha-Ansatz eine neue Schicht. Das heißt auch, dass er sich unter Freunden gut teilen lässt. Um loslegen zu können, benötigen Sie einen SCOBY. Fragen Sie einfach einmal bei Ihren Freunden oder bei Enthusiasten in der näheren Umgebung herum oder bestellen Sie ihn online.

DIE ERSTE FERMENTATION

Ergibt 5 Liter

Dies ist der erste wesentliche Schritt zur Herstellung von Kombucha, der süßen Tee in ein moussierendes, probiotisches Getränk verwandelt.

ein 5 Liter fassendes, sterilisiertes Gefäß für die Gärung, ein sauberes Stück Musselintuch oder ein Geschirrtuch und ein Gummiband oder ein Stück Faden

260 g unraffinierter Zucker

4 EL schwarze, grüne oder weiße Teeblätter

500 ml reifer Kombucha (wenn Sie keine 500 ml reifen Kombucha haben, um Ihren Ansatz zu starten, nehmen Sie stattdessen 120 ml naturbelassenen Apfelessig)

1 Kombucha-SCOBY

1 Liter kochendes Wasser in ein hitzebeständiges Glas oder ein Keramikgefäß füllen. Zucker und Teeblätter einrühren und 20 Minuten ziehen lassen.

3 Liter kaltes Wasser in das Gärgefäß geben. Mithilfe eines Siebes, das nicht aus Metall besteht, den fertigen Tee in das Gefäß seihen, die Teeblätter kompostieren. Kombucha oder Essig einrühren.

Den Kombucha-SCOBY behutsam in das Gefäß gleiten lassen. Er soll auf der Oberfläche schwimmen. Keine Sorge, wenn er ein wenig einsinkt, auf der Oberfläche wird sich eine neue Schicht bilden und die Mutter sich im Zuge der Fermentation heben. Das Gefäß mit Musselintuch oder Geschirrtuch abdecken und mit einem Gummiband oder einem Stück Faden fixieren.

Das Gefäß für 6–18 Tage an einen warmen Ort in der Küche stellen, jedoch nicht direkt ins Sonnenlicht. Die Fermentationszeit hängt von vielen Faktoren ab, darunter die Temperatur in der Küche, die Jahreszeit und Ihr persönlicher Geschmack. Nach 6 Tagen ein wenig Kombucha in ein Glas füllen und probieren. Wenn er fertig ist, sollte es belebend und sprudelnd schmecken, mit einer sanften, ausgewogenen süß-sauren Note. Ist er noch nicht ganz fertig, das Gefäß wieder abdecken und noch ein paar Tage stehen lassen.

Sobald der Kombucha nach Ihrem Geschmack ist, in sterilisierte Flaschen oder Gläser abfüllen und im Kühlschrank aufbewahren. Gekühlt hält er sich nahezu unbegrenzt, schmeckt jedoch mit der Zeit immer mehr nach Essig. Nicht vergessen, den SCOBY und 500 ml Ansatzflüssigkeit (reifer Kombucha aus dem vorherigen Ansatz) zurückzubehalten, um die nächste Runde zu starten.

DIE ZWEITE FERMENTATION

Wenn Sie Ihren Kombucha mit Aromen oder extra Sprudel anreichern wollen, dann fügen Sie ein wenig Zucker hinzu, um eine zweite Fermentation in Gang zu setzen und geben Sie aromatische Obst- und Gemüsereste, Kräuter und Gewürze dazu.

Sobald der Kombucha in Flaschen abgefüllt ist, 1 Esslöffel unraffinierten Zucker pro Liter einrühren. Soll der Kombucha aromatisiert werden, zusätzlich 50 g Obst- oder Gemüsereste, einen Kräuterstängel oder eine Prise Gewürze pro Liter hinzufügen.

Den Verschluss fixieren und bei Raumtemperatur 2–6 Tage stehen lassen und jeden Tag probieren. Die Flaschen müssen täglich geöffnet werden, damit sie nicht explodieren!

Sobald Sie mit dem Kohlensäuregehalt und dem Geschmack zufrieden sind, die Flaschen in den Kühlschrank stellen, wo sich der aromatisierte Kombucha bis zu 1 Monat hält.

Lohnenswerte Kombinationen aus Obst- und Gemüseabschnitten, Kräutern und Gewürzen:

Zitronenschale und Ingwerreste

Apfelreste und Zimtrinde

Orangenschalen und Löwenzahnblüten

Sumach und Rosenblütenblätter

Fenchelgrün und Minzestängel

WAS TUN, WENN DER KOMBUCHA NUR LANGSAM FERMENTIERT?

Wenn Ihr Kombucha nur recht schleppend fermentiert, dann ist möglicherweise die Temperatur zu niedrig oder das Wasser zu chlorhaltig. Stellen Sie den Kombucha zunächst an eine wärmere Stelle, über 24 °C. Wenn der SCOBY nach 1 Woche immer noch nicht schwebt, keine neue Schicht erzeugt oder schimmelt, dann müssen Sie ihn ersetzen und von Neuem starten.

EINE PAUSE EINLEGEN

Wenn Sie genug Kombucha haben und bei der Herstellung eine Pause einlegen wollen, dann belassen Sie den SCOBY einfach in der Kombucha-Flüssigkeit und verstauen alles im Kühlschrank. Gekühlt hält er sich für einige Monate.

KOMBUCHA-ESSIG

Ist Ihr SCOBY groß genug, dass er sich in zwei Hälften teilen lässt, können Sie aus dem zweiten Kombucha-Ansatz Essig her-stellen. Folgen Sie dafür einfach den Anweisungen zur ersten Fermentation links, lassen Sie den Kombucha jedoch bei Raumtemperatur 4–8 Wochen stehen, bis die Flüssigkeit wie Essig wird. In Flaschen abfüllen und luftdicht verschließen.

»NATA«-KOMBUCHA-KONFEKT

Jedes Mal, wenn Sie Kombucha frisch ansetzen, wächst auch der Kombucha-SCOBY. Wenn er dicker wird, können Sie die Schichten abheben und die frischeste Lage zur Herstellung von neuem Kombucha verwenden. Aus dem Rest können Sie entweder süßes, klebriges Konfekt herstellen (siehe unten) oder es an Freunde weitergeben.

1 Kombucha-SCOBY, mindestens 1 cm dick

die gleiche Menge unraffinierter Zucker

1 Schuss Kombucha

Den Ofen auf 180 °C vorheizen und ein Backblech mit ungebleichtem Backpapier auslegen.

Den Kombucha-SCOBY unter fließendem kalten Wasser abspülen. Faserige Teile entfernen und den Rest in Würfel mit ca. 2,5 cm Seitenlänge schneiden.

Die Stückchen in einen schweren Topf geben, den Zucker und einen Schuss Kombucha hinzufügen und unter ständigem Rühren langsam zum Kochen bringen, sodass sich der Zucker auflöst. Im Auge behalten und 8–10 Minuten köcheln lassen, bis die gesamte Flüssigkeit verdampft ist und der Zucker anfängt einzudicken. Die Würfel mit einem Schaumlöffel aus dem Topf heben und auf dem Backblech verteilen. Im Ofen ca. 8 Minuten backen, bis sie Farbe annehmen. Zum Abkühlen beiseitestellen.

KOMBUCHA, DER NICHT AUF TEE BASIERT

Ergibt 2 Liter

Sobald Sie den traditionellen, auf Tee basierenden Kombucha gemeistert haben, können Sie eine Schicht SCOBY von Ihrer Kombucha-Mutter entnehmen und mit unterschiedlichen Grundlagen experimentieren, um ein ganz eigenes, neues und aufregendes Getränk zu erfinden. Ohne schwarzen Tee, der den SCOBY nährt, wird das Getränk weniger stabil, also bewahren Sie zur Sicherheit immer auch einen auf Tee basierenden Kombucha-SCOBY auf.

ein 3 Liter fassendes Gefäß für die Gärung, ein Musselin- oder Geschirrtuch sowie ein Gummiband oder ein Stück Faden

300 g unraffinierter Zucker

130 ml reifer Kombucha

1 Kombucha-SCOBY

Zum Aromatisieren

200 g Brennnesseln, Holunderblüten, Kamille, Rosmarin oder frisch gemahlener Kaffee (oder 800 g Kaffeesatz)

2 Liter kochendes Wasser in einen hitzebeständigen Glas- oder Keramikkrug füllen und den Zucker einrühren. Das gewählte Aroma einrühren und über Nacht zum Ziehen beiseitestellen.

Das aromatisierte Wasser durch ein Sieb, das nicht aus Metall besteht, in das Gärgefäß abseihen. 300 ml reifen Kombucha zugießen und den SCOBY behutsam auf die Oberfläche gleiten lassen. Das Gefäß mit einem Stück Musselintuch oder einem Geschirrtuch abdecken und mit einem Gummiband oder einem Faden fixieren.

An einem warmen Ort in der Küche 6–18 Tage stehen lassen und jeden Tag probieren, bis Sie mit dem Geschmack zufrieden sind. In Flaschen abfüllen und 300 ml für den nächsten Ansatz zurückbehalten. Die Flaschen in den Kühlschrank stellen oder für ein Getränk mit mehr Kohlensäure ein zweites Mal fermentieren.

KOMBUCHA-SAFT

Ergibt 2 Liter

Für die besten Ergebnisse machen Sie aus Ihrem eigenen Obst und Gemüse Saft, den Sie dann in Kombucha verwandeln. Aus übrigem Fruchtfleisch lässt sich der Pulp-Fiction-Burger (siehe Seite 106) herstellen.

ein 3 Liter fassendes Gefäß für die Gärung, ein Musselin- oder Geschirrtuch sowie ein Gummiband oder ein Stück Faden

2 Liter nicht pasteurisierter Saft (z. B. Apfel, Aprikose, Brombeere, Karotte, Orange, Pflaume, Stachelbeere oder Fenchel, Sauerampfer, Stangensellerie)

unraffinierter Zucker, nach Belieben

300 ml reifer Kombucha

1 Kombucha-SCOBY

Den Saft in einen Glas- oder Keramikkrug füllen und nach Belieben süßen. 300 ml reifen Kombucha zugießen und den SCOBY behutsam auf die Oberfläche gleiten lassen. Das Gefäß mit einem Stück Musselintuch oder einem Geschirrtuch abdecken und mit einem Gummiband oder einem Faden fixieren.

An einem warmen Ort in der Küche 6–18 Tage stehen lassen und jeden Tag probieren. In Flaschen abfüllen und 300 ml für den nächsten Ansatz zurückbehalten. Die Flaschen in den Kühlschrank stellen oder für ein Getränk mit mehr Kohlensäure ein zweites Mal fermentieren.

Getränke und Brühen

BESTE-RESTE-BRÜHE

Brühe ist ganz einfach herzustellen und eine gute Methode, um Gemüseabfälle, holzige Stängel, Zwiebelschalen und andere Teile zu verwerten, die Sie andernfalls entsorgen würden. Um Abfall zu vermeiden, sammle ich diese Zutaten gerne in einer kleinen Box im Kühlschrank oder Gefrierschrank und verwandle Sie dann in eine Brühe. Sobald Sie etwa 100 g beisammen haben, können Sie loslegen.

Gemüseabfälle in ein Sieb geben und unter fließendem kalten Wasser gut abspülen. In einem Topf mit kaltem Wasser bedecken und verfügbare Würzmittel bzw. -kräuter zugeben (z. B. Knoblauch, Kräuter, Lorbeerblätter, Pfefferkörner). Zum Kochen bringen und 35 Minuten köcheln lassen.

Den Topf von der Herdplatte nehmen und zum Abkühlen beiseitestellen. Gemüse noch nicht entfernen, damit es in der Brühe ziehen kann. Mit Salz würzen, dann in einen sauberen Topf abgießen. Entweder gleich genießen oder damit Suppen, Eintöpfe und Saucen verfeinern.

ALGENBRÜHE / SHIITAKEVARIATION

Ergibt 500 ml

Seetang – oder Kombu, wie er in Japan genannt wird, wo er häufig zum Einsatz kommt – ist eine nachhaltige Proteinquelle, die reich an löslichen Ballaststoffen ist und je nach Sorte Vitamin A, B, C, D und E enthält. Er weist nicht nur einen niedrigen Fettgehalt auf, sondern enthält zudem jede Menge Omega-3-Fettsäuren.

Kombu Dashi und Kombu Shiitake Dashi sind einfache japanische Brühen, die jeder herzhaften Speise sofort eine extra Portion Umami verleihen.

ein 5 cm langes Stück getrockneter Seetang

3 kleine Shiitakepilze (optional)

In einem Glaskrug oder einer Schüssel Seetang und Shiitakepilze (optional) in 500 ml Wasser einlegen und bei Raumtemperatur mindestens 1 Stunde ziehen lassen oder über Nacht in den Kühlschrank stellen. Dann die Brühe durch ein Sieb in eine saubere Schüssel abseihen.

In Japan gibt es eine Tradition, die als »der Geist von *mottainai*« bekannt ist. *Mottainai* bedeutet so viel wie »nichts verschwenden, was wertvoll ist«. Oft wird der Begriff von Umweltschützern und Vertretern des Null-Abfall-Prinzips verwendet, um ein Gefühl des Bedauerns über die Verschwendung einer Sache auszudrücken, deren tatsächlicher Wert nicht ausreichend genutzt wird. Praktizieren Sie den Geist von *mottainai* und bereiten Sie eine zweite Brühe zu, indem Sie den bereits verwendeten Seetang und die Shiitakepilze 30 Minuten in 500 ml Wasser kochen. Dann verarbeiten Sie Seetang sowie Pilze ein drittes Mal in einem Eintopf oder einer Suppe.

Die Brühe hält sich im Kühlschrank bis zu 3 Tagen, oder einige Monate im Gefrierschrank.

HOLUNDERBLÜTENSIRUP

Ergibt 2 Liter

Für ein optimales Ergebnis pflücken Sie am besten frisch duftende und gerade erst aufgeblühte Holunderblütendolden.

| 30 Holunderblütendolden |
| abgeriebene Schale und Saft von 3 Bio-Zitronen |
| abgeriebene Schale und Saft von 2 Bio-Orangen |
| 900 g unraffinierter Zucker |

Die Holunderblütendolden zusammen mit der Zitronen- und der Orangenschale in ein großes hitzebeständiges Gefäß geben, das nicht aus Metall besteht. Mit 1½ Liter kochendem Wasser übergießen und die Dolden in die Flüssigkeit drücken, sodass alles gut bedeckt ist. Das Gefäß mit einem Deckel oder einem sauberen Geschirrtuch abdecken und über Nacht ziehen lassen.

Am nächsten Tag die Mischung durch ein Stück Musselintuch in einen großen schweren Topf abseihen. Zitronen- und Orangensaft sowie Zucker zugeben und auf mittlerer Stufe erhitzen. Langsam zum Kochen bringen, dabei rühren, damit sich der Zucker auflöst. Von der Herdplatte nehmen und in sterilisierte Flaschen abfüllen. Hält sich an einem dunklen Ort nahezu unbegrenzt. Sobald die Flasche geöffnet wurde, im Kühlschrank aufbewahren.

GERSTENWASSER

Ergibt 2 Liter

Die Kochflüssigkeit von gegartem Getreide zu trinken, ist die ultimative Methode, um auch die letzten Nährstoffe aus unseren Lebensmitteln zu nutzen. Der Genuss von Getreidewasser – der seit Jahrtausenden betrieben wird – bietet zudem zahlreiche gesundheitliche Vorteile.

| 150 g Gerste |
| 100 g unraffinierter Zucker |
| abgeriebene Schale und Saft von 2 Bio-Zitronen |
| Minzzweige und Eiswürfel, zum Servieren |

Die Gerste in einem großen, schweren Topf mit 2 Litern Wasser bedecken. Zum Kochen bringen und bei geschlossenem Deckel 30 Minuten köcheln lassen. Die Gerste über einem Krug durch ein Sieb abgießen und dabei die gesamte Kochflüssigkeit auffangen. (Die Gerste für einen Salat oder für die nächste Mahlzeit benutzen.) Den Zucker in die heiße Flüssigkeit geben und unter Rühren auflösen. Die Zitronenschale zugeben und zum Abkühlen beiseitestellen. Dann den Zitronensaft zugießen. Vor dem Servieren einige Stunden in den Kühlschrank stellen. In hohen Gläsern mit reichlich Eis und Minze servieren.

Tee mit Löwenzahn, Labkraut und Majoran

GARTENKRÄUTERTEE

Teebeutel enthalten oft Kunststoff, ebenso wie die Verpackung. Kaufen Sie lieber losen Tee und investieren Sie in ein Teesieb. Oder bauen Sie die Kräuter für Ihren Kräutertee gleich selbst an und mischen diese mit exotischen Gewürzen.

Sowohl frische als auch getrocknete Kräuter ergeben eine besonders verführerische Tasse Tee. Den Kombinationsmöglichkeiten sind hier keine Grenzen gesetzt. Wenn Sie einen Energieschub benötigen, dann experimentieren Sie mit Ingwer, Kakaonibs, Minze, Oregano, Rosmarin und/oder frischer Kurkuma. Ist Ihnen eher nach Entspannung zumute, dann helfen Basilikum, Fenchel, Jasmin, Kamille, Koriander, Lavendel, Rose, Salbei, Thymian, Tulsi (Indisches Basilikum) und Zitronenverbene. Jedes dieser Kräuter verfügt über eine eigene Heilwirkung, experimentieren Sie einfach.

Fermentiertes, Eingelegtes und Konserviertes

An diesem unkonventionellen Gemüse werden Sie rasch Geschmack finden! Obwohl das Aroma zunächst ungewöhnlich erscheinen mag – sauer, leicht moussierend, sogar käseartig – werden Sie bald nicht mehr darauf verzichten wollen. Es ist eine wunderbare Beilage, aber auch eine unverzichtbare Zutat, um einem Gericht Tiefe zu verleihen. Die Milchsäuregärung ist ein kontrollierter Prozess, der es guten Bakterien – vor allem Laktobazillen bzw. Milchsäurebakterien – erlaubt, sich zu vermehren und Zucker in das natürliche Konservierungsmittel Milchsäure umzuwandeln. Ab und zu probiotische Lebensmittel zu essen, ist gut für die Gesundheit und stellt sicher, dass Sie die guten Bakterien abkriegen, die wir brauchen, um unsere Verdauung anzukurbeln.

Die Fermentation ist eine tolle Möglichkeit, um das Maximum aus saisonalen Zutaten herauszuholen oder um überschüssige Lebensmittel zu konservieren. Wann immer wir in unserem Restaurant zu viel von etwas haben, das aufgebraucht werden muss, wenden wir diese Methode an, womit wir langfristig Geld sparen und gleichzeitig fantasievolle und köstliche neue Zutaten zaubern.

GEFÄSSE RICHTIG STERILISIEREN

Das Gefäß zunächst in heißem Wasser waschen und gut ausspülen. Kopfüber in den kalten Ofen stellen und diesen auf 150 °C erhitzen. Sobald die Temperatur erreicht ist, den Ofen abschalten und das Gefäß abkühlen lassen. Um den Deckel zu sterilisieren, kochendes Wasser darüber gießen und vor dem Abtropfen 1 Minute so stehen lassen.

SCHIMMEL IST NICHT IMMER SCHLECHT

Einige Lebensmittel wie Käse, Tempeh und Miso schmecken aufgrund des Schimmels so gut, der während der Herstellung entstanden ist.

Im Zuge der Fermentation bildet sich womöglich Oberflächenschimmel. Keine Sorge, das ist völlig normal und hat keine Auswirkungen auf das Gärmittel. Weißer Schimmel kann bedenkenlos gegessen werden, es sei denn, Sie sind allergisch dagegen. Überprüfen Sie Ihre fermentierten Lebensmittel jeden Tag und entfernen Sie Schimmel mit einem Löffel, dabei vorsichtig von unten abheben. Ist der Schimmel bunt, seien Sie noch vorsichtiger, da dieser schädlich sein kann. Gehen Sie sicher, dass der gesamte Schimmel und auch die befallene Zutat direkt darunter entfernt wurden. Dann überprüfen Sie, ob das übrige Gemüse fest ist und gut riecht. Ist es weich, riecht es schimmlig oder extrem käsig, sollte es auf den Kompost wandern. Wenn Ihr fermentiertes Gemüse mit farbenfrohem Schimmel bedeckt ist, sollten Sie es auf jeden Fall kompostieren und von vorne anfangen.

Nach der Entfernung des Schimmels das Gefäß in diesem Bereich mit einem sauberen, in Essig getauchten Tuch reinigen. Dann sichergehen, dass alle Zutaten gut mit Lake bedeckt sind und diese mit einem Holzlöffel zusammenpressen. Bei Bedarf eine entsprechende Menge gefiltertes Wasser mit Salz hinzufügen.

TROCKEN EINSALZEN UND SAUERKRAUT

Ergibt 400 g

Kohl, Kraut und anderes Gemüse mit weichen Blättern wird für gewöhnlich zu Sauerkraut verarbeitet, indem Salz in die Zutat gerieben wird. Jedes Obst oder Gemüse – von Bohnen bis zu Bananen – lässt sich dünn aufschneiden oder reiben und fermentieren. Sie können zudem verschiedene Aromen zuführen, indem Sie Kräuter oder Gewürze wie Kümmel oder Dill dazugeben. Um ein Gemüse trocken einzusalzen, benötigen Sie ca. 3 % seines Gewichtes in Salz, um sicherzustellen, dass es fermentiert und Geschmack entwickelt. Für 200 g Gemüse brauchen Sie also 6 g bzw. 1 gehäuften Teelöffel Salz.

ein großes sterilisiertes Gefäß mit Deckel

400 g saisonales Gemüse, gewaschen

12 g Meersalz

Das Gemüse mit einem Messer, einer Mandoline oder einer Reibe fein schneiden oder reiben und in eine Schüssel geben. Das Salz darüber streuen und gut mit den Händen vermischen, das Salz dabei in das Gemüse reiben, bis die Säfte anfangen zu fließen.

Gemüse und die gesamte Flüssigkeit in das Gefäß packen und fest zusammendrücken. Sobald das Gefäß bis zum Rand voll ist, das Gemüse noch einmal fest zusammenpressen, sodass es komplett von der salzigen Flüssigkeit bedeckt ist. Wenn nötig, ein wenig gefiltertes Wasser und eine Prise Salz hinzufügen, damit das Gemüse vollständig bedeckt ist und sich kein Schimmel bilden kann. Deckel lose auflegen und bei Raumtemperatur mindestens 4 Tage fermentieren lassen. Dann sollte das Gemüse anfangen Blasen zu bilden und die Flüssigkeit leicht säuerlich schmecken. Jetzt können Sie das Gemüse entweder weiter bei Raumtemperatur fermentieren lassen – Monate oder sogar Jahre – oder, wenn Sie einen milderen Geschmack bevorzugen, es in den Kühlschrank stellen, wodurch der Fermentationsprozess gestoppt wird.

FERMENTATION IN SALZLAKE

Nutzen Sie die Fermentation mit Salzlake für Essiggurken oder andere harte Gemüsestücke, die nicht mit Salz eingerieben werden können, um ihnen Flüssigkeit zu entziehen.

Für die Salzlake benötigen Sie 5 % des Gewichtes des Wassers in Salz, also für 1 Liter gefiltertes Wasser 50 g Meersalz.

Sie benötigen außerdem sterilisierte Gefäße mit Deckel (siehe Abb. oben).

Waschen Sie das Gemüse und lassen Sie es entweder im Ganzen oder schneiden Sie es nach Belieben in Stifte, Scheiben oder Würfel. Wählen Sie Kräuter oder aromatische Gewürze, um dem Enzym Aroma zuzuführen. Packen Sie das Gemüse eng in das sterilisierte Gefäß bzw. die Gefäße und lassen Sie an der oberen Kante einen Rand frei. Schätzen Sie die Menge der Lake, die nötig sein wird, um das Gemüse zu bedecken. Bereiten Sie diese vor, indem Sie 50 g Salz pro Liter Wasser unter Rühren auflösen. Dann die Salzlake über das Gemüse gießen. Stellen Sie sicher, dass alles komplett bedeckt ist. Je nach Bedarf mit einigen Kräutern oder Gewürzen abschließen.

Deckel lose auflegen und bei Raumtemperatur mindestens 4 Tage fermentieren lassen, bis Blasen aufsteigen. Entweder weiter bei Raumtemperatur stehen lassen oder das Gefäß in den Kühlschrank stellen, wodurch der Fermentationsprozess angehalten wird. In Salzlake eingelegtes Gemüse hält sich nahezu unbegrenzt, ist aber innerhalb des ersten Monats am schmackhaftesten.

Kombinationen zum Fermentieren:

Rhabarber, Lorbeerblatt

Tomaten, Majoran

Kohlrabi, Zitronengras, Koriandersamen

Steckrübe, Curryblätter, Chili

SCHNELL EINGELEGTES GEMÜSE

Ergibt 500 ml

Neben Salz kann auch Essig zum Einlegen von Lebensmitteln verwendet werden. Verschiedene Essigsorten sorgen natürlich für unterschiedliche Aromen, während der Säuregehalt Ihrem Gemüse einen appetitanregenden sauren Geschmack verleiht.

ein sterilisiertes Gefäß mit Deckel

400 g saisonales Gemüse nach Belieben, gewaschen

100 ml Essig (Apfelessig, Rotweinessig, Weißweinessig)

20 g Meersalz

1 TL unraffinierter Zucker

2–3 Prisen Kräuter und/oder ganze Gewürze

Gemüse in beliebig große Stücke und Formen – Stifte, Scheiben oder Würfel – schneiden.

In einem Topf 275 ml Wasser zusammen mit Essig, Salz, Zucker, Kräutern und/oder Gewürzen auf mittlerer Stufe zum Kochen bringen.

In der Zwischenzeit das sterilisierte Glas mit dem vorbereiteten Gemüse füllen. Die kochende Flüssigkeit über das Gemüse gießen und sichergehen, dass dieses vollständig bedeckt ist. Dann den Deckel auflegen und erst fest schließen, wenn alles komplett abgekühlt ist.

Gleich essen oder bis zu 1 Jahr an einem kühlen, dunklen Ort aufbewahren. Sobald das Gefäß geöffnet wurde, im Kühlschrank aufbewahren.

KISO (Kichererbsenmiso)

Ergibt 1,5–2 kg

Miso ist so einfach herzustellen und die lange Wartezeit von 6 Monaten (und mehr), die es zum Fermentieren braucht, mehr als wert. Einmal gemacht, können Sie sich für die nächsten Jahre an Ihrem eigenen Miso erfreuen, da es weiter fermentiert und dabei seinen Geschmack verändert.

Miso enthält eine komplexe Auswahl an gesundheitsfördernden Bakterien und Pilzen wie *Aspergillus oryzae*, einen Pilz, mit dem auch Koji – eine Art fermentierter Reis oder Gerste – versetzt ist. Verwenden Sie Kichererbsenmiso, um Suppen und Eintöpfe zu aromatisieren, um Gemüse zu marinieren oder einfach als herzhaften Tee.

500 g Kichererbsen, über Nacht eingeweicht, dann abgegossen

500 g getrocknetes Reis- oder Gersten-Koji (erhältlich in Asialäden oder online)

150 g Meersalz, und ein wenig mehr zum Versiegeln der Oberfläche

2 TL Kichererbsenmiso oder Miso vom Vorjahr, gemischt mit 50 ml warmem Wasser (optional)

Die eingeweichten und abgegossenen Kichererbsen in frischem Wasser zum Kochen bringen und 10 Minuten köcheln lassen, entstehenden Schaum abschöpfen. Bei geschlossenem Deckel ca. 1 Stunde simmern lassen, bis die Kichererbsen weich sind. Von der Herdplatte nehmen und in der Kochflüssigkeit abkühlen lassen.

Durch ein Sieb über einem Krug abgießen und die Kochflüssigkeit aufbewahren. Die Kichererbsen, wenn nötig mit einigen Esslöffeln Kochflüssigkeit, in der Küchenmaschine zu einer groben Paste verarbeiten. Den Rest der Flüssigkeit als Aquafaba aufbewahren (siehe Seite 214).

Das Koji in einer großen Schüssel mit 150 g Salz mischen. Kichererbsenpaste zusammen mit dem Miso und dem warmen Wasser (optional) hinzufügen und zu einer dicken, leicht feuchten Paste vermischen. Bei Bedarf mehr Wasser zugeben. Mit den Händen zu kompakten Kugeln formen, dabei fest zusammendrücken, damit jegliche Luft entweicht.

Die Kugeln in ein großes Gefäß aus Keramik oder Kunststoff legen, dabei gut mit den Fingerknöcheln zusammendrücken, damit die Luft entweichen kann. Die Oberfläche glätten und gleichmäßig mit einer dünnen Salzschicht bestreuen, um sie vor Sauerstoff zu schützen. Mit ungebleichtem Backpapier bedecken und mit einem Teller und einem Stein oder Gewicht beschweren, das ungefähr dem Gewicht der Masse (ca. 1,5 kg) entspricht.

An einen kühlen, dunklen Ort stellen und mindestens 6 Monate – oder bis zu 3 Jahren – fermentieren lassen. Nach 6 Monaten überprüfen und entstandenen Schimmel sowie die Schicht unter dem Schimmel entfernen. Das darunter liegende Miso, das luftdicht gelagert war, ist völlig in Ordnung. Ein wenig rütteln und sichergehen, dass keine Lufttaschen entstanden sind. Weiter auf unbegrenzte Zeit fermentieren lassen und genießen!

NATURTRÜBER APFELESSIG

»An apple a day keeps the doctor away.« Und ein Schuss naturbelassener Apfelessig kann zur Wiederherstellung Ihrer Gesundheit beitragen, indem er nicht nur die Verdauung anregt, sondern auch dabei hilft, abzunehmen und den Cholesterin- und Blutzuckerspiegel zu senken.

Um ein optimales Produkt zu erhalten, nehmen Sie am besten Bio-Äpfel, frei von Pestiziden und Fungiziden, denen konventionell angebaute Äpfel ausgesetzt sind. Ich hebe Apfelschalen und Kerngehäuse im Gefrierschrank auf, bis ich genug zusammen habe, um Apfelessig herzustellen. Sie können jedoch auch ganze Früchte nehmen. Wenn Sie nur konventionelle Äpfel bekommen, schälen Sie diese und kompostieren Sie die Schale.

Bio-Äpfel oder Schalen und Kerngehäuse in grobe Stücke schneiden und in ein großes Gefäß geben, das nicht aus Metall besteht. 1 gehäuften Teelöffel Zucker pro Apfel in 1 Tasse gefiltertem Wasser unter Rühren auflösen. Das Gefäß mit den Äpfeln auf eine Waage stellen und diese auf Null stellen, dann das Zuckerwasser zugießen. Mit gefiltertem Wasser auffüllen, bis die Äpfel ganz bedeckt sind. Das Gewicht des Wassers ablesen und pro Liter Wasser 30 ml naturbelassenen Apfelessig zugeben, um die Flüssigkeit zu versäuern und den Fermentationsprozess zu starten. Die Äpfel mit einem Fermentationsgewicht oder einem nichtmetallischen Gegenstand wie einem Stein oder einem anderen Gefäß zusammenpressen. Das Gefäß mit einem Käsetuch oder einem sauberen Geschirrtuch abdecken und dieses mit einem Gummiband oder einem Faden fixieren.

2 oder 3 Wochen stehen lassen, jedoch nicht im direkten Sonnenlicht. In den ersten 4 Tagen jeden Morgen mit einem Holzlöffel umrühren. Sie werden sehen, wie die Flüssigkeit zu fermentieren beginnt und Blasen aufsteigen. Nach ein paar Wochen, wenn die Äpfel zum Grund des Gefäßes sinken, die Flüssigkeit zusammen mit der entstandenen Mutter – die ein wenig schleimig aussieht, in etwa wie ein Kombucha-SCOBY – in ein sauberes Gefäß umfüllen und 4 weitere Wochen mit lose aufgelegtem Deckel stehen lassen. Dann ist der Apfelessig fertig, kann in Flaschen abgefüllt und gelagert werden. Die Mutter und ein wenig Essigansatz für die nächste Partie zurückbehalten.

SHRUB ODER TRINKESSIG

Ich liebe den sogenannten Shrub, einen gesüßten Essig (Apfelessig, Kombuchaessig etc.) aromatisiert mit Früchten, oft in Kombination mit Kräutern oder Gewürzen und serviert wie Fruchtsirup. Interessante Geschmacksrichtungen sind Kirsche mit Salbei, Erdbeeren mit schwarzem Pfeffer und Blutorange mit Minze.

Mischen Sie die gleiche Menge Früchte und Essig in einer Saftflasche oder einem Einmachglas mit einigen Kräutern oder Gewürzen nach Belieben (weniger ist dabei mehr, ca. 1 Teelöffel auf 500 ml Wasser). Zum Aromatisieren ca. 30 Sekunden kräftig schütteln. 1–2 Wochen in der Küche stehen lassen, jedoch nicht im direkten Sonnenlicht. Einmal pro Tag schütteln, damit alles besser durchzieht. Dann das Fruchtfleisch abseihen (süßen und als fermentierte Marmelade oder Kompott verwenden) und den Shrub mit der gleichen Menge an unraffiniertem Zucker in eine saubere Flasche geben und gut vermischen, damit sich der Zucker auflöst. Im Kühlschrank aufbewahren.

Pflanzenmilch, Sahne, Joghurt und Küfu

Ob Sie nun Milch von Tieren trinken oder nicht, Pflanzenmilch – die aus Nüssen, Samen, Kernen, Getreide und Hülsenfrüchten hergestellt werden kann – ist aufgrund ihrer individuellen Geschmacksrichtungen und ihres Nährstoffgehalts definitiv einen Versuch wert. Ich empfehle Ihnen wärmstens, diese selbst zu machen, denn es geht ganz schnell und kostet nicht viel. Wenn Sie Pflanzenmilch kaufen wollen, dann wählen Sie Bio-Produkte, die in Kunststoff- oder Glasbehältern angeboten werden; Tetra Pak bzw. Mehrschichtverpackungen, die für die meisten Produkte zum Einsatz kommen, sind nicht komplett recycelbar. Wenn Sie Sojamilch oder Tofu kaufen, halten Sie nach Demeter-zertifizierten (biodynamischen) Produkten Ausschau und wenn diese nicht erhältlich sind, nehmen Sie Bio-Ware.

KÜFU UND HANFU (Kürbiskern- und Hanf-Tofu)

Ergibt ca. 400 g

300 g Kürbiskerne oder geschälte Hanfsamen

2 EL Bio-Zitronensaft (oder 1½ TL Nigari in 120 ml Wasser aufgelöst)

Kürbiskerne oder geschälte Hanfsamen in einer Schüssel mit reichlich kaltem Wasser bedecken und 10–16 Stunden einweichen lassen.

Die eingeweichten Kerne bzw. Samen durch ein Sieb abgießen und in einem Standmixer mit 1 Liter Wasser auf höchster Stufe 1 Minute mixen.

Die Mischung in einem Topf langsam zum Kochen bringen. Die Temperatur reduzieren und 4 Minuten köcheln lassen. Zum Abkühlen 10 Minuten beiseitestellen, dann den Zitronensaft (oder das Nigari-Wasser) einrühren.

Durch ein sauberes Musselintuch in eine Tofupresse oder ein Sieb gießen und ein wenig beschweren, um so viel Flüssigkeit wie möglich herauszupressen. Das Gewicht nach 30 Minuten entfernen und den Tofu über Nacht zum Festwerden in den Kühlschrank stellen. Dort hält er sich in einem luftdicht verschlossenen Gefäß 1–2 Wochen.

HAFERSAHNE

Ergibt 350 ml

50 g Hafer

2 TL natives Olivenöl extra oder Rapsöl

Den Hafer in einem Topf mit 300 ml kochendem Wasser bedecken und 30 Minuten einweichen lassen. Den Inhalt des Topfes im Standmixer mit dem Öl und einer Prise Salz glatt pürieren. In einem luftdicht verschlossenen Gefäß im Kühlschrank aufbewahren und innerhalb von 7 Tagen aufbrauchen. Vor Gebrauch gut schütteln.

HAFER-, HANF- UND REISMILCH

Ergibt 750 ml

50 g Hafer, Hanfsamen oder brauner Bio-Reis

Samen oder Reis in einer Schüssel mit kaltem Wasser bedecken und über Nacht einweichen lassen. Durch ein Sieb abgießen und unter fließendem kalten Wasser abspülen. Die eingeweichten Körner mit 700 ml frischem Wasser im Standmixer 1 Minute zerkleinern. Durch ein Musselintuch oder ein sehr feines Sieb abgießen und die Flüssigkeit in einem luftdicht verschlossenen Gefäß im Kühlschrank aufbewahren. Innerhalb von 7 Tagen aufbrauchen und vor Gebrauch gut schütteln.

Für eine süße Version mit 4 Datteln, 2 Teelöffeln nativem Olivenöl extra und optional einem 3 cm langen Stück Vanilleschote (oder 2 Teelöffeln Vanilleextrakt) mixen. Für Hanfmilch-Pannacotta (siehe Seite 204) 8 statt 4 Datteln verwenden.

JOGHURT UND LABNEH

Ergibt 400–500 ml

300 g Nüsse, Kerne oder Samen nach Belieben, für 12 Stunden eingeweicht, abgegossen, Einweichflüssigkeit aufbewahrt

60 g Joghurtferment für veganen Joghurt (gekauft oder von einer bereits vorhandenen Kultur)

1 TL Salz (für salzigen Labneh)

1 EL unraffinierter Zucker oder ein anderes Süßungsmittel (für süßen Labneh)

Die eingeweichten Nüsse, Kerne oder Samen und ein wenig von der Einweichflüssigkeit in einem Standmixer glatt pürieren – die exakte Menge Flüssigkeit hängt davon ab, wie dick oder dünn Ihr Joghurt sein soll. Wählen Sie eine festere Konsistenz für Labneh.

Für Joghurt 1 Minute auf höchster Stufe pürieren, bis die Masse sehr glatt ist. Die Joghurtkulturen einrühren, in ein luftdicht verschlossenes Gefäß füllen und über Nacht in den Kühlschrank stellen.

Für Labneh Salz oder Süßungsmittel in den Joghurt rühren und diesen dann in ein mit Tuch ausgekleidetes Sieb geben. Über einer Schüssel im Kühlschrank für 3–6 Stunden ruhen lassen, um fest zu werden. Im Kühlschrank halten sich Nussjoghurt oder Labneh für 1–2 Wochen.

Brot und Teig

SAUERTEIGBROT OHNE KNETEN

Sauerteigbrot ist eine erstaunliche Sache. Nur drei Zutaten – Mehl, Wasser und Salz – und eine eingeübte Grundlagentechnik bringen etwas hervor, das ich für das erlesenste Lebensmittel der Menschheit halte: Brot. Sauerteig geht mithilfe von wilden Hefen auf, die überall natürlich vorkommen – in der Luft, im Mehl und auf unseren Händen. Durch Fermentation schaffen wir eine sichere Umgebung für diese Hefen, damit sie neben nützlichen Bakterien wie Laktobazillen wirken können. Diese Hefekultur wird als Gärungsstoff oder Starter bezeichnet und ist ein gewaltiges Backtreibmittel.

Obwohl es anfangs eine Menge zu lernen gibt, ist das Prinzip der Sauerteigherstellung recht simpel und Sie werden das Brotbacken zu Hause mit der Zeit als äußerst lohnende Erfahrung empfinden. Wenn Sie neu in der Sauerteigherstellung sind, dann lesen Sie zunächst das ganze Rezept durch und machen sich Notizen, ehe Sie beginnen. Wenn Sie dann ein wenig Erfahrung haben, sehen Sie sich Videos zu den Themen »Spannen« und »Formen« von Brot an, sodass Sie intuitiv vorgehen können, wenn Sie das Brot selbst machen.

Unten finden Sie mein Standardrezept für Vollkornsauerteig. Sobald Sie über mehr Erfahrung damit verfügen, können Sie mit unterschiedlichen Mehlsorten wie Khorasan-Weizen, Einkorn und Dinkel experimentieren oder andere Zutaten wie Sprossen, Samen oder getrocknete Früchte hinzufügen.

SAUERTEIGSTARTER SELBST MACHEN

Sauerteigstarter, das sogenannte Anstellgut, besteht aus zwei einfachen Zutaten: Mehl und Wasser. Obwohl es einfach ist, ihn zu Hause selbst zu machen, braucht es seine Zeit. Wenn Sie also gleich loslegen wollen, dann fragen Sie einen Freund oder Ihren lokalen Bäcker, ob er Ihnen eine Portion von seinem abgibt. Wahre Brotenthusiasten teilen sicher gerne.

Damit Ihr Starter am Leben bleibt und gut gedeiht, muss er regelmäßig mit einer Mischung aus Mehl und Wasser gefüttert werden. Für die besten Überlebenschancen geben Sie ihm am besten Bio-Vollkornmehl oder Roggenmehl – es enthält mehr wilde Hefen und Bakterien – und gefiltertes Wasser. Wenn Sie keinen Wasserfilter haben, dann füllen Sie Leitungswasser in ein weites Gefäß und lassen es einige Stunden stehen, damit Chlor entweichen kann, das die Fermentation verhindert.

So machen Sie Ihren eigenen Starter:

1   In einem mittelgroßen Gefäß 1 Esslöffel Mehl mit 1 Esslöffel gefiltertem Wasser mischen. Deckel auf das Gefäß legen (aber nicht fest schließen) und 2–3 Tage an einen warmen Platz in der Küche stellen. Nach einigen Tagen, wenn Sie Luftblasen in der Mischung erkennen und sie zudem einen stark säuerlichen Geruch aufweist, ist es Zeit sie zu füttern.

2   Am Abend die Mischung verdoppeln, indem Sie 1 Esslöffel Mehl mit 1 Esslöffel gefiltertem Wasser einrühren. Am folgenden Abend rühren Sie 2 Esslöffel Mehl und 2 Esslöffel Wasser ein. Am nächsten Abend verdoppeln Sie die Menge wieder und fügen 4 Esslöffel Mehl und 4 Esslöffel Wasser hinzu. Jetzt sollte der Starter ein regelmäßiges Muster erkennen lassen und einige Stunden nach dem Füttern aktiv werden. Wenn Sie ihn sorgfältig beobachten, erkennen Sie, dass er aufgebläht, luftig und mit Bläschen durchsetzt ist. Jetzt können Sie anfangen, Brot zu backen.

*   *Ist Ihr Sauerteigstarter träge, weist keine Bläschen auf und wird nicht aktiv, dann müssen Sie möglicherweise von Neuem beginnen – aber werfen Sie nicht alles weg. Behalten Sie einen Esslöffel der Mischung zurück und beginnen Sie wieder von Grund auf mit dem Ansetzen des Teiges. (Aus überschüssigem Sauerteig können Sie Sauerteig-Pfannkuchen zubereiten, siehe Seite 58.)*

DEN STARTER FÜTTERN

Wenn Sie Brot backen wollen, füttern Sie den Starter 3 Tage im Voraus, um sicherzugehen, dass er aktiv ist. Beginnen Sie mit 2 Esslöffeln Starter, folgen Sie der Vorgehensweise unter Punkt 2 (siehe oben) und füttern Sie den Starter 3 Tage lang, bis er richtig aktiv ist. Je öfter Sie Ihren Starter füttern und Brot backen, desto gesünder bleibt er.

Als Anleitung zum Füttern gilt: Verdoppeln Sie die Menge des Starters jedes Mal, wenn Sie ihn füttern. Wenn Sie z. B. 60 g oder 4 Esslöffel Starter haben, dann geben Sie 30 g Mehl und 30 g gefiltertes Wasser zu, um dessen Größe zu verdoppeln und sicherzustellen, dass er genug »Futter« hat.

Vergessen Sie nicht, zumindest 2 Esslöffel Starter für den nächsten Durchgang zurückzubehalten, wenn Sie Brot backen. Lagern Sie ihn in einem sauberen Gefäß im Kühlschrank und füttern Sie ihn alle 2 Wochen, wobei Sie die Menge jedes Mal verdoppeln. Wird die Oberfläche grau oder ein wenig schwarz oder weist weißen Schimmel auf, dann entfernen Sie einfach den schimmligen Teil und nehmen Sie etwas vom einwandfreien Starter darunter für die nächste Portion.

A.

B.

C.

D.

Root-to-Fruit-Vorratsschrank / Brot & Teig

SAUERTEIG SELBST MACHEN

Tag 1 – der Ansatz

30 g aktiver Starter	
100 g Bio-Vollkornmehl	
100 g gefiltertes Wasser	

Am Tag bevor Sie Brot backen wollen, spät am Abend den Sauerteigansatz zubereiten. Dafür 30 g des aktiven Starters zusammen mit Mehl und Wasser vermischen. Den Deckel locker auflegen und über Nacht an einem warmen Plätzchen lagern.

Tag 2 – Brot backen

Beginnen Sie mit dem Brotbacken 6–12 Stunden danach, wenn der Ansatz reif, aktiv und voller Bläschen ist. Um zu überprüfen, ob er bereit ist, 1 Teelöffel davon in das gefilterte Wasser geben. Schwebt er oder hängt er im Wasser, ist er bereit zum Gebrauch; sinkt er ab, kompostieren Sie die Hälfte des Ansatzes, oder machen Sie Pfannkuchen daraus, und füttern Sie die andere Hälfte mit 50 g Mehl und 50 g Wasser. Warten Sie darauf, dass er richtig reif wird, was nach ca. 2 Stunden der Fall sein sollte.

Ergibt 1 großen Laib (ca. 1 kg)

1 kg Bio-Vollkornmehl	100 %
650 g gefiltertes Wasser	65 %
200 g »Ansatz«-Starter	20 %
20 g Meersalz	2 %
Reis-/Weizenmehl zum Bestäuben	

1 Autolyse: Das Wasser in eine große Rührschüssel geben und den aktiven, schwebenden Ansatz einrühren. Das Mehl zugeben und zu einem klebrigen Teig, der Stockgare, vermischen. Mit einem sauberen Geschirrtuch abdecken und 30 Minuten gehen lassen. Das Salz auf die Oberfläche streuen, mit einem Tropfen Wasser benetzen und gut vermischen. Mit einem Geschirrtuch bedecken und bei Raumtemperatur weitere 30 Minuten gehen lassen.

2 Stockgare (siehe Abb. Reihe A, Seite 227): Um eine Glutenstruktur aufzubauen, spare ich mir das Kneten und »falte« den Teig stattdessen, indem ich eine »Ecke« quer über den Teig ziehe und dann festdrücke. Mit den übrigen drei »Ecken« des Teiges ebenso verfahren. Die Zeitschaltuhr auf 30 Minuten einstellen und den Vorgang dann wiederholen. In den nächsten 4 Stunden alle 30 Minuten insgesamt noch 5 Mal wiederholen. Das dauert jedes Mal nur ein paar Sekunden. Befeuchten Sie Ihre Hände zuvor, damit der Teig nicht daran kleben bleibt.

3 Spannen und Gehenlassen (siehe Abb. Reihe B, Seite 227): Am Nachmittag (ca. 30 Minuten nach dem letzten Falten) spannen Sie die Oberfläche des Teiges und ziehen Sie ihn mit der Hand oder der Teigkarte zu sich, während Sie ihn gleichzeitig leicht in die Oberfläche der Arbeitsfläche drücken. Durch die Reibung auf der Tischplatte werden sich Form und Oberfläche des Teiges festigen. Wiederholen Sie diesen Prozess 3 Mal und führen Sie mit dem Teig dabei jeweils eine Vierteldrehung im Uhrzeigersinn aus. Lassen Sie den Teig dann auf der Arbeitsfläche noch 20 Minuten gehen.

4 Endgültige Form (siehe Abb. Reihe C und D, Seite 227): Die Oberfläche des Teiges leicht mit Mehl bestäuben, wenden und jede Ecke des Teiges vorsichtig ausziehen, sodass ein Quadrat entsteht. Mittels 6-maligem Falten den Teig zu einem Päckchen formen: Die linke obere Ecke in die Mitte des Teiges ziehen und festdrücken, dann die rechte obere Ecke, gefolgt von der linken und der rechten Mitte, sowie der linken unteren und der rechten unteren Ecke. Zum Abschluss den gewirkten Teig von oben nach unten zu einer sauberen Kugel formen.

5 Schlussgare: Den Teig mit der glatten Seite nach unten in einen bemehlten Korb (eine Mischung aus Reis- und Weizenmehl) legen. Wenn Sie keinen Gärkorb haben, bestäuben Sie ein sauberes Geschirrtuch mit reichlich Mehl, legen Sie dieses in eine große Schüssel und geben den Teig dann hinein. Wenn Sie noch am gleichen Tag backen wollen, decken Sie den Teig ab und stellen Sie ihn bei Raumtemperatur beiseite. Haben Sie vor, erst am nächsten Morgen zu backen, verzögern Sie die Gärung, indem Sie den abgedeckten Korb in den Kühlschrank geben. Dadurch verstärkt sich der säuerliche Geschmack und das Brot wird noch leichter verdaulich. Gehen Sie dabei nach Ihrem Terminplan und Ihrem bevorzugten Geschmack vor.

Gleicher Abend (oder Tag 3, wenn Sie den Teig kühlen)

6 Letztes Gehenlassen: Teig 3–4 Stunden bei Raumtemperatur gehen lassen (wenn Sie am gleichen Tag backen) oder bis zu 12 Stunden im Kühlschrank (wenn Sie am folgenden Tag backen). Sobald der Teig um die Hälfte aufgegangen ist, eine Back-Cloche, einen großen Topf (mit Deckel) oder ein Backblech im heißen Ofen bei 230 °C vorheizen.

7 Backen: Die vorgeheizte Cloche, den Topf oder das Blech vorsichtig aus dem Ofen nehmen und den Teig hinein bzw. darauf stürzen. Die Oberfläche mit einem sehr scharfen Messer oder einer Rasierklinge einschneiden, den Deckel aufsetzen (optional) und 25 Minuten im heißen Ofen backen. Deckel entfernen – Vorsicht mit dem heißen Dampf – und weitere 25 Minuten backen. Auf einem Gitter abkühlen lassen – und genießen!

SODABROT UND FARLS

Ergibt 1 kleines Sodabrot oder 4 Farls

Eigenes Brot zu backen ist zutiefst befriedigend, ob es nun
30 Minuten dauert wie in diesem Rezept oder 2–3 Tage wie bei
einem Sauerteigbrot. So haben Sie frisches, köstliches Brot mit
einer Vielzahl nahrhafter Getreidesorten für weniger Geld, als
ein gewöhnliches weißes Schnittbrot kostet. Das Getreide selbst
zu mahlen wäre der nächste Schritt. Sie reduzieren damit Abfall
und Ausgaben und steigern gleichzeitig den Nährwert. Unsere
Getreidemühle ist mein teuerstes Küchengerät, aber es reicht
auch ein anständiger Standmixer, der die Arbeit in wenigen
Sekunden erledigt.

Wenn ich in letzter Minute Brot benötige, dann mache ich Sodabrot oder diese Farls, ein traditionelles irisches Sodabrot in der
Form von Viertelkreisen, die auf dem Herd gebacken werden.

100 ml Pflanzenmilch (siehe Seite 224) oder Wasser

2 TL Essig

1 TL Meersalz

200 g Vollkorngetreide (z. B. Dinkel oder Emmer) oder Vollkornmehl,
und etwas mehr zum Bestäuben

1 TL Natron

6 g getrocknete Algen, gehackt (optional)

50 g Samen (optional)

Pflanzenmilch in einem Krug mit Essig und Salz vermischen.
In einer großen Schüssel Mehl und Natron vermengen, in der
Mitte eine Mulde formen und die Algen sowie die Essigmischung
hineingeben. Zu einem lockeren, nicht zu klebrigen Teig vermischen, bei Bedarf ein wenig mehr Wasser oder Mehl zugeben.

Für das Sodabrot den Ofen auf 180 °C vorheizen.

Den Teig auf eine leicht bemehlte Arbeitsfläche stürzen und zu
einer Kugel formen. Mit Samen bestreuen (optional), eine kreuz-
förmige Einkerbung in die Oberfläche schneiden und auf ein
Backblech legen. Im Ofen 15–20 Minuten backen, bis das Brot auf
der Oberfläche schön braun ist.

Für die Farls eine flache Grillpfanne auf niedriger bis mittlerer
Stufe erhitzen.

Den Teig auf eine leicht bemehlte Oberfläche stürzen und zu einer
Kugel formen. Diese zu einem ca. 2 cm dicken Kreis drücken. In
Viertel schneiden und in die heiße Grillpfanne legen. 4–5 Minuten
backen, dann wenden und weitere 6 Minuten auf der anderen
Seite backen. Um zu überprüfen, ob die Farls fertig sind, in der
Mitte leicht eindrücken: Sie sollten zurückspringen. Andernfalls
noch einmal wenden. In einem sauberen Geschirrtuch warm
halten und sofort servieren.

SEMMELBRÖSEL ODER »PARMESAN DES ARMEN MANNES«

Mit ein wenig Olivenöl und einer Prise Salz geröstet, können sogar
Brotbrösel köstlich sein. Verwandeln Sie altbackenes Brot in ein
knuspriges und aromatisches Topping für Pasta oder Gemüse.

sehr altbackenes Brot

natives Olivenöl extra

getrocknete oder frische gehackte Kräuter
(z. B. Oregano, Petersilie, Thymian)

Das Brot in 3–5 cm große Stücke brechen. In der Küchenmaschine
zu groben Bröseln zerkleinern. In einem heißen trockenen Topf
mit dem Olivenöl beträufeln, mit Salz und Pfeffer würzen und die
Kräuter zugeben. Auf mittlerer Stufe 3–5 Minuten unter regelmäßigem Rühren rösten, bis die Brösel beginnen anzubräunen.
Zum Abkühlen beiseitestellen. In einem Glasgefäß nahezu unbegrenzt haltbar.

CHAPATI

Ergibt 4 Chapatis

Selbst gemachte Chapatis sind einfach und schnell zubereitet und
werten jede selbst gekochte Mahlzeit auf.

250 g Vollkornmehl (z. B. Dinkel, Emmer, Weizen)

125 g Wasser

2 TL Öl

1 TL Meersalz

In einer Schüssel alle Zutaten zu einem weichen Teig vermischen.
Zu einer Kugel formen und in 4 kleinere Kugeln teilen. Mit einem
Geschirrtuch abdecken und auf der Arbeitsfläche 20 Minuten
gehen lassen.

Den Teig zu Fladen mit ca. 10 cm Durchmesser ausrollen. Eine
schwere Bratpfanne oder Grillpfanne auf mittlerer Stufe erhitzen
und die Chapatis darin auf jeder Seite einige Minuten backen, bis
sie leicht angekohlt sind. Wenn Sie einen Gasherd haben, können
Sie die Chapatis über der offenen Flamme fertig backen. Nach
einigen Sekunden puffen die Fladenbrote auf. Auf einen Teller
legen und unter einem sauberen Geschirrtuch warm halten, bis
alle Chapatis fertig sind.

VOLLKORNMÜRBETEIG

Ergibt 1 Tarte (23 cm) oder 4 Törtchen (8 cm)

Guten Teig zu kaufen ist nahezu unmöglich, da er für gewöhnlich aus ungesunden Fetten, hochverarbeitetem Mehl und künstlichen Zusätzen besteht. Ihn selbst zu machen ist sehr einfach und geht mit der Küchenmaschine sogar ziemlich rasch. Bereiten Sie gleich die doppelte Menge zu und heben Sie die Hälfte im Kühl- oder Gefrierschrank auf. Oder backen Sie ihn blind und frieren Sie ihn ein. Dann sind Sie vorbereitet, wenn Sie in Eile sind. Dieser Vollkornteig ersetzt gewöhnlichen Teig in jedem Rezept, ob Quiche, Tarte (siehe Seite 210), Gallette (siehe Seite 202) oder Kekse (siehe rechts).

120 g gemischte Nüsse, Kerne und Samen, in einer trockenen Pfanne geröstet und in der Küchenmaschine zu Mehl zerkleinert

80 g Vollkornmehl (z. B. Dinkel, Kamut, Weizen)

80 g Buchweizenmehl

40 g Leinsamen, geschrotet

60 g unraffinierter Zucker (optional), für süßen Teig

60 g natives Olivenöl extra, und ein wenig mehr zum Einfetten

80 ml kaltes Wasser

Alle Zutaten rasch im Standmixer vermischen (für süßen Teig auch den Zucker), bis die Masse sich verbunden hat. In einer Rührschüssel zu einer Kugel kneten. Schüssel abdecken und im Kühlschrank 30 Minuten stehen lassen. Oder bis zu 2 Wochen im Kühlschrank für späteren Gebrauch aufbewahren.

Den Ofen auf 180 °C vorheizen und die Form bzw. die Förmchen mit ein wenig Öl einfetten.

Den Teig ca. 3–5 mm dick ausrollen und die Tarteform bzw. die Törtchenformen damit auslegen, dabei ein wenig Überhang belassen. Den Teig mit den Fingerspitzen behutsam in die Ecken drücken. Den Überhang abschneiden und weiterverwenden (siehe Restekekse rechts) und den Teig in regelmäßigen Abständen mit einer Gabel anstechen, damit er sich beim Backen nicht aufbläht.

15 Minuten backen, zum Abkühlen in den Formen beiseitestellen.

RESTEKEKSE AUS MÜRBETEIG

Den Ofen auf 180 °C vorheizen.

Sämtliche Reste zu einer Kugel formen, dann ca. 5 mm dick ausrollen. Für herzhafte Kekse mit Salz würzen und mit ganzen Samen und Gewürzen bestreuen. Für süße Kekse mit zerdrückten Nüssen, Samen, getrockneten Früchten und Gewürzen bestreuen. Mit einem Nudelholz leicht darüber rollen, damit die Garnitur gut haften bleibt, und in verschiedene Formen schneiden. Auf ein mit ungebleichtem Backpapier ausgelegtes Backblech legen und 20 Minuten backen, bis die Kekse goldbraun sind.

SALZIGE SCHOKO-ROGGEN-COOKIES

Ergibt: 20 Cookies

Jeder braucht ein gutes Cookie-Rezept. Mein Favorit ist eine pflanzenreiche Version von Chad Robertsons gesalzenen Schoko-Roggen-Cookies aus der Bäckerei Tartine in San Francisco, der Heimat des modernen Sauerteigs. Dunkle Schokolade und Roggen sind eine gewaltige Kombination. Mit Salz gewürzt erhalten sie einen extra Umami-Bonus und werden umso köstlicher – selbst für eingefleischte Schokoholiker.

250 g dunkle Schokolade, milchfrei

50 g Vollkornroggenmehl (oder anderes Mehl)

½ TL Backpulver

¼ TL Meersalz

130 g Aquafaba (siehe Seite 214)

¼ TL Weinstein

170 g Jaggery, Muscovado oder anderer unraffinierter Zucker

30 ml natives Olivenöl extra

Meersalzflocken, zum Bestreuen

Die Schokolade in einer Schüssel über einem Topf mit köchelndem Wasser schmelzen lassen. Sichergehen, dass die Schüssel nicht zu heiß wird. Schokolade schmilzt bei Körpertemperatur und kann gerinnen, wenn sie zu heiß wird. Sobald sie geschmolzen ist, ein wenig abkühlen lassen.

Mehl, Backpulver und Salz vermischen und beiseitestellen. Aquafaba und Weinstein mit dem elektrischen Handrührgerät ca. 6 Minuten aufschlagen, bis sich weiche Spitzen gebildet haben, dann weiter schlagen und den Zucker nach und nach einrühren. Schokolade und Olivenöl unterrühren, dann die Mehlmischung vorsichtig unterheben. Für 30 Minuten in den Kühlschrank stellen, damit die Masse ein wenig ziehen kann.

Den Ofen auf 180 °C vorheizen.

Zwei große Backbleche mit ungebleichtem Backpapier auslegen. Kleine esslöffelgroße Häufchen der Mischung mit ca. 5 cm Abstand auf die Bleche setzen. Jedes mit einigen Meersalzflocken bestreuen. 8 Minuten in den Ofen stellen, bis die Cookies aufgegangen sind. 5 Minuten abkühlen lassen, dann auf ein Kuchengitter legen.

DINKELVOLLKORNPASTA

Portionen: 2

Diese Pasta kann entweder ganz aus Dinkelmehl oder ganz aus Hartweizengrieß hergestellt werden, die Kombination vereint jedoch das Beste von beiden – eine weiche Pasta, die dennoch Biss aufweist, mit komplexen Aromen und Nährstoffen.

| 70 g Dinkelmehl |
| 70 g Hartweizengrieß |
| 1 EL natives Olivenöl extra |
| 55 ml warmes Wasser |

Die beiden Mehlsorten und das Öl in die Küchenmaschine geben. Mittlere Einstellung wählen und das Wasser langsam zugießen. 30 Sekunden vermischen, bis sich eine Kugel geformt hat.

Den Teig auf einer Arbeitsfläche 5 Minuten kneten, bis er fest und feucht, jedoch nicht klebrig ist. In einem luftdicht verschlossenen Gefäß für 30 Minuten in den Kühlschrank legen.

Den Teig mithilfe einer Nudelmaschine etwa 2–3 mm dick ausrollen, dabei den Anweisungen des Herstellers folgen und den Teig immer wieder zusammenfalten und ausrollen. Keine Sorge, wenn Sie keine Nudelmaschine besitzen, es gibt eine Menge von Formen, die Sie auch mit den Händen oder einem Nudelholz zubereiten können (siehe rechts).

Orecchiette – »kleine Ohren«

Den Teig zu ca. 1 cm dicken Würsten formen und diese in Stücke mit 1 cm Länge schneiden. Mit dem Daumen über jedes Stück rollen und auf der Tischplatte zu kleinen »Ohren« formen. Umstülpen und auf ein leicht bemehltes Backblech legen. In reichlich Salzwasser kochen, bis die Orecchiette an der Oberfläche treiben.

Pici – handgerollte Spaghetti

Den Teig auf einer bemehlten Arbeitsfläche zu einem 3 mm dicken Rechteck ausrollen. Mit Olivenöl bestreichen und in 5 mm breite Streifen schneiden. Diese mit der Handfläche zu langen »Würmern« rollen. Leicht mit Mehl oder Hartweizengrieß bestreuen und auf ein leicht bemehltes Backblech legen. In reichlich Salzwasser 2–3 Minuten kochen, bis die Nudeln an der Oberfläche treiben.

Haushalt

REINIGUNGSPRODUKTE FÜR KÜCHE UND BAD GANZ EINFACH SELBSTGEMACHT

Antibakterielle Sprays, Geschirrspülmittel, Bleiche und andere Produkte für den Haushalt enthalten für gewöhnlich schädliche Chemikalien, die – über Hautkontakt oder Einatmen – nicht nur schädlich für uns selbst, sondern auch für unsere Umwelt sind.

Die aus Mineralöl hergestellten Behältnisse, in denen sie verkauft werden, sind selten recycelt oder recycelbar und die Produkte selbst kosten viel Geld.

Für das tägliche Putzen reichen drei einfache Zutaten – Essig, Natron und Olivenölseife – und ein wenig Muskelschmalz, und Ihr Zuhause wird ebenso sauber wie mit einer Unzahl giftiger Reinigungsmittel. Investieren Sie in einen Luffaschwamm und einen recycelbaren Scheuerlappen und Sie sind auf dem besten Weg, unnötigen Abfall zu minimieren.

OLIVENÖLSEIFE

Diese Seifenstücke sind eine gute, umweltfreundliche Alternative und bestehen normalerweise aus einfachen Zutaten (weniger Chemikalien und synthetischen Duftstoffen). Oft werden sie sogar unverpackt angeboten, oder zumindest in schlichten, recycelbaren Kartonverpackungen.

FLÜSSIGE OLIVENÖLSEIFE (Bodenreiniger, Duschgel, Geschirrspülmittel, Waschmittel etc.)

Selbstgemachte Flüssigseife verwandelt ein kostengünstiges Stück Olivenölseife in ein äußerst vielseitiges und hochwertiges Produkt, das Sie für nahezu alles einsetzen können – vom Waschen Ihres Körpers bis zum Waschen Ihrer Wäsche.

Herstellung: Eine Olivenölseife von 125 g in einen Topf reiben. 1 Liter kochendes Wasser hinzufügen und umrühren, bis die Seife geschmolzen ist. Zum Abkühlen beiseitestellen und ungefähr alle 30 Minuten umrühren. Sobald die Seife kalt ist, die Konsistenz überprüfen. Ist sie zu dünn, erneut erhitzen und mehr Seife hineinreiben; ist sie zu dick, erhitzen und mehr Wasser zugießen. Für eine antibakterielle Wirkung fügen Sie je 10 Tropfen Teebaum-, Zitronen-, Zimt- und Rosmarinöl hinzu.

ANTIBAKTERIELLES SPRAY

Essig wirkt als Reinigungsmittel. Er enthält Essigsäure, die einen sehr niedrigen pH-Wert von 2–6 aufweist und als effektives Bakterizid gilt, das sowohl Bakterien als auch Schimmel bekämpft.

Herstellung: Um Essig als Spray zu verwenden, einfach eine saubere, gebrauchte Flasche mit Essig befüllen. Für einen angenehmen Geruch einige Tropfen ätherisches Öl hinzufügen – Zitrone, Rosmarin und/oder Teebaumöl eignen sich zum Beispiel gut.

Anmerkung: Verwenden Sie Essig nicht zur Reinigung von gewachsten Möbeln, Steinarbeitsplatten, Steinböden und fettigen Oberflächen. Nehmen Sie dafür stattdessen Seife oder meinen Natürlichen Allzweckreiniger (siehe unten). Mischen Sie ihn niemals mit Bleichmittel.

NATÜRLICHER ALLZWECKREINIGER

Für alle anfallenden Reinigungsarbeiten können Sie anstelle herkömmlicher Produkte diesen effektiven Reiniger nutzen. Geben Sie 50 ml flüssige Olivenölseife in eine Flasche, die sich zusammendrücken lässt, fügen Sie 125 ml Wasser und optional einige Tropfen ätherisches Öl wie Zitrone, Rosmarin oder Teebaumöl hinzu.

ZAHNPASTA

Zahnpasta selbst herzustellen ist ganz einfach. Für dieses Rezept verwende ich als Basis Kokosöl, da es antibakterielle und antimykotische Eigenschaften besitzt, die gut für die Zähne sind.

Herstellung: 2 Esslöffel rohes Kokosöl und 1 Teelöffel Natron – das aufgrund seiner Alkalität dazu beiträgt, die Säuren im Mund zu neutralisieren – vermischen. Experimentieren Sie ein wenig, indem Sie 2 Teelöffel der folgenden Zutaten hinzufügen:

- Kalziumkarbonat oder Salz – ein mildes Schleifmittel, das dabei hilft Plaque zu entfernen
- Gemahlene Fenchelsamen (für frischen Atem), gemahlener Ingwer (entzündungshemmend), Zimt (antibakteriell und antimykotisch) oder gemahlene Nelken (die ein brillantes Anästhetikum ergeben)
- Aktivkohle – bekämpft Toxine im Mund
- Kakao – fördert die Remineralisierung und dient als mildes Schleifmittel

Bewahren Sie die Zahnpasta im Kühlschrank auf.

Anmerkung: Haben Sie mit speziellen gesundheitlichen oder hygienischen Problemen zu tun, verwenden Sie zugelassene Desinfektionsmittel.

Register

Aioli 182
Algen: Algenbrühe 219
    Emmer-Salat mit Aprikosen, Dicken Bohnen und Algen 169
    siehe auch: Meeresspaghetti, Rotalgen, Seetang
Amlou 56
Antibakterielles Spray 233
Apfelessig, naturtrüber 223
Äpfel: Bhel Puri mit Rote Bete und Apfel 86
    Chorizo-Frühkartoffeln mit Topinambur und Apfel 123
    Gehackter Wintersalat 73
Aprikosen: Betty mit Aprikosen und Blaubeeren 201
    Emmer-Salat mit Aprikosen, Dicken Bohnen und Algen 169
    Tarte mit Holunderblüten und weißer Schokolade 198
Aquafaba 214
    Aquafaba-Baisers mit Blutorangen und Schokosauce 194
    Aquafaba-Mayonnaise 215
Arabischer Salat 152
Arepas: Venezolanischer Maisfladen mit zerrupften Königsausternpilzen 144–145
Arganöl: Marokkanischer Mandelaufstrich mit Arganöl 56
Auberginen: Bohnen-Caponata 95
Aufstriche: Haselnuss-Kakao-Aufstrich 56
    Marokkanischer Mandelaufstrich mit Arganöl 56

Baisers: Aquafaba-Baisers mit Blutorangen und Schokosauce 194
Bärlauch: Pilze, Bärlauch und Bohnenmus mit Dukkah 61
BBQ-Sauce 144–145
Besan Bhaji mit Radieschen- und Rote-Bete-Blättern 71
Bhel Puri mit Rote Bete und Apfel 86
Birnen: Birnen und Radicchio aus dem Ofen mit getrockneten Sommerblüten 176
    Emmer-Tarte mit Birnen, Haselnüssen und Schokolade 206
Blattsalat und Stachelbeeren vom Grill mit Popcorn 170
Blaubeeren: Betty mit Aprikosen und Blaubeeren 201
Blumen: Birnen und Radicchio aus dem Ofen mit getrockneten Sommerblüten 176
    Essbare Blumen 20
Blumenkohl: Makkaroni & Tapioka (Käääse) 100
    Merguez-Blumenkohl mit Tahin und Melasse 118

Bohnen 20, 154–145
    Bohnen-Caponata 95
    Wintergemüse im Ganzen aus dem Ofen mit Pistazienpesto und weißen Bohnen 146
    siehe auch: einzelne Bohnensorten
Borani: Rote-Bete-Blätter-Borani mit Ofen-Bete und Brombeeren 179
Bowl Food 82–83
Brennnessel-Löwenzahn-Suppe 105
Brioche: Olivenöl-Brioche und Rhabarber-Tarte 196
Brombeeren: Karamellisierte Schwarzwurzeln mit Thymian und Brombeeren 136
    Borani mit Ofen-Bete und Brombeeren 179
Brot 80
    Betty mit Aprikosen und Blaubeeren 201
    Guacamole mit Koriander und Chili 64
    Chapati 230
    Sauerteigbrot ohne Kneten 226
    Sauerteigbrot-Pudding mit Olivenöl 208
    Semmelbrösel 230
    Sodabrot und Farls 230
    Tomaten-Brot-Suppe 95
Brownies mit Espressosatz 209
Brühe 219
Buchweizen: Kirschen-Buchweizen-Taboulé 166
Burger: Pulp-Fiction-Burger 106

Caesar Salad, winterlicher 186
Bärlauch: Caponata 95
Ceviche 93
Chapati 230
Chat mit Palerbsen und Tomaten 67
Chicorée: Knusprige Kohlröschen und Chicorée mit Fenchelmarmelade 123
    Winterlicher Caesar Salad 186
    Wintersalat 152
Chilis: Dicke-Bohnen-Guacamole mit Koriander und Chili 64
    Gebackener Labneh mit karamellisierten Pfirsichen und Chili 124
    Maiskornreihen mit Chili und Limette 135
Chimichurri 126
Chirashi-Sushi-Bowl mit Seetang und Rotalgen 96
Chorizo-Frühkartoffeln mit Topinambur und Apfel 123
Congee mit gerösteten Rotalgen 69
Croûtons 186

Dal mit gelben Linsen und Rote-Bete-Blättern 101
Dicke Bohnen: Guacamole mit Koriander und Chili 64
    Emmer-Salat mit Aprikosen, Dicken Bohnen und Algen 169
Dinkel 20, 27
    Dinkelvollkornpasta 232
    Fruchtwechsel-Risotto 103
    Frühstücksriegel aus Kürbis, Maulbeere und Dinkel 70
    Kalifornischer Salat 152
Dips 116–117
    Dukkah mit Ofen-Rosenkohl 185
    Rote-Bete-Blätter-Borani 179
Dressings 152, 116, 117
    Aioli 182
    Umami-Dressing 159
Dukkah: Dukkah mit Ofen-Rosenkohl 185
    Pilze, Bärlauch und Bohnenmus mit Dukkah 61

Eis: Eine Art Eiscreme 192
Emmer: Emmer-Salat mit Aprikosen, Dicken Bohnen und Algen 169
    Emmer-Tarte mit Birnen, Haselnüssen und Schokolade 206
Essig 19
    Apfelessig 19, 223
    Kombucha 217
    Shrub oder Trinkessig 223

Farinata: Quinoa-Farinata mit Pesto, Mangoldstielen und Limabohnen 99
Farls 7, 230
Favabohnen-Suppe 61
Fenchel: Knusprige Kohlröschen und Chicorée mit Fenchelmarmelade 123
    Salat mit Karotten- und Fenchelgrün-Pesto 164
Fermentation: 221–223
    Kombucha 216–218
    Salzlake 222
    Sauerkraut 221
Frangipane: Walnuss-Frangipane und Kamut-Galette mit Äpfeln und Holunderbeeren 202
Freekeh: Geröstete Radieschen mit Labneh, Freekeh und Radieschenblättern 156
Frühkohl: Ofen-Frühkohl mit milchsauer vergorener Senf-Mayonnaise 161
Frühlingszwiebeln: Polenta mit Tapenade, Spargel und Frühlingszwiebeln 88
Fukhara 124

Galette: Walnuss-Frangipane und Kamut-Galette mit Äpfeln und Holunderbeeren 202

Gebäck: Restekekse aus Mürbeteig 231
Vollkornmürbeteig 231

Gelbe Erbsen: Maftoul mit sieben Wurzelgemüsen, Sultaninen und Sumach 142

Gemüse 7, 20–21, 42, 114, 152,
Fruchtwechsel-Risotto 103
Gemüsechips 215
Gemüse-Fukhara 124
Gemüse in Backteig aus Bierresten 131
Gemüse konservieren 221–222
Khao Yum Regenbogen-Reissalat 159
Maftoul mit sieben Wurzelgemüsen, Sultaninen und Sumach 142
Sommergemüse vom Grill mit Wurzelgrün-Chimichurri 126
Sommergemüse-Ceviche 93
Wintergemüse im Ganzen aus dem Ofen mit Pistazienpesto und weißen Bohnen 146
Wurzelgemüse-Latkes mit Leinsamen 74
siehe auch: einzelne Gemüsesorten

Gepufftes Getreide: Bhel Puri mit Rote Bete und Apfel 86
Sommergemüse-Ceviche 93

Gerste: Gerstenwasser 220
Orzotto mit Grünkohl 105

Getränke: Gartenkräutertee 220
Gerstenwasser 220
Holunderblütensirup 220
Kombucha 216–218
Rejuvelac 154
Shrub oder Trinkessig 223

Getreide 20, 154–155

Gnocchi: Roggen-Gnocchi mit Kürbis, knusprigem Lauch und Walnüssen 141

Granita 192

Griechischer Salat 152

Grüne Sauce 215

Grünkohl: Kalifornischer Salat 152
Orzotto mit Grünkohl 105
Winterlicher Caesar Salad 186

Guacamole: Dicke-Bohnen-Guacamole mit Koriander und Chili 64

Gurke: Arabischer Salat 152
Griechischer Salat 152

Hafer: Fruchtwechsel-Risotto 103
Hafersahne 224

Hafermilch 224
Makkaroni & Tapioka (Käääse) 100
Sauerteigbrot-Pudding mit Olivenöl 208

Hanfmilch-Pannacotta 204

Hanfsamen 19
Hanfu 224
Kürbis-, Hanf- und Paranussbutter 56

Harissa-Kichererbsen-»Rührei« 69

Haselnüsse 19
Emmer-Tarte mit Birnen, Haselnüssen und Schokolade 206
Haselnuss-Kakao-Aufstrich 56
Karamellisierte Schwarzwurzeln mit Thymian und Brombeeren 136
Knoblauch-Haselnuss-Suppe mit Rhabarber 120

Himbeer-Tomaten-Salat 172

Hirse: Congee mit gerösteten Rotalgen 69

Holunderbeeren: Walnuss-Frangipane und Kamut-Galette mit Äpfeln und Holunderbeeren 202

Holunderblüten: Holunderblütensirup 220
Tarte mit Holunderblüten und weißer Schokolade 198

Hülsenfrüchte 20, 154–155
Musabaha mit Hanföl und Aleppo-Pfeffer 108

Jackfrucht-Lasagne 139

Joghurt 224

Kaffee: Brownies mit Espressosatz 209

Kakao: Haselnuss-Kakao-Aufstrich 56

Kala Namak 71

Karotten: Kalifornischer Salat 152
Salat mit Karotten- und Fenchelgrün-Pesto 164

Kartoffeln: Brennnessel-Löwenzahn-Suppe 105
Brunch-Chat mit Palerbsen und Tomaten 67
Chorizo-Frühkartoffeln mit Topinambur und Apfel 123
Meersalz-Kartoffeln aus dem Ofen 129
Pilz-Linsen-Pie mit Knollensellerie 138
Roggen-Gnocchi mit Kürbis, knusprigem Lauch und Walnüssen 141

Khao Yum Regenbogen-Reissalat 159

Khorasan-Weizen: Walnuss-Frangipane und Kamut-Galette mit Äpfeln und Holunderbeeren 202

Kichererbsen: Aquafaba 214
Harissa-Kichererbsen-»Rührei« 69
Kiso (Kichererbsenmiso) 223
Musabaha mit Hanföl und Aleppo-Pfeffer 108

Kirschen: Kirschen-Buchweizen-Taboulé 166
Kürbis und Stangensellerie aus dem Ofen mit Sauerkirschen, Paranüssen und Aioli 182

Kiso (Kichererbsenmiso) 223

Klementinen: Violetter Brokkoli und Klementinen vom Grill mit Aleppo-Pfeffer 162

Knoblauch-Haselnuss-Suppe mit Rhabarber 120

Knollensellerie: Pilz-Linsen-Pie mit Knollensellerie 138

Kohl: Khao Yum Regenbogen-Reissalat 159
Ofen-Frühkohl mit milchsauer vergorener Senf-Mayonnaise 161

Kohlrabi: Gehackter Wintersalat 73
Kohlrabi mit gegrillten Kumquats und Meeresspaghetti 162
Kohlrabi-Mango-Salsa 144 – 145

Kohlröschen: Knusprige Kohlröschen und Chicorée mit Fenchelmarmelade 123

Kombucha 216–218

Kräuter: Gartenkräutertee 220
Grüne Sauce und Pesto 215

Küfu 224
Tofu- oder »Küfu«-Rancheros 62
Frühstücksriegel aus Kürbis, Maulbeere und Dinkel 70

Kumquats: Kohlrabi mit gegrillten Kumquats und Meeresspaghetti 162

Kürbis: Kürbis und Stangensellerie aus dem Ofen mit Sauerkirschen, Paranüssen und Aioli 182
Rauchiger Quinoa-Salat mit Kürbis, Pflaumen und Mandeln 180
Roggen-Gnocchi mit Kürbis, knusprigem Lauch und Walnüssen 141

Kürbiskerne: Küfu 224
Kürbis-, Hanf- und Paranussbutter 56

Labneh: Gebackener Labneh mit karamellisierten Pfirsichen und Chili 124
Geröstete Radieschen mit Labneh, Freekeh und Radieschenblättern 156
Pflaumen vom Grill mit süßem Labneh 201

Lasagne 139

Latkes: Wurzelgemüse-Latkes mit Leinsamen 74

Lauch: Brennnessel-Löwenzahn-Suppe 105
Kalifornischer Salat 152
Orzotto mit Grünkohl 105
Roggen-Gnocchi mit Kürbis, knusprigem Lauch und Walnüssen 141

Leinsamen: Pfannkuchen 58
Wurzelgemüse-Latkes mit Leinsamen 74
Limabohnen: Pilze, Bärlauch und Bohnenmus mit Dukkah 61
Quinoa-Farinata mit Pesto, Mangoldstielen und Limabohnen 99

Salat mit gegrillten Zucchini, Radicchio, Oliven und Limabohnen 90

Linsen: Dal mit gelben Linsen und Rote-Bete-Blättern 101
Pilz-Linsen-Pie mit Knollensellerie 138

Löwenzahn-Brennnessel-Suppe 105

Maftoul mit sieben Wurzelgemüsen, Sultaninen und Sumach 142

Mais: Blattsalat und Stachelbeeren vom Grill mit Popcorn 170
Venezolanischer Maisfladen mit zerrupften Königsausternpilzen 144–145
Maiskornreihen mit Chili und Limette 135

Makkaroni & Tapioka (Kääääse) 100

Mandeln: Marokkanischer Mandelaufstrich mit Arganöl 56
Rauchiger Quinoa-Salat mit Kürbis, Pflaumen und Mandeln 180

Mango: Kohlrabi-Mango-Salsa 144–145

Mangold: Quinoa-Farinata mit Pesto, Mangoldstielen und Limabohnen 99

Marmelade aus Zitronenschalenresten 210

Masa Harina: Venezolanischer Maisfladen mit zerrupften Königsausternpilzen 144–145

Maulbeeren: Frühstücksriegel aus Kürbis, Maulbeere und Dinkel 70

Mayonnaise: Aquafaba-Mayonnaise 215
Milchsauer vergorene Senf-Mayonnaise 161

Meeresspaghetti: Kohlrabi mit gegrillten Kumquats und Meeresspaghetti 162
Meeresspaghetti, Rote Bete, Steckrüben und Sultaninen 185

Merguez-Blumenkohl mit Tahin und Melasse 118

Milchsauer vergorene Senf-Mayonnaise 161

Miso: Kiso (Kichererbsenmiso) 223

Musabaha mit Hanföl und Aleppo-Pfeffer 108

Nüsse: Joghurt 224
Dukkah 185
Eine Art Eiscreme 192
Frühstücksriegel aus Kürbis, Maulbeere und Dinkel 70
Pesto 215
Samen- und Nussbutter 56
Tarte mit Holunderblüten und weißer Schokolade 198
siehe auch: einzelne Nusssorten

Obst 7, 20–21
Granita 192
Sauerteigbrot-Pudding mit Olivenöl 208
Sorbet 192
siehe auch: Trockenobst, einzelne Obstsorten

Oliven: Griechischer Salat 152
Polenta mit Tapenade, Spargel und Frühlingszwiebeln 88
Salat mit gegrillten Zucchini, Radicchio, Oliven und Limabohnen 90

Olivenölseife 233

Orangen: Aquafaba-Baisers mit Blutorangen und Schokosauce 194

Palerbsen: Brunch-Chat mit Palerbsen und Tomaten 67
Musabaha mit Hanföl und Aleppo-Pfeffer 108

Pannacotta 204

Paranüsse: Kürbis und Stangensellerie aus dem Ofen mit Sauerkirschen, Paranüssen und Aioli 182
Kürbis-, Hanf- und Paranussbutter 56

Pasta: Dinkelvollkornpasta 232
Jackfrucht-Lasagne 139
Makkaroni & Tapioka (Kääääse) 100
Violetter Brokkoli mit Dinkel-Orecchiette 85

Pesto 215
Quinoa-Farinata mit Pesto, Mangoldstielen und Limabohnen 99
Salat mit Karotten- und Fenchelgrün-Pesto 164
Wintergemüse im Ganzen aus dem Ofen mit Pistazienpesto und weißen Bohnen 146

Pfannkuchen 58–59

Pfirsiche: Gebackener Labneh mit karamellisierten Pfirsichen und Chili 124

Pflanzenmilch 224

Pflaumen: Pflaumen vom Grill mit süßem Labneh 201
Rauchiger Quinoa-Salat mit Kürbis, Pflaumen und Mandeln 180

Pie: Pilz-Linsen-Pie mit Knollensellerie 138

Pilze: Congee mit gerösteten Rotalgen 69

Pilze, Bärlauch und Bohnenmus mit Dukkah 61
Pilz-Linsen-Pie mit Knollensellerie 138
Shiitakebrühe 219
Sommergemüse-Ceviche 93
Venezolanischer Maisfladen mit zerrupften Königsausternpilzen 144–145

Polenta mit Tapenade, Spargel und Frühlingszwiebeln 88

Porridge 54–55

Pulp-Fiction-Burger 106

Pürees 116

Quinoa: Quinoa-Farinata mit Pesto, Mangoldstielen und Limabohnen 99
Rauchiger Quinoa-Salat mit Kürbis, Pflaumen und Mandeln 180

Radicchio: Birnen und Radicchio aus dem Ofen mit getrockneten Sommerblüten 176
Salat mit gegrillten Zucchini, Radicchio, Oliven und Limabohnen 90

Radieschenblätter: Besan Bhaji mit Radieschen- und Rote-Bete-Blättern 71
Geröstete Radieschen mit Labneh, Freekeh und Radieschenblättern 156

Reinigungsprodukte 233

Reis: Chirashi-Sushi-Bowl mit Seetang und Rotalgen 96
Khao Yum Regenbogen-Reissalat 159
Reismilch 224
Kiso (Kichererbsenmiso) 223

Rejuvelac 154

Rhabarber: Gehackter Wintersalat 73
Knoblauch-Haselnuss-Suppe mit Rhabarber 120
Olivenöl-Brioche und Rhabarber-Tarte 196

Risotto: Fruchtwechsel-Risotto 103

Roggen 20, 27
Fruchtwechsel-Risotto 103
Restekekse aus Mürbeteig 231
Roggen-Gnocchi mit Kürbis, knusprigem Lauch und Walnüssen 141

Rosenkohl mit Dukkah 185

Rotalgen: Chirashi-Sushi-Bowl mit Seetang und Rotalgen 96
Congee mit gerösteten Rotalgen 69

Rote Bete: Besan Bhaji mit Radieschen- und Rote-Bete-Blättern 71
Bhel Puri mit Rote Bete und Apfel 86
Borani mit Ofen-Bete und Brombeeren 179
Dal mit gelben Linsen und Rote-Bete-Blättern 101
Meeresspaghetti, Rote Bete, Steckrüben und Sultaninen 185

Salate 150–151
Arabischer Salat 152
Blattsalat und Stachelbeeren vom Grill mit Popcorn 170

236

Dukkah mit Ofen-Rosenkohl 185
Emmer-Salat mit Aprikosen, Dicken
 Bohnen und Algen 169
Gehackter Wintersalat 73
Gehacktes 152
Geröstete Speiserüben und Äpfel mit
 Joghurt und Cayennepfeffer 174
Griechischer Salat 152
Himbeer-Tomaten-Salat 172
Kalifornischer Salat 152
Khao Yum Regenbogen-Reissalat 159
Kirschen-Buchweizen-Taboulé 166
Kürbis und Stangensellerie aus dem
 Ofen mit Sauerkirschen, Paranüssen
 und Aioli 182
Meeresspaghetti, Rote Bete,
 Steckrüben und Sultaninen 185
Rauchiger Quinoa-Salat mit Kürbis,
 Pflaumen und Mandeln 180
Salat mit gegrillten Zucchini, Radicchio,
 Oliven und Limabohnen 90
Salat mit Karotten- und Fenchelgrün-
 Pesto 164
Winterlicher Caesar Salad 186
Salsa 116
 Kohlrabi-Mango-Salsa 144 –145
Salz: Trocken Einsalzen 221
 Salzlake 222
Samen 17, 19
 Joghurt 224
 Frühstücksriegel aus Kürbis, Maulbeere
 und Dinkel 70
 Samen- und Nussbutter 56
 siehe auch: einzelne Samensorten
Saucen 116
Sauerkraut 221
 Makkaroni & Tapioka (Kääääse) 100
Sauerteig: Sauerteigbrot ohne Kneten
 226–229
 Sauerteigbrot-Pudding mit Olivenöl
 208
Schokolade: Aquafaba-Baisers 194
 Brownies mit Espressosatz 209
 Emmer-Torte 206
 Salzige Schoko-Roggen-Cookies 231
 Tarte mit Holunderblüten und weißer
 Schokolade 198
 Trüffelpralinen 191
Schwarze Bohnen: Tofu- oder »Küfu«-
 Rancheros 62
Schwarzwurzel: Karamellisierte
 Schwarzwurzeln mit Thymian und
 Brombeeren 136
Seetang: Algenbrühe 219
 Chirashi-Sushi-Bowl mit Seetang und
 Rotalgen 96

Seife: Olivenölseife 233
Senf: Milchsauer vergorene Senf-
 Mayonnaise 161
Shrub oder Trinkessig 223
Sirup: Holunderblütensirup 220
Sodabrot 7, 230
Sorbet: 192
Spargel: Polenta mit Tapenade, Spargel
 und Frühlingszwiebeln 88
Speiserüben: Geröstete Speiserüben und
 Äpfel 174
 Wintersalat 152
Sprossen und Keime 154
Stachelbeeren: Blattsalat und
 Stachelbeeren vom Grill mit Popcorn 170
Stangensellerie: Kürbis und
 Stangensellerie aus dem Ofen mit
 Sauerkirschen, Paranüssen und Aioli 182
Steckrübe: Meeresspaghetti, Rote Bete,
 Steckrüben und Sultaninen 185
 Steckrübe in Schinkenverkleidung 132
Sultaninen: Maftoul mit sieben
 Wurzelgemüsen, Sultaninen und Sumach
 142
 Meeresspaghetti, Rote Bete,
 Steckrübenund Sultaninen 185
Suppen 78–79
 Brennnessel-Löwenzahn-Suppe 105
 Favabohnen-Suppe 61
 Knoblauch-Haselnuss-Suppe mit
 Rhabarber 120
 Tomaten-Brot-Suppe 95
Sushi-Bowl mit Seetang und Rotalgen 96

Taboulé: Kirschen-Buchweizen-Taboulé 166
Tahin: Merguez-Blumenkohl mit Tahin und
 Melasse 118
 Musabaha mit Hanföl und Aleppo-
 Pfeffer 108
Tapenade: Polenta mit Tapenade, Spargel
 und Frühlingszwiebeln 88
Tapioka: Makkaroni & Tapioka (Kääääse) 100
 Tartes: Emmer-Tarte mit Birnen,
 Haselnüssen und Schokolade 206
 Olivenöl-Brioche und Rhabarber-Tarte
 196
 Tarte mit Marmelade aus
 Zitronenschalenresten 210
 Tarte mit Holunderblüten und weißer
 Schokolade 198
Tee: Gartenkräutertee 220
 Kombucha 216–217
Tempeh: Pulp-Fiction-Burger 106
Tofu: Küfu und Hanfu 224
 Tarte mit Holunderblüten und weißer
 Schokolade 198

Tarte mit Marmelade aus
 Zitronenschalenresten 210
 Tofu- oder »Küfu«-Rancheros 62
Tomaten: Arabischer Salat 152
 Bohnen-Caponata 95
 Brunch-Chat mit Palerbsen und
 Tomaten 67
 Dal mit gelben Linsen und Rote-Bete-
 Blättern 101
 Griechischer Salat 152
 Himbeer-Tomaten-Salat 172
 Tomaten-Brot-Suppe 95
 Verbrannte Tomaten gefüllt mit
 Knoblauch und Oregano 129
Topinambur und Apfel mit Chorizo-
 Frühkartoffeln 123
Trockenfrüchte 19
 Sauerteigbrot-Pudding mit Olivenöl
 208
Trüffelpralinen 191

Umami Dressing 159
Umami-Pulver 215

Venezolanischer Maisfladen mit zerrupften
 Königsausternpilzen 144–145
Violetter Brokkoli: Violetter Brokkoli mit
 Dinkel-Orecchiette 85
 Violetter Brokkoli und Klementinen vom
 Grill mit Aleppo-Pfeffer 162
Vollkornmürbeteig 231

Walnüsse: Roggen-Gnocchi mit Kürbis,
 knusprigem Lauch und Walnüssen 141
 Walnuss-Frangipane und
 Kamut-Galette mit Äpfeln und
 Holunderbeeren 202
 Winterlicher Caesar Salad 186
Würzmittel 214 – 215

Zahnpasta 31, 233
Zitronen: Tarte mit Marmelade aus
 Zitronenschalenresten 210
Zucchini: Salat mit gegrillten Zucchini,
 Radicchio, Oliven und Limabohnen 90
 Verbrannte Zucchini mit Blättern und
 Blüten 164
Zucker, unraffinierter 19, 27

Lieferanten, Organisationen & Literatur

Kaufen Sie in Ihrem lokalen Bioladen und auf Wochenmärkten ein. Wenn Sie online bestellen, wählen Sie Lieferanten, die minimale und plastikfreie Verpackungsmaterialien anbieten.

LIEFERANTEN

https://www.buywholefoodsonline.co.uk/about-us.html

https://www.cornishseaweed.co.uk

https://www.essential-trading.co.uk

http://www.farma.org.uk

https://www.farmdrop.com

https://www.foodist.de

https://www.forager.org.uk

https://www.halenmon.com

https://www.hodmedods.co.uk

http://www.nahs.co.uk

https://www.riverford.co.uk

https://www.solidarische-landwirtschaft.org

https://www.southdevonchillifarm.co.uk

https://www.spicemountain.co.uk

ORGANISATIONEN

Demeter
Zertifizierungsstelle für biodynamische Landwirtschaft. Bei diesem ganzheitlichen Ansatz geben die Landwirte mehr in den Boden zurück, als sie bei der Kultivierung von Pflanzen und Tieren entnehmen; der Hof wird zu einem Organismus, in dem Boden, Pflanzen, Tiere und Menschen miteinander verbunden sind.
https://www.demeter.de

La Via Campesina
Gewerkschaft von Landarbeitern, die ein besseres Ernährungs- und Landnutzungssystem schaffen, Fähigkeiten und Kenntnisse in der Agrarökologie aufbauen und sich für Ernährungssouveränität, nachhaltige Forstwirtschaft und das Recht auf Nahrung einsetzen.
https://viacampesina.org/en
Mitglied der Via Campesina in Deutschland:
Arbeitsgemeinschaft Bäuerliche Landwirtschaft
https://www.abl-ev.de/start

Slow Food
Slow Food setzt sich für die Förderung des Verbraucherschutzes, des Umweltschutzes und der Landschaftspflege ein.
https://www.slowfood.de

Soil Association
Wohltätigkeitsorganisation für Lebensmittel und Landwirtschaft und Bio-Zertifizierungsstelle.
https://www.soilassociation.org

TransFair e.V.
Fairtrade verändert die Art und Weise, wie der Handel funktioniert, durch bessere Preise, menschenwürdige Arbeitsbedingungen und ein faireres Abkommen für Landwirte und Arbeitnehmer in Entwicklungsländern.
https://www.fairtrade-deutschland.de

LITERATUR

Tamar Adler, *An Everlasting Meal. Cooking with Economy and Grace,* 2012.

Dan Barber, *The Third Plate. Field Notes on the Future of Food,* 2015.

Paul Hawken (Hg.), *Drawdown – der Plan. Wie wir die Erderwärmung umkehren können,* 2019.

Tom Hunt, *The Natural Cook. Eating the Seasons from Root to Fruit,* 2014.

Pamela Mason / Tim Lang, *Sustainable Diets,* 2017.

Stefano Manusco / Carlo Petrini, *Die Wurzeln des guten Geschmacks. Warum sich Köche und Bauern verbünden müssen,* 2016.

Carlo Petrini, *Slow Food. Genießen mit Verstand,* 2003.

Michael Pollan, *Das Omnivoren-Dilemma. Wie sich die Industrie der Lebensmittel bemächtigte und warum Essen so kompliziert wurde,* 2011.

René Redzepi / David Zilber / Evan Sung, *Das Noma-Handbuch Fermentation,* 2019.

Tim Spector, *Mythos Diät,* 2016.

Walter Willett et al., »Food in the Anthropocene: the EAT-Lancet Commission on healthy diets from sustainable food systems«, in: *The Lancet Commissions,* Bd. 393, 2019, S. 447–492.